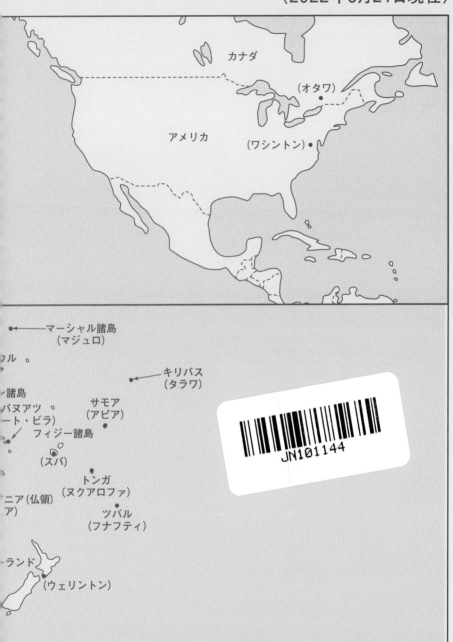

（2022年6月21日現在）

カナダ

（オタワ）

アメリカ

（ワシントン）•

マーシャル諸島
（マジュロ）

フル 。

キリバス
（タラワ）

〜諸島

バヌアツ 。   サモア
ート・ビラ）   （アピア）

。／ フィジー諸島
（スバ）

トンガ
（ヌクアロファ）

ニア(仏領)
ア）   ツバル
（フナフティ）

ランド

（ウェリントン）

ASIAN SECURITY 2022-2023 Research Institute for Peace and Security

ロシアのウクライナ侵攻と揺れるアジアの秩序

年報[アジアの安全保障2022-2023]

徳地秀士 監修
平和・安全保障研究所 編

朝雲新聞社

PHOTO TOPICS

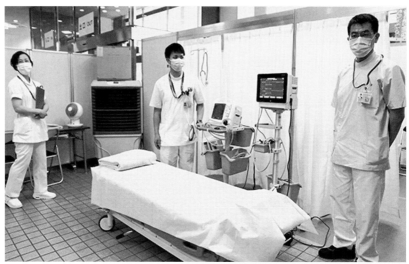

東京大規模接種センター1階にはあらゆる事態にも対応できる救護所が開設され、万全の態勢で来場者の安心と安全を支える。右端は現場のリーダーを務める医官の岩本慎一郎1陸佐（2021年6月9日、東京都千代田区の大手町合同庁舎3号館で）

土石流が発生し、泥で埋もれた熱海市の市街地で捜索棒を使い行方不明者の捜索に当たる34普連の隊員たち。大量の水を含んだ土砂に腰まで浸かりながら丁寧に作業を進める（2021年7月4日、静岡県熱海市の伊豆山地区で）＝板妻駐屯地提供

陸・空自隊員が出迎える中、アフガニスタンから邦人等を退避させる任務を終え、帰国した空自3輸空（美保）のC2輸送機（2021年9月3日午前、埼玉県の空自入間基地で）＝統幕提供

日米韓参謀総長級会議で3カ国の協力強化で一致した（左から）山崎統幕長、ミリー米統参議長、元仁哲韓国合同参謀本部議長（2022年3月31日、米ハワイ州の米インド太平洋軍司令部で）＝統幕提供

日・フィリピン初の「2プラス2」に臨む（右から）岸防衛相、林外相、ロクシン外相、ロレンザーナ国防相（2022年4月9日、東京都港区の外務省飯倉公館で）＝防衛省提供

岸田首相（左）のエスコートで陸自の特別儀仗隊を巡閲するドイツのショルツ首相（2022年4月28日、官邸で）＝官邸HPから

目　次

Photo Topics

第1部 展望と焦点

第2部　アジアの安全保障環境（2021年4月〜2022年3月）

第1部

展望と焦点

ロシアのウクライナ侵攻と今後のアジアの安全保障：日本の安全保障戦略への含意

徳地秀士

平和・安全保障研究所　理事長

1. はじめに - 欧州の安全保障とアジアの安全保障

　新型コロナウイルスがパンデミックを引き起こしてからすでに2年が経過しているが、世界はいまだにこのウイルスの脅威からは抜け出せていない。Covid‐19の起源はいまだ解明されていないが、アジアから世界に拡散して国際社会全体の秩序に大きな影響を与え続けている。

　そこに追い打ちをかけるように起きたのがロシアのウクライナ侵攻である。今度は欧州発の事態が国際社会全体の秩序を揺るがしている。ロシアはウクライナの国家としての存在を否定し、世界地図から抹消しようとして武力行使に踏み切ったのであるから、ウクライナは徹底抗戦を続けるであろう。独裁者のもとにあるロシアは、国際社会の強い非難と制裁にもかかわらず攻撃を続けている。しかも、核兵器の使用まで示唆している。すでに第三次世界大戦の引き金は引かれているかもしれないと言われても、決して大げさには聞こえないように思われる。

　そのような中でも、ドイツのショルツ首相は日本を訪問した。また、フィンランドのマリン首相は、NATO加盟申請の直前にもかかわらず日本を訪問した。同じ頃、日EU首脳会議が東京で開催され、ミシェル欧州理事会議長とフォン・デア・ライエン欧州委員会委員長が来日した。さらに、米国のバイデン大統領が日韓両国を訪問し、東京では日米豪印の首脳会議も開催された。

　こうした、地域を横断する動きは四つの重要なことを示している。

　第一に、国連安保理の常任理事国である大国ロシアが国際社会の確立した重

要原則を踏みにじったことにより、国際社会全体の秩序の根幹が揺らいでいるとの認識が世界中に広がった。国連総会が緊急特別会合を開催して圧倒的多数でロシアを非難する決議を採択したことはそのあらわれである。グローバル化した国際社会においては、もはや欧州だけの平和とかアジアだけの平和といったものはないのである。欧米に日本なども加わって維持強化してきた「ルールに基づく国際秩序」は法の支配の原則に基づくものであり、ルールは世界共通である。欧州を中心につくられたという経緯はあっても、もはやそれは単なる経緯でしかない。特に武力不行使原則は普遍的なものとなっている。

　第二に、どの国も自国の努力だけで安全を確保することはできないということが誰の目にも明らかになった。とりわけ重要なのは同盟関係である。北大西洋同盟の中に入ったポーランドやバルト三国とそうでないウクライナの置かれた状況の違いは明らかである。今や、スウェーデンやフィンランドが長年にわたる中立政策を変更して北大西洋同盟への加盟を申請するに至った。こうしたことは、アジアにおける米国の同盟関係についても、改めてその意義と役割を再確認させるものとなった。それだけではない。ルールを守らない国に対する制裁は、国際社会の連帯と協力があってはじめて効果が出てくる。この先どこまで経済や金融分野での制裁が長続きするかは現時点で見通せないが、日本でも他の国々でも、制裁の強化を支持する世論は強い。

　第三に、アジアに対する国際社会、特に欧米の関心は低くならないということである。欧州におけるロシアの行動が世界全体を揺るがし、アジアにも影響を与えているというだけではない。大国ロシアの残虐かつ不法で不当な振る舞いにもかかわらず、今後の最大の課題は中国であるという認識が域内外の多くの国々に共有されているのである。対露制裁が効くにせよ効かないにせよ、長期的にはロシアの衰退は避けられないだろう。その分、中国の存在感は増大すると予想される。しかも、中国に対する対応はロシアに対する対応よりもはるかに困難である。中国は、世界中の多くの国々にとって重要な経済上のパートナーとなっており、国際社会はロシアに対する以上に中国に対して大きく依存している。ロシアはすでにのけ者になりつつあり、西側が我慢強ければ封じ込められるかもしれないが、

国際社会は、中国に対しては同じような対応をとることができるとは考えにくい。

そして第四に、日本に対する国際社会の期待の増大である。過去10年近くの間、日本は、「国際協調に基づく積極的平和主義」から「自由で開かれたインド太平洋」など、それなりに明確な理念や目標を掲げて国際社会の平和と安定と繁栄のためにより大きな役割を果たそうとする姿勢を示してきた。こうした努力により、国際社会における日本のプレゼンスは増大している。しかも、日本は、今や国際情勢の基調をなす米中対立の最前線に位置する。日本の動向は、国際社会の注目するところとなって何ら不思議はないのである。

2. 日本の国家安全保障戦略の見直し

日本政府は、2021年10月の岸田政権発足直後に、新しい「国家安全保障戦略」、「防衛計画の大綱」および「中期防衛力整備計画」を策定するとの方針を明らかにした。22年末には新しい国家安全保障戦略が策定されるとともに、これに基づく新しい防衛政策も明らかになる見通しである。

現在の「国家安全保障戦略」は、13年12月に策定されたものであり、その後すでに8年以上が経過している。ロシアのウクライナ侵攻以前にも、すでに日本を取り巻く安全保障環境は大きく変化していたから、戦略の改定は待ったなしの大きな課題である。大きな変動を経験すると、かつて冷戦終結後の日本の安全保障政策がそうであったように、じっくり構えて事態の推移を見守ろうという雰囲気になりがちであるが、国際社会は日本の対応を待つことなく変化を続けるから、悠長な態度をとっているわけにはいかないのである。

米国の対中関与の時代は終わり、米中間の対立と戦略的競争は熾烈化している。22年5月の「日米首脳共同声明」は、中国との率直な意思疎通の重要性を強調するとともに、「共通の利益を有する分野において可能な場合に中国と協力する意思」を表明しているが、共通の利益の幅はますます狭まってきているように見える。パンデミックや気候変動のような地球規模の課題も、日本の安全保障に大きな影響を及ぼしている。こうした地球規模の課題への対応にも米中対立は暗い影を投げかけている。

　そこにロシアのウクライナ侵攻がさらに深刻な影響を及ぼし始めている。イラクがクウェートに侵攻して始まった1990年の湾岸危機は、日本の国際貢献の在り方をめぐる大きな議論を引き起こし、日本が国連平和維持活動に参加する契機となったが、今回の戦争は、日本自身の国家安全保障上の問題を提起している。日本の防衛そのものに関する国民の意識も高まっている。

　今日のようにグローバル化した世界にあっては、日本一国だけの安全保障というものは最早考えられない。国際秩序が保たれてこそ日本の安全保障が成り立つ。「ルールに基づく国際秩序」の再構築が日本の外交・安全保障政策の重要課題となっている。22年6月のシャングリラ・ダイアローグでは、日本の岸田首相も岸防衛相もそれぞれ「ルールに基づく国際秩序」を擁護する姿勢を明らかにしたが、今後は、そのような姿勢を具体的な施策としていかに実行していくかが問われることになる。

　そのために日本がなすべきことは、基本的に次の2点である。

　まず、アジアにおいて米中対立の最前線にある日本は、国際秩序の再構築に貢献するためにも、同盟協力を含む国際安全保障協力に取り組むためにも、その基礎として、これまで以上に自助努力が必要となる。実際に危機意識は増大しており、防衛費の大幅増額を求める声はそうした意識の反映でもあるだろう。

　日本は、北朝鮮、中国、ロシアという三つの国と隣り合わせである。その中の一国であるロシアが隣国に対して侵略行動を起こしたのであるから、危機意識が高じても当然である。これら3国はいずれも権威主義的体制の国であり、欧米や日本とは世界観、価値観が異なる。しかも、今や北朝鮮も核兵器を保有するに至っており、日本は三つの核兵器国に囲まれているのである。冷戦時代においてさえ、米ソは長い間共存してきたのであるから、今、日本や欧米諸国がこうした権威主義的諸国と共存できないはずはないが、日本が脅威を受けていることは間違いないから、必要な備えは怠ることができない。

　第二に、日米同盟をより強固なものとしつつ、同盟協力を含めた幅広い国際協力の推進がこれまで以上に必要となろう。自助努力は無政府状態にある国際社会の常識であるが、自助努力だけで安全を保障しようとするのは非現実的な現

実主義である。日本は「ルールに基づく国際秩序」がもたらす国際社会の安定が
あったからこそ平和と繁栄を享受してきたのであるから、欧米の民主体制の国々
とともに、「ルールに基づく国際秩序」の再生と強化につとめるべきことは当然
である。反米的な風潮が高じて「ルールに基づく国際秩序」概念まで否定してし
まったら、それは民主国家の自殺行為になってしまう。

　道徳と法が異なるものであり、価値観とルールは異なる。欧米や日本が重視す
る「価値観」が本当に普遍的なものか否かについては議論の余地があるかもし
れないが、合意されて国連憲章として確立したルールは明らかに普遍的なもので
ある。力による一方的な現状変更が認められる世界に生きていたいと思わない
のであれば、「ルールに基づく国際秩序」の再構築に向けた大きな貢献が必要
である。

　日米両国が、22年5月の日米首脳共同声明に基づいて、それぞれの戦略を整
合させ、同盟の対処力・抑止力を格段に強化していくことが求められる。また、
米国が再び信頼に足る力強いパートナーとして国際社会に復活し、日米同盟が
日本の外交・安全保障政策の基軸であり続けるとしても、日本の国際安全保障
協力はより大きな広がりを持つべきものである。米国の同盟関係のネットワーク
は、国際安全保障のための数ある枠組みの一つに過ぎないからである。

　日本は、日米同盟を基軸としつつ、「自由で開かれたインド太平洋」の新たな
展開を進めるとしている。米国やオーストラリア、ASEANだけでなく、英国、フ
ランス、ドイツ、EUなども次々にインド太平洋構想を発表し、この地域に対する
関与を深めていることは、日本にとっては大きなチャンスである。このような機会
を活かして、宣言政策をいかに実行に移していくかが問われることとなる。

3. 結び

　米中関係が熾烈さを増し、中国が海洋進出を進めるとともに周辺地域に対す
る圧力を強め、北朝鮮も核・ミサイル能力を向上させつつより緊張を高め、ロシ
アも活動を活発化させている。

　そのような中で、日本は、ウクライナの教訓も汲みとりつつ、国際的な視野を広

げた外交を展開するとともに、防衛力を格段に強化し、日米同盟を深化させ、また、国際安全保障協力の幅を広げて、国際社会の安全保障を強化するためにより大きな役割を果たす方向に進むと予測される。

経済安全保障推進法から国家安全保障戦略へ：経済安全保障の現状と課題

村山裕三

同志社大学名誉教授

　2022年の通常国会で経済安全保障推進法が成立し、日本でも経済安全保障に本格的に取り組む体制ができあがりつつある。ここでは、経済安全保障の考え方が台頭した背景を踏まえつつ、経済安全保障推進法の意義と国家安全保障戦略の内容を中心に考察することにする。

1. 経済安全保障台頭の背景

　経済安全保障をめぐる現在の米中間の争いのルーツは、1980年代初頭の米国で起こった海外への技術依存問題に求められる。この時期に、競争力を向上させた海外製の部品が、米国製の兵器にも使われている事実が見つかり、これが安全保障上の脆弱性に繋がるとして様々な報告書が書かれるようになった。この中でも特に急速に競争力を上昇させた日本の半導体への依存問題が大きな注目を集め、これが、①緊急時の供給、②将来の米国の技術的なリーダーシップにおいて問題を生じさせるとする議論が行われた[(1)]。

　この日本問題は、1990年代の中頃に日本経済の衰退とともに政治の舞台からは姿を消した。そして、日本に代わり、技術、経済的に台頭してきた中国に注目が向けられるようになった。2000年代に入って、議会で米中経済安全保障検討委員会が立ち上げられ、米中の経済・貿易関係が米国の安全保障に与える影響が検討された。そして、2000年代の後半には、米国からの技術流出を防ぐために外資規制と輸出管理の強化が行われた。

　一方、中国では、製造業で世界のトップを目指す「中国製造2025」が打ち出さ

れるとともに、安全保障と経済を結び付けて技術の強化を図る「軍民融合発展戦略」が2010年代の後半には国家戦略となった。この頃までに、米国では日本とのハイテク分野における摩擦を経て、安全保障と経済問題は分離して考えるのではなく、これらを統合して政治的に対処すべきであるという考え方が定着していた。したがって、これらの中国の政策が米国にとって意味するのは、AI、量子、ロボティクスなどの軍民両用度の高い新興技術分野で中国に後れを取ると、それが米国の安全保障に与える影響が甚大となるということであり、米国の中国に対する危機感が拡大した。この危機感は、トランプ政権の誕生とともに先鋭化し、中国への技術・経済的な依存が米国の安全保障上の脆弱性をもたらすとして、経済と安全保障の壁を取り払った形で先端技術をめぐる熾烈な争いが始まったのである[2]。

2. 日本の対応策

　このような国際関係の大きな変化を受けて、日本でも政策的な対応が19年頃から始まった。それ以前にも、企業や大学からの技術流出の懸念があり、まずこの分野における対策が行われた。19年に実施された外資規制の強化策では、外資規制の事前審査の対象を従来の10%以上の保有から1%に引き下げ、懸念のある買収に対して規制の網を広げるとともに、懸念のない投資に関しては事前届の免除が行われた。また、それまでは一度出資や買収を認めると、その後の変更は難しい制度となっていたが、これを見直し、出資後であっても経営に影響を与える変化などが生じた場合はこれを調査し、場合によっては停止させる権限を政府が持つ形に制度変更された。

　輸出管理に関しては、21年に経済産業省の産業構造審議会で輸出管理を扱う小委員会から中間報告が出され、輸出管理制度への提言が行われた。まず、新たに規制が必要になった新興技術などに対応するために、それらの技術を保有する少数国のみで規制枠組みを作る方向性が提案された。これに加えて、それまでの居住者・非居住者の枠組みで管理されていた、人が持つ知識などの輸出管理、すなわち「みなし輸出管理」を、外国政府からの影響度により管理する新

たな枠組みが提案された。後者は、本年5月より施行され、前者についても、日米を中心にして国際的な議論が進行している。

　一方、米中技術覇権競争下で日本が保有すべき戦略的な重要技術の育成についても、19年から内閣府の統合イノベーション戦略推進会議のもとにおかれた有識者会議で検討が行われた。そして、その翌年に出された報告書の中で、戦略技術を特定しこれらを育成するためのシンクタンクの設立が提案され、21年からはそのパイロット・プロジェクトも動き始めた[3]。このように、政府レベルでは、技術を「知る」「育てる」「活かす」「守る」観点から経済安全保障的な技術政策が進んだ。

　一方、自民党は経済安全保障に正面から取り組んだ提言を20年12月に発表した[4]。ここでは、経済安全保障を「わが国の独立と生存および繁栄を経済面から確保すること」と定義し、幅広い分野にまたがる提言を行った。この報告書では、経済安全保障戦略の策定に必要な分野として、①資源・エネルギー、②海洋開発、③食料安全保障、④金融インフラ、⑤情報通信インフラ、⑥宇宙開発、⑦サイバーセキュリティ、⑧リアルデータの利活用、⑨サプライチェーンの多元化、強靭化、⑩技術優位の確保・維持、⑪イノベーション力の向上、⑫土地取引、⑬大規模感染症対策、⑭インフラ輸出、⑮国際機関を通じたルール形成への関与、⑯経済インテリジェンスの能力の強化が挙げられている。

　この自民党提言の発表により、経済安全保障の認知度が上がり、政治経済的に大きな注目を集めるようになった。しかし、提言内容を見てわかるように、経済安全保障の最も重要な分野とされる軍事的な安全保障には触れられておらず、一方で経済安全保障が多くの業界に網掛けをする形できわめて広く定義された。このため、経済安全保障の範囲が広がり、経済安全保障自体が何を意味するのかが、分かりにくくなったことは否めない。

　この傾向にさらに拍車をかけたのが、新型コロナウイルスの問題である。20年に入り、新型コロナウイルス感染が広がるとともにマスクなどが不足し始め、医療品の供給を他国に依存し、供給が思うに任せないことが問題化した。同様にコロナ感染を防ぐ切り札となったワクチン開発でも日本が世界に後れを取ってい

たことが判明し、国産のワクチンが提供できなかったことも問題化した。これらが、経済安全保障に関わる問題として捉えられたため、経済安全保障への社会の関心がさらに高まる事態を招いた。

　これに加えて、21年に入ると、半導体不足が顕在化し、これが自動車の減産や家電、ゲーム機器などの納期の遅れに繋がり、社会の関心を集めた。この半導体不足は、コロナ禍と無関係ではなく、リモートワークの普及によるパソコン需要の急増、巣ごもり需要によるゲーム機器や家電の需要増などの要因に加えて、米中の技術摩擦も影響を与えた複合的な要因により引き起こされた。これが、経済安全保障の議論が高まった時期に生じたため、この半導体不足が日本経済に与えた影響も、経済安全保障問題として捉えられるようになった。

　さらには、22年2月にはロシアがウクライナに侵攻し、これに対抗するために欧米がロシアに経済制裁を加えた。日本もこの動きに同調し、ロシアへの金融制裁の輪に加わり、輸出管理を強化するなどの措置を実施した。また、多くの日本企業が、ロシアでの経済活動の停止に追い込まれた。このようなロシアのウクライナ侵攻が日本経済に及ぼしたリスクも、経済安全保障の一部として捉えられる傾向がみられた。

　このように時系列で見てみると、日本で経済安全保障に注目が集まった時期に、コロナ禍、半導体不足、ロシアのウクライナ侵攻が重なる形で起こり、これが日本における経済安全保障の概念形成に大きな影響を与えた。

3. 経済安全保障推進法の意義

　このような流れの中で、22年度の通常国会には、経済安全保障推進法案が提出された[5]。これは、①重要物資の安定的な供給確保、②基幹インフラ役務の安定的な提供確保、③先端的な重要技術の開発支援制度、④特許出願の非公開制度の4本柱からなる内容から構成されている。

　これらの4分野が経済安全保障推進法の中に入れられた背景として、①については、コロナ禍で起こった医療品不足や半導体不足があり、このような事態を防ぐために、特定物資のサプライチェーンの強靭化をめざしたものである。②

は、インフラ関連企業が新たな設備を導入する際に、情報漏洩のリスクがないかを政府がチェックするもので、これはインフラ防御のサイバーセキュリティに関わる分野である。これが推進法案の中に入れられた背景には、米国がファーウェイ製の5G機器の締め出しを行い、同盟国に同調を求めたことなどと関わりがあると推測される。というのは、この種の事態が生じた際に、ある程度の強制力を政府に持たせた方が、政策対応が容易になるからである。③については、第2節で述べた統合イノベーション戦略推進会議のもとにおかれた有識者会議の提案に沿ったもので、シンクタンクを設立して、官民のパートナーシップのもとで、戦略的な重要技術の育成を図るものである。④は、日本が後れをとった秘密特許制度の制定に関わるもので、これはG20の中で秘密特許制度を持たないのは、メキシコとアルゼンチンのみであり、技術流出を防ぐために、国際的な基準にキャッチアップしておく必要性があり、法案に入ってきたものと思われる。

　国会における法案審議も、またメディアの取り上げ方も、この4本柱が中心になって行われた。このため、経済安全保障をこの4分野に限定し、ここから帰納的に経済安全保障の全体像を議論する論調も見られたため、経済安全保障のコンセプトについての混乱が生じたことは否めない。

　私見では、この法案の重要なポイントは、法案制定の目的の部分にある。この目的を述べている第1条では、「この法律は、国際情勢の複雑化、社会経済構造の変化に伴い、安全保障を確保するためには、経済活動に関して行われる国家及び国民の安全を害する行為を未然に防止する重要性が増大していることに鑑み、経済施策を一体的に講ずることによる安全保障の確保の推進に関する基本的な方針を策定する」（下線は筆者）と書かれている。すなわち、この法案は、安全保障の確保のために経済施策を使えるようにする点に主眼があるのである。したがって、法案に盛り込まれた4分野は、その目的を達成する要素の一部であり、今後、安全保障の確保のために経済施策が必要になれば、この法案に書き加えることができるだろう。

　また、経済安全保障が法律の形で制定されたことにも意義がある。今までにもテロ対策機器の開発のように、経済安全保障に関する政策が実行されたことは

あるが、これらは既存の予算枠組みの中で行われた。例えば、テロ対策機器の開発には、文部科学省の科学技術振興調整費が当てられた。これらは予算措置であったため、予算が削減、あるいは削除されると、経済安全保障政策を続けられない性格を持っていた。ところが、今回は経済安全保障の法律化により政策が制度化されたことになり、これにより中長期的に経済安全保障に取り組む体制が出来上がったことが重要である。

　この法案で注目すべきもう一つのポイントは、経済安全保障を国家安全保障戦略の中に入れ込む道筋が整理された点である。経済安全保障推進法の制定に伴い、国家安全保障会議設置法が改正され、この中で、国家安全保障会議の所掌が、それまで「国家安全保障に関する外交政策及び防衛政策の基本方針並びにこれらの政策に関する重要事項」とされていたのが、ここに新たに経済政策が追加され、「国家安全保障に関する外交政策、防衛政策及び経済政策」へと改正された。これにより、政府が今年中に作成すると表明している国家安全保障戦略に経済安全保障を盛り込む道筋が整理されたと考えられる。

4. 国家安全保障戦略における経済安全保障のあり方

　これまでの考察を踏まえて、日本の経済安全保障政策の全体像を捉えておこう。第1のカテゴリーに入るのが、外資規制や輸出管理などの技術流出に関わる部分である。これらはすでに外為法により規制されており、制度の整備に関しては経済産業省が主導して行ってきた。今回も、経済安全保障推進法と同じタイミングで新たな枠組みの「みなし輸出規制」が制定、施行されたが、同規制は既存の外為法の改正で処理できるため、経済安全保障上の重要な規制ではあるが、あえて経済安全保障推進法の中に入れる必要はなかった。

　第2のカテゴリーが、経済安全保障推進法で、今回、この法律が成立したことにより、経済安全保障に属する分野で、外為法などの既存の法律体系でカバーできない案件は、この法律の中に入れ込むことが可能になった。今後は、セキュリティ・クリアランスなどの経済安全保障の重要案件が、この枠組みの中で議論されるものと思われる。

最後の第3のカテゴリーは、国家安全保障戦略、すなわち、日本の防衛戦略の中で経済安全保障をいかに位置づけるかという部分である。政府は、今年中に、国家安全保障戦略などの安全保障3文書を改定するとしているが、経済安全保障の要素をこれらにいかに入れ込むかが課題となる。

　第1節でみたように、経済安全保障が安全保障上の重要課題になったのは、米中間の技術覇権争いの展開であり、これは技術をベースにした国家の安全保障に関わる問題である。そのルーツがこの部分にあるにも関わらず、日本の場合は、その後に起こったコロナ禍、半導体不足、ロシアのウクライナ侵攻などの影響により、経済安全保障の焦点がぼけてしまう結果を招いた。これは日本を取り巻く国際環境を考慮すると、ある程度は致し方ないことではあるが、このような環境下でも、経済安全保障の中心課題としての国家安全保障戦略の中での位置づけが軽視されてはならない。

　それでは、経済安全保障のどのような要素を国家安全保障戦略に盛り込まなくてはならないのだろう。まず考えられるのが、防衛産業技術基盤の強化に関わる部分である。日本の防衛産業の弱体化が進行しており、防衛分野から撤退する企業が相次いでいる。この問題に対しては、防衛省を中心に10年以上前から議論が繰り返されてきたが、抜本的な改革策が出されない状況が続いている。技術と産業に関わる問題は、重要な経済安全保障問題であり、国家安全保障戦略の中にしっかりと組み込まれなければならない。

　13年に制定された国家安全保障戦略では、技術に関して以下のように記述されている[6]。

　　我が国の高い技術力は、経済力や防衛力の基盤であることはもとより、国際社会が我が国に強く求める価値ある資源でもある。このため、デュアルユース技術を含め、一層の技術の振興を促し、我が国の技術力の強化を図る必要がある。技術力強化のための施策の推進に当たっては、安全保障の視点から、技術開発関連情報等、科学技術に関する動向を平素から把握し、産学官の力を結集させて、安全保障分野においても有効に活用するように努めていく。

　ここでは科学技術やデュアルユース技術の重要性は指摘されているものの、それをどのような方向性と目的をもって、安全保障分野に活用するかについては記述されていない。したがって、今回の改定では、日本が国際競争力を有する民生技術をどのようにして安全保障分野に活用し、これを防衛産業技術基盤の強化に役立たせるかの道筋を示さなくてはならない。そして、防衛計画の大綱、中期防衛力整備計画などの他の文書の中で、これらを具体化させる研究開発体制などについても言及が必要となろう。

　もう一つの重要分野が、同盟国や有志国との間での装備品の共同研究開発体制と、これらの国を結び付ける防衛分野のサプライチェーン構築の課題である。13年の国家安全保障戦略では、防衛装備・技術協力の項では以下のように記述されている。

　　　防衛装備品の高性能化を実現しつつ、費用の高騰に対応するため、国際共同開発・生産が国際的主流となっている。こうした中、国際協調主義に基づく積極的平和主義の観点から、防衛装備品の活用等による平和貢献・国際協力に一層積極的に関与するとともに、防衛装備品等の共同開発・生産等に参画することが求められている。

　今回の国家安全保障戦略では、中国とロシアの脅威が拡大した安全保障環境の変化に重点をおき、これに対抗するための国際共同研究開発をどのように進めてゆくかが示されなくてはならない。1990年代には日米間でミサイル防衛などの分野で共同研究開発が進んだが、現在はこれが停滞している。このような経緯も踏まえて、今回の改定では、新たな国際環境を踏まえた国際共同開発のあり方と日本の戦略が示されなくてはならない。戦略を策定するにおいては、日本が国際競争力を持つ民生技術を国際共同開発で活かす方策を示すとともに、それを実現させるための民間企業におけるセキュリティ・クリアランスについても検討されなければならない。

　防衛分野のサプライチェーン構築も同様で、同盟国、有志国との間で、どのようなサプライチェーンを構築すれば、中国やロシアの防衛開発・生産に対して優位性を

持つことができるのかという視点が重要になる。日本が国際競争力を持つ民生技術である材料、部品、工作機械、さらには修理や保守技術などを有効活用できれば、効率的で低コストのサプライチェーンの構築が可能になるのである[7]。

　米国は、22年2月に防衛サプライチェーンについての報告書を発表し、同盟国との国際的な連携の重要性を指摘している[8]。この中で、防衛サプライチェーンの重要分野として鍛造・鋳造の分野が入っているのは興味深い。その生産技術はまさに日本が得意とする分野であり、防衛サプライチェーンの構築において、日本が大きな貢献をできる可能性を示唆している。また、同盟国間で防衛サプライチェーンが出来上がれば、日本から装備品を海外輸出する道を切り拓くことも認識しておく必要がある。いずれにしても、今回の国家安全保障戦略と他の2文書の中で、実際に具体化できる形を示して、防衛分野のサプライチェーン構築の戦略と道筋を示す必要があるだろう。

　現在の経済安全保障環境は、防衛産業技術基盤の強化と同盟国との連携の分野で、日本が抱えてきた積年の課題を解決に結びつける大きなチャンスをもたらしている。この環境を最大限に活用し、日本の防衛力を強化することが望まれるのである。

(1) 経済安全保障が絡んだ日米技術摩擦の詳細は、村山裕三『アメリカの経済安全保障戦略:軍事偏重からの転換と日米摩擦』PHP研究所、1996年、を参照のこと。

(2) 米中技術覇権競争に関する詳細は、PHP Geo-Technology 戦略研究会『ハイテク覇権競争時代の日本の針路』PHP総研、2020年4月、の[分析篇]を参照のこと。

(3) 統合イノベーション戦略推進会議『「安全・安心」の実現に向けた科学技術・イノベーションの方向性』2020年1月。

(4) 自由民主党、政務調査会、新国際秩序創造戦略本部『提言「経済安全保障戦略」の策定に向けて』2020年12月16日。

(5) 法案の詳細については、衆議院調査局内閣調査会『経済施策を一体的に講ずることによる安全保障の推進に関する法律案（内閣提出第37号）に関する資料』2022年3月、を参照のこと。

(6) 詳細は、国家安全保障会議『国家安全保障戦略』2013年、を参照のこと。

(7) この議論の詳細は、村山裕三「日本の「戦略的不可欠性」を活かせ」『Voice』2021年2月号、を参照のこと。

(8) Department of Defense, *Securing Defense-Critical Supply Chains, An action plan developed in response to President Biden's Executive Order 14017*, February 2022.

AUKUSと東アジアの安全保障

永野隆行

獨協大学教授／平和・安全保障研究所研究委員

1. はじめに:AUKUSとは何か?

　AUKUSとは、英米豪が2021年9月16日に発表した、3カ国の安全保障パートナーシップ枠組みである。AUKUSを通じて3カ国政府は、情報と技術の共有促進、安全保障関連の科学技術・産業基盤・サプライチェーンの統合促進、サイバー・人工知能・量子技術・水中領域における防衛能力などに関する協力の深化を約束した[1]。

　AUKUSパートナーシップの最初の試みが、オーストラリアによる原子力潜水艦（原潜）の導入である。3カ国は18カ月の時間をかけて原潜導入の最適な道筋を検討するとしており、豪原潜計画の概要が明らかになるのは23年3月ごろと思われる。原潜保有国は現在米国、英国、ロシア、フランス、中国、インドの6カ国で、実現すればオーストラリアは7番目、非核保有国としては初めてとなる。

2. オーストラリアの次期潜水艦導入計画

　豪政府が海軍保有のコリンズ級潜水艦に代わって新型潜水艦を導入する計画を正式に発表したのは、ラッド労働党政権である。同政権が09年に発表した『国防白書2009』において、30年のアジア太平洋に向けた国防力強化の方針が示された[2]。その中心となるものが海軍力増強、なかでも新型潜水艦導入で、政府は30年代初頭に初号艦の就役を目指し、計12隻の調達を計画していた。

　国防力強化の目的は、積極的な海洋進出を図っている中国への軍事的対応、そして米国との連携強化である。アジア太平洋では当時、安定のカギを握る米中関係の勢力均衡に変化が生まれていた。中国について白書は、アジア最強の軍

事大国となり、軍近代化を通じて遠方展開能力を高めていく可能性を指摘するのみで、露骨な警戒論を控えていた。しかしウィキリークスで暴露された米国務省文書によれば、海軍力増強は中国の海洋進出に対する備えであることをラッド自身が認めていた[3]。

　また白書では、米国は地球規模での遠方展開能力を備え、30年以降も戦略的優位を保持するものの、世界のさまざまな問題に同時に関与する能力にはもはや限界があるとしていた。こうした現状から米国は、オーストラリアを筆頭とする同盟国やパートナーに対してより積極的な関与を求める可能性があり、オーストラリアは新たな潜水艦導入によって米国との連携強化を図るものとみられた。

　次期潜水艦の動力について『国防白書2009』は、「現在のコリンズ級潜水艦と比較して、より長い航続距離、より長い潜航時間、および増強された能力」を有するものとする一方で、原潜の選択肢を排除し、ディーゼル推進型としていた[4]。しかし太平洋とインド洋の広大な海域に海軍力を展開する必要のあるオーストラリアにとって、積極的な海洋進出を図る中国軍の存在を前にして、原潜が果たしうる役割は大きい。次期潜水艦導入方針が示されてから、豪海軍関係者や安全保障専門家のあいだでは原潜を求める声が高まっていた[5]。豪防衛産業界からも米国のバージニア級原潜のリース、もしくは購入が提案されたことはあったものの[6]、政府は国内原子力産業の不在や予想される国内世論の反発などの理由から、原潜導入を検討することにすら消極的であったと伝えられている[7]。また米国が、同盟国とはいえ非核保有国であるオーストラリアへの原子力技術や情報の供与に容易に応じる可能性は低かった[8]。

3．フランスとの契約締結

　豪政府は16年4月、仏ナバル社との共同開発でディーゼル推進型潜水艦を建造する方針を発表した。受注額は500億豪ドル（約4.5兆円）に上り、豪史上最高額のプロジェクトとなった。日独両国も名乗りを上げており、特に日本の「そうりゅう型潜水艦」が有力視されていたが、ステルス技術や豪国内建造率などで高く評価されたフランスが選ばれた[9]。ただし仏案はナバル社のバラクーダ級

原潜をわざわざディーゼル推進型に改修するというものであり、豪政府がいずれは原潜建造へと方向転換する意図を持って仏案を選んだとの憶測も上がっていた。選定プロセスに関わった当時のターンブル首相はそれを否定するが、仏案を選んだことで、豪政府は将来的に原子力推進型の設計に移行するための「潜在的な選択肢」を与えられたと回顧録で振り返っている[10]。

　フランスとの潜水艦共同開発プロジェクトは迷走した。ナバル社による潜水艦の機密情報漏洩問題に始まり、建造コストの膨張、計画の大幅遅延、国内建造率の低下などの事態が次々と明るみに出ていた。特に計画の大幅遅延は、現有のコリンズ級潜水艦を延命しない限り、豪海軍保有の潜水艦数がゼロとなる「能力ギャップ」が生じるとの懸念の声が出始めていた[11]。こうしたなか豪国防次官は21年6月、豪議会で証言し、フランスとの共同事業の継続を断言する一方で、万が一に備えた「危機管理計画」を準備していることを認めていた[12]。このようにAUKUS発表の数カ月前には豪仏共同開発の先行きに不透明感が漂っていたが、8月末に開催された初の豪仏外務・防衛閣僚協議後の共同声明には、双方が「潜水艦プログラムの重要性を強調」と記されており、9月には詳細なデザインに関する契約が交わされる予定になっていた[13]。

4. AUKUS誕生の背景

　英米豪3首脳がAUKUSパートナーシップを発表した21年9月16日、モリソン首相は原潜調達計画について声明を発表した。原潜8隻を建造すること、同潜水艦を南オーストラリア州で建造して雇用創出を図ること、仏との通常型潜水艦建造計画を破棄すること、野党労働党と①核兵器を保有しない、②核不拡散の義務を引き続き履行する、③原子力発電を導入しないことで合意に至ったこと、などの点が明らかとなった[14]。

　オーストラリアが原潜導入を決断した理由について、まずはインド太平洋の安全保障環境の急激な変化が挙げられる。モリソンによれば、オーストラリアがこの地域で何十年にもわたり享受してきた比較的穏やかな安全保障環境はもはや過去のものとなり[15]、現在は1930年代の国際環境と酷似している。戦略環境が

不安定、先行きがきわめて不透明で、事態が急変する可能性を孕んでいた(16)。さらに09年の次期潜水艦導入決定の時と比べ豪中関係は悪化しており、国内の対中警戒感はまさにピークに達していた。モリソンは中国による軍事力行使の脅しを使った現状変更の試みが不安定な情勢を作り出しており、抑止能力に優れた原潜が必要であると考えていた。

　これに加えてモリソンは声明で、「2016年に（フランスとの共同開発を）決断した時点では、オーストラリアが原潜を建造して運用する立場にはなかった」とも述べている。つまり当時は原潜導入には障害があり、通常型潜水艦が最善の選択だったということである。そして原潜が実現可能なオプションになった16年以降の変化とは、モリソンによれば、第1に英米からの原潜に関する技術協力が可能になったことであり、第2に「次世代原潜」、つまり高濃縮ウランを燃料とする原潜が登場したことだ。

　第1点目は、上記に挙げた安全保障環境の変化により英米が原潜技術の供与に前向きになったということである。米国にとって潜水艦は、中国の海洋進出に対抗する上で不可欠な戦力である。しかし今後、旧型原潜の退役や潜水艦建造計画の遅れなどから保有数が伸び悩むことが予想されており、米国は中国の潜水艦戦力の増強に危機感を募らせていた。米国にとってもオーストラリアの原潜保有は中国海軍の活動を監視する上できわめて貴重な戦力となりえた(17)。

　そして第2点目は、潜水艦の設計寿命が尽きるまで燃料補給の必要がない高濃縮ウランを使った原子炉が登場したことによって、国内に原子力産業を持たないオーストラリアでも原潜を保持できる道が切り開かれたということだ。低濃縮ウランを使った原子炉は燃料交換が必要で、そのためには国内に原子力に関する技術と人材が不可欠とされていた。ところが英米から高濃縮ウランを使った原子炉を輸入すれば、その必要はなくなる。

　ただし2点目についてモリソン首相の主張に首を傾げる専門家もいる。高濃縮ウランを使った原子炉が登場するようになったのは16年以降ではないというのだ。オーストラリア戦略政策研究所（ASPI）の報告書によれば、モリソンが「次世代」と称している原潜はすでに数年も前から稼働している。例えば米国のバー

ジニア級潜水艦の初号艦は04年10月に30年以上燃料交換が不要な原子炉を搭載して就役している。10年に就役した英国のアスチュート級潜水艦も燃料補給を必要としない。しかも高濃縮ウランの原子炉であったとしても、原潜を維持・管理するためには国内に原子力産業は依然として必要であると同報告書は指摘している[18]。

5. インド太平洋の安全保障へのインプリケーション

（1）英米のコミットメントを促すAUKUS

　AUKUSは、オーストラリアの国防力強化を実現すると同時に、インド太平洋における米国の軍事プレゼンスの継続、強化を促し、ひいては同地域の安定に貢献する構想である。オーストラリアでは21世紀に入ってから、同地域における米軍プレゼンスの縮小、さらには米豪同盟の弱体化を懸念する声が高まっていた。特に「アメリカ・ファースト」を掲げるトランプ政権の誕生はその懸念を一層強めることに繋がり、そうした事態にオーストラリアはどう備えるべきか議論が交わされていた。オーストラリアは同盟国として自らの軍事力を強化することで、米国の軍事関与を補完、もしくはその継続を促し、さらには豪米同盟が機能しない場合に備える必要があった[19]。

　14年に米豪両政府が合意した「米戦力態勢構想（US Force Posture Initiatives）」は、米軍のオーストラリアへのアクセスを拡大することを通じて、インド太平洋における米軍関与の強化を狙ったものである。米海兵隊によるダーウィンへのローテーション駐留を筆頭に、米航空機の訪豪・豪軍事施設使用を拡充して、米豪間の相互運用性の強化や両軍による関与の拡大を目指している[20]。

　AUKUS発表後にワシントンで開催された米豪外務・防衛閣僚協議（AUSMIN）は「米戦力態勢構想」をさらに推進するため、全種類の米軍機のローテーション配備に合意した。今後は米海軍艦艇のアクセスやプレゼンスをいかに拡大していくかが焦点となっていく[21]。インド洋に面した西オーストラリア州のスターリング海軍基地を米海軍主要艦艇のローテーション配備のために整備、拡大する構想が以前からあり、インド太平洋の米軍のシーパワーの増強に大いに役立つことが

期待されている[(22)]。

　さらにAUKUSはインド太平洋への英国の関与をも確保する枠組みである。パイン豪元国防相は英下院国防特別委員会で証言し、英国のインド太平洋への関与が、AUKUSを通じて「単なるレトリックを超えて正式なものになった」とその意義を強調した[(23)]。そもそもAUKUSの生みの親はジョンソン英政権とする見方もあり、豪側から原潜開発協力に関して打診を受けた際、ジョンソン首相は英国のインド太平洋関与をより実態のあるものにするため、原潜協力に留まらず広範な協力の枠組みを作る好機と見ていたと伝えられている[(24)]。

　英政府は21年3月、ブレグジット後の安全保障政策の基本方針をまとめた「グローバル・ブリテン」構想を発表している[(25)]。英軍の「スエズ以東」撤退からおよそ50年、英国は再び戦略の重心をインド太平洋に置こうとしている。21年には英空母「クイーン・エリザベス」の艦隊をインド太平洋に派遣した。AUKUSを通じて英豪両国のインド太平洋における防衛協力が促進され、英海軍原潜がオーストラリアの海軍基地を拠点にインド太平洋で永続的なプレゼンスを示す可能性も考えられる。

（2）インド太平洋における安全保障構造への貢献

　インド太平洋地域には現在、複数の協力枠組みが存在している。それらはANZUS、日米安保条約、東南アジア諸国連合（ASEAN）、さらには5カ国防衛取極（FPDA）といった、同盟、組織、協定といったタイトな枠組みだけでなく、二国間の戦略対話、日米豪印の枠組み、AUKUSなどの対話や特定分野の協力促進を目的に考えや理念を共有する国家が形成する緩やかな枠組みが存在している。

　特に後者は同じ考えを持った国家には常に開かれた枠組みである。現在でも日米豪印への韓国の参加可能性やAUKUSへの日本の関与などが取り沙汰されており、国家の都合や国際情勢の変動に柔軟に対応できるのも特徴である。AUKUSは軍事技術の協力促進に重点が置かれているが、日米豪印は防衛や安全保障に留まらず、新型コロナワクチン支援、気候変動対策の推進、インフラ支援、サプライチェーン強化など、より広範な取り組みが行われている。二つの枠組

みは相互に排他的ではなく、メンバーの一部は重複しており、両者が相互に補強し合うことによって、インド太平洋の安定や秩序形成に貢献しうるといえよう。

6. おわりに：オーストラリアの課題

(1) オーストラリアのアイデンティティを明確にせよ

　モリソン政権は原潜導入決定がもたらした外交的副作用への配慮が引き続き必要である。フランスは潜水艦共同開発を単なる契約上の取引ではなく、インド太平洋における豪仏両国の戦略的提携のシンボルとして捉えていた面がある。それだけに突然の契約破棄は、フランスがインド太平洋関与におけるオーストラリアの位置付けを見直す機会につながる可能性はある。しかしながらフランスは島嶼地域に具体的権益を持つインド太平洋国家であり、フランスにとってもオーストラリアとの協力は重要である。したがって豪仏関係の正常化に向けて、双方が外交的努力を続ける必要がある[26]。

　東南アジア諸国に対しては、原潜が地域全体の平和と安定に寄与するものであることを伝えると同時に、オーストラリアがアジアの一員としてのアイデンティティを持つ国家であることを改めて表明することが重要である。インドネシアの『ジャカルタ・ポスト』紙は、オーストラリアがASEAN諸国との関係を軽視し、再び白人社会の代弁者になろうとしているとの投稿記事を掲載した[27]。モリソンはAUKUS発表にあたり、歴史的な英米豪連携をアピールしていたが、この枠組みが決して「白人クラブ」ではないことを訴えていく必要がある[28]。

　これらを放っておけば、原潜導入による副作用が後遺症へと悪化していくことは避けられない。オーストラリアにとって望ましい戦略環境の構築は軍事力の整備だけで実現できるものではないことは確かだ。近隣諸国、関係諸国との外交、対話を重ね、戦略的利益の一致を目指す外交的努力が求められる。

(2) NPT加盟国としての責務を果たせ

　モリソン政権は自国の決断が核不拡散体制や大量破壊兵器拡散防止のための多国間枠組み、さらにはそれらを支える規範の弱体化に繋がることを懸念す

る声にも真摯に向き合わなければならない。

　英米豪3カ国は21年11月、3カ国の原子力推進技術に関する機密情報の交換を可能にする「海軍原子力推進情報交換協定（ENNPIA）」に署名した。ダットン豪国防相は、「オーストラリアは核兵器を求めてはいない。潜水艦は通常兵器しか搭載しない。この協定は海軍の原子力推進に関する情報の共有のみを認めている。この協定のもとでは、核装備の移転はできない」と述べ、交換されるのは情報のみで、装備や技術は対象となっていないことを強調した[29]。

　これに対して『アームズ・コントロール』誌は「オーストラリアはまもなく、原子炉を搭載した米英の原子力潜水艦の機密技術や仕組みを知る初の非核兵器国になる。たとえ物資の移転がなくても、英米の海軍原子力推進設計に関する保護された情報を共有することで、オーストラリアはその機密技術知識の管理者として重大な責任を負うことになる」と語っている[30]。

　さらに英『エコノミスト』誌は「核兵器保有を目指す国や、核兵器のオプションを持ち続けたいと考えている国は、査察の目の届かないところで爆弾に利用できる高濃縮ウラン（HEU）を製造・入手するための便利な口実として潜水艦を利用するかもしれない」と述べ、オーストラリアが悪しき前例となることを懸念している[31]。オーストラリアの原潜導入が、核拡散のきっかけとなってはならない。英米の原潜には核兵器に使用されるものと同じ、最も核分裂性の高い同位体であるU-235の割合が高くなるように濃縮されたウランが搭載されている。

　またオーストラリアは豪海軍ホバート級駆逐艦に搭載するトマホーク巡航ミサイルを米国から購入することも発表したが、これについては国際的な平和研究機関であるストックホルム国際平和研究所（SPRI）が強い懸念を表明している[32]。ミサイル拡散に対処するための多国間枠組みであるミサイル技術管理レジーム（MTCR）の弱体化に繋がる危険性を心配しているのだ。「良き国際的市民」オーストラリアが国益と国際社会共通の利益の間でどのような外交姿勢を示すかが問われている。

⑴ Prime Minister of Australia, *Joint Leaders Statement On AUKUS*, 16 September 2021.

(2) Department of Defence, Australian Government, *Defending Australia in the Asia Pacific Century: FORCE 2030 （Defence White Paper 2009）*, Commonwealth of Australia, 2009.

(3) Daniel Flitton, Rudd the butt of WikiLeaks expose, *Sydney Morning Herald,* December 6, 2010.

(4) Department of Defence, *ibid.,* paragraph 9.5.

(5) Ross Babbage, 'Why Australia needs nuclear subs', *The Diplomat,* 8 November 2011.
(6) John Kerin, 'Libs would look at nuclear subs option', *The Australian Financial Review,* 23 February 2012.

(7) Tony Abbott, 'Submarines: why settle for second-best?', *The Centre for Independent Studies,* June 29, 2017.

(8) Brendan Nicholson, 'Nuclear or not, we'll need prefab subs', *The Australian,* February 9, 2011.

(9) 日豪の安全保障協力の戦後展開については、佐竹知彦『日豪の安全保障協力『距離の専制』を越えて』勁草書房、2022年を参照。特に潜水艦問題については第6章を参照。Hamish McDonald, 'Why Japan lost the Australian sub deal to France,' *Nikkei Asia,* May 5, 2016.

(10) Malcolm Turnbull, *A Bigger Picture,* Melbourne: Hardie Grant Books, 2020, Chap. 29 'Keeping Australia Safe'.

(11) Anthony Galloway, 'Design on future submarines hits nine month delay,' *The Sydney Morning Herald,* January 14, 2020.

(12) Andrew Tillett, 'Defence admits it is looking at back-up plan for French subs deal,' *Australian Financial Review,* June 2, 2021.

(13) Department of Defence, Australian Government, *Joint Statement: Inaugural Australia-France 2+2 Ministerial Consultations,* August 30, 2021.

(14) Prime Minister of Australia, Media Statement, *Australia to pursue nuclear-powered submarines through new trilateral enhanced security partnership,* September 16, 2021, online.

(15) Prime Minister of Australia, *Transcript of Press Conference,* Canberra, September 16, 2021.

(16) Prime Minister of Australia, *Address Launch of the 2020 Defence Strategic Update,* July 1, 2020.

(17) 小原凡司「インド太平洋の安全保障」、『「インド太平洋」研究会研究レポート』第6号、日本国際問題研究所、2022年3月31日。

(18) Andrew Nicholls, Jackson Dowie and Dr Marcus Hellyer, *Implementing Australia's nuclear submarine program,* Canberra: Australian Strategic Policy Institute, December 2021.

(19) Peter Jennings, 'With Trump at large, Australia needs a Plan B for defence,' *The Strategist,*

July 28, 2018.

(20) 米軍のローテーション駐留については、次のものを参照。佐竹知彦「ブリーフィングメモ　米国のアジア太平洋リバランスと日米の動的防衛協力」『防衛研究所ニュース』第169号（2012年10月）。

(21) Department of Foreign Affairs and Trade, Australian Government, *Joint Statement Australia-US Ministerial Consultation （AUSMIN） 2021,* September 16, 2021.

(22) Kathrin Hille, 'What Washington gets from the subs deal,' *The Australian Financial Review,* September 19, 2021.

(23) Dan Sabbagh, 'Aukus deal 'ties UK into Indo-Pacific and send message to China,' *The Guardian Online,* September 21, 2021.

(24) 秋元千明「イギリスがAUKUS結成を画策した理由―激変するインド太平洋情勢」、ニューズウィーク日本版オンライン、2021年10月8日。

(25) Global Britain in a Competitive Age: the Integrated Review of Security, Defence, Development and Foreign Policy

(26) 合六強「AUKUSの誕生とフランスのインド太平洋関与の行方」『欧州研究会研究レポート』第5号、日本国際問題研究所、2021年11月18日。

(27) Kornellius Purba, 'Morrison, second US deputy sheriff after Howard,' *The Jakarta Post,* September 28, 2021.

(28) 高橋徹「AUKUSが問う『豪州はアジアの一員か』」、『日本経済新聞』2021年11月16日。

(29) Peter Dutton, Australia signs exchange of naval nuclear propulsion information sharing agreement, 22 November 2021

(30) Julia Masterson, 'AUKUS States Sign Information Exchange Deal,' *Arms Control Today,* Vol.52, January/February 2022.

(31) 'What does the Australian submarine deal mean for non-proliferation? Nuclear subs are fueled with the same stuff used in bombs,' *The Economist,* September 17, 2021.

(32) Kolja Brockmann, 'Commentary/Backgrounders: The Missile Technology Control Regime at crossroads,' Stockholm International Peace Research Institute, October 1, 2021.

台湾海峡をめぐる安全保障の現状と課題

福田円

法政大学教授／平和・安全保障研究所研究委員

1. はじめに

　2016年以降、台湾周辺における中国の軍事示威が活発化し、米中対立の展開とも相まって、状況のエスカレーションが続いている。また、軍事示威以外に、中国から台湾に対する外交圧力、エコノミック・ステイトクラフト、情報工作なども活発化しており、台湾では中国からの「グレーゾーンの脅威」に対する警戒が高まっている。こうした台湾海峡における緊張の高まりは、どのような経緯と要因によって生じているのだろうか。

　台湾海峡において安全保障上の緊張が高まるなか、22年2月にロシアはウクライナへの軍事侵攻に踏み切り、中国は基本的にはこれを支持している。ロシアとウクライナの関係は、中国と台湾の関係に重なる部分も多いことから、ウクライナ情勢と台湾情勢は連動するとの見解もある。実のところ中国と台湾はウクライナ情勢に対してどのように反応し、ウクライナ情勢からどのような影響を受けているのだろうか。

　上記のような問題関心のもと、本稿ではまず台湾海峡における安全保障の現状を概観した上で、ロシアのウクライナ侵攻が台湾海峡情勢にいかなる影響を及ぼすのかについて、現時点で可能な範囲内で分析する。その上で、今後の台湾海峡情勢について展望を示すことを試みたい。

2. 台湾海峡をめぐる安全保障の現状とその背景

　台湾海峡における軍事的な緊張が高まっている一義的な要因には、増強された軍事力を背景とした、人民解放軍の台湾周辺における活動の活発化がある。

16年秋以降、18年初夏までに、中国軍機が台湾を囲むように飛行する動きを繰り返すようになり、空母「遼寧」が台湾海峡を複数回通過した。その後、19年、20年は上記のような中国海空軍の活動は増加し、活動海空域が台湾の南西部に収斂してきた。他方で戦闘機が台湾海峡の中間線を超える事案も複数回見られた。本年報の拙稿（第8章、台湾）でまとめたように、21年に台湾の防空識別圏に侵入した中国軍機数は前年を大幅に超え、台湾周辺における解放軍の行動はかつてないほど活発化している。

　台湾周辺における解放軍の活動が活発化している背景には、中国の軍事力が台湾を圧倒できるようになったという現状認識があろう。1995年から96年の台湾海峡危機において、中国は台湾に対する軍事的威嚇を成功させることができず、米空母打撃群の台湾海峡派遣に対抗することも叶わなかった。この危機によって軍事威嚇が台湾民意の中国離れを引き起こすことを学んだ中国共産党は、国際空間において「台湾独立」を封じ込めつつ、「見えにくい軍備拡張」に力を注ぐ方針を採った[1]。その結果、2000年代の後半に海空軍力を中心とする台湾海峡の軍事バランスは台湾優勢から中国優勢へと転じ、2010年代に中台間の戦力の格差は拡大し続けた。

　ただし、16年頃までは、中国がその力を誇示することは少なかった。それは、台湾の国民党政権との間で「一つの中国」に関する条件付き同意である「92年コンセンサス」を前提とする経済交流を継続し、政治的取り込みや交渉の可能性を模索していたためである。ところが、14年の「ひまわり学生運動」の原動力となったような中国の政治的影響力に対する警戒感の高まりを背景として、台湾では16年に蔡英文・民進党政権が発足し、「92年コンセンサス」を中国との対話の前提とすることを留保した。人民解放軍の台湾周辺における軍事示威活動が本格化したのは、それ以降であった。

　台湾海峡における軍事的な緊張が高まっているもう一つの要因は、米中競争の本格化に求められるだろう。オバマ政権第2期の「リバランス」以降、インド太平洋地域における米中競争はしだいに顕在化し、その中心的な争点は南シナ海から台湾海峡へと徐々に移行してきた。特に、17年末にトランプ政権が国家安

全保障戦略（NSS）において中国をロシアと同様の「修正主義国家」と位置付けた後、米中競争は安全保障領域においても激しさを増し、20年初頭以降の新型コロナウイルス流行をめぐっては、体制の優位を競うような価値の側面にまで競争が及んだ。

　トランプ政権は台湾に対する中国の攻勢を問題視し、安全保障上、また民主主義という価値の観点からも台湾に対する支援を拡大した。それは習近平政権を刺激し、台湾海峡における解放軍の軍事示威は、米国による対台湾支援策の進展にあわせてエスカレートし、「台湾独立」への牽制とともに、「外部勢力の干渉」への反対というメッセージが込められるようになった。これに対し、米第7艦隊は19年以降、ミサイル駆逐艦などの台湾海峡通過を月に一度のペースで公表し、解放軍の行動を牽制した。また、20年2月に中国軍機が台湾海峡中間線を超えた際などには、米軍が台湾周辺へ軍機を派遣した旨を公表した。これらに加え、トランプ政権は台湾への武器売却も積極的に行った[2]。

　こうした米国の積極的な対台湾関与政策は、基本的にはバイデン政権にも引き継がれている[3]。米国の危機意識は、中国の軍事示威を抑制できていないことに加え、台湾海峡における米中間の軍事バランスも崩れはじめているという認識に根ざしているように見える。すなわち、解放軍の巡航ミサイルや中距離弾道ミサイル能力、潜水艦の運用能力をはじめ中国近海における海軍能力の向上に伴い、米軍に対する中国の接近阻止・領域拒否（Anti-Access/Area Denial, A2/AD）能力が向上しているため、仮に有事に米軍が介入したとしても、劣勢に置かれる可能性があるという認識がある[4]。

3.「グレーゾーン」における脅威の増大

　軍事示威以外にも、16年以降、中国から台湾に対する外交圧力、政治攻勢、エコノミック・ステイトクラフト、サイバー攻撃、情報工作なども強まっている。そのため、台湾では武力行使には至らない手段によって、中台関係の現状が一方的に変更される「グレーゾーン」の脅威に対する警戒感が高まっている。

　国際空間において、中国は台湾と外交関係を持つ諸国への攻勢を強め、台湾

と外交関係を持つ国の数は、現在では過去最小の14カ国にまで減少している。また、世界保健機構（WHO）や国際民間航空機関（ICAO）の総会は、馬英九政権期には台湾をオブザーバーとして招請していたが、蔡英文政権発足後は招請を止めた。エコノミック・ステイトクラフトとして、習近平政権は16年以降、台湾への観光客送り込みや農作物買い付けなど従来の優遇策を停止し、21年にはパイナップルなど果物の輸入停止を複数回発表した。他方、中国政府は中国へ進出する台湾企業や個人への新たな優遇策を打ち出し、自国民並みの待遇を与え、政治的により深く取り込むことを志向している[5]。

　情報工作としては、マスメディアやSNS上での情報拡散や特定団体や個人に対する攻撃に中国政府が関わっていると見られる事例が、頻繁に摘発されている。「五毛頭」や「ネット水軍」と呼ばれる共産党指導下にある世論誘導集団や、人民解放軍の戦略支援部隊が、偽情報拡散に関わっていることを、台湾の政府機関も認めるような状況にある[6]。中国政府はこれらの疑惑を否定しており、関与を証明することも難しいが、拡散された文字や言い回しが中国大陸で使用される中国語であることは、中国政府の関与が信じられる根拠となっている。

　こうした状況を反映して、21年に公表された台湾の『国防白書』では、初めて「グレーゾーン」の脅威の項目が設けられた。ここでは、戦争には至らない程度を維持しつつ、サラミ戦術的に脅威を高め、政治・軍事的な実力で優位な状況を作ることで、「我が方の戦力を消耗するのみならず、民心の士気を動揺させ、両岸の現状に対する挑戦や変更を企図し、『戦わずして台湾を奪取する』という目標を達成する」ような脅威が問題視されている。ここでは前項にて詳述した軍事示威に加え、サイバー攻撃と「認知戦」による危害が警戒される。とりわけ「認知戦」について、中国は心理戦、世論戦、法律戦の「三戦」を駆使して台湾の法治や価値観を混乱させ、有利な状況を形成しようとしているとされる。そこでは、プロパガンダや偽情報などの情報戦を手段として、外交圧力によって政治的譲歩を迫る、経済的優勢によって台湾企業や民衆を取り込む、軍事示威によって台湾軍民の抵抗意識を削ぐなどの目的が追求されているという[7]。

ロシアのウクライナ侵攻に対する中台それぞれの対応

　こうした中国からの軍事示威や「グレーゾーン」の脅威に対する警戒感が高まるなか、22年2月にロシアのウクライナ侵攻が起きた。そもそも、ロシアのクリミア併合やウクライナ東部における影響力拡大は、習近平政権が台湾を「統一」する際の参照事例であると見られていた。そのため、ロシアがウクライナ侵攻をすれば、中国はそれに連動して台湾に対して何らかの軍事行動を起こすのではないかとの観測も、かねてより存在した。そして、ロシアがウクライナ侵攻に踏み切る際に見られた論理や想定された作戦は、中国が台湾へ武力を行使する際のシナリオを想起させるものであった。

　ロシアのウクライナ侵攻を受け、中国はウクライナとの関係を一定程度は保持しつつも、基本的にはロシアを支持している。中国は米国が求めた対露経済制裁への協力に応じないばかりか、米国が国際社会において集団同士の「新冷戦」を作り出す動きに反対するという論理で、諸国の対露経済制裁とウクライナ支援を批判している。また、虐殺反対などの姿勢を示しつつも、ロシア批判は避け、国営メディアなどは虐殺に関する情報は虚偽だとするロシアの情報や主張を流している[8]。そして、習近平政権は、ウクライナ情勢と台湾海峡情勢が重ねられて議論されることを嫌っている。中国政府の主張では、台湾は中華人民共和国の一部であり、台湾に国際的な主権は認められないので、そもそもウクライナとは違うというのがその最大の論拠である[9]。

　これに対し、台湾は完全に欧米諸国や日本と足並みを揃えた対応を採った。蔡英文総統は22年1月末に国家安全会議を招集し、2月23日には、ロシアの行動を非難して平和解決を訴える、台湾海峡の軍事情勢に対する対応を強化する、台湾社会におけるいわゆる「認知戦」への対応を強化する、国際経済情勢の変化に対応するなどの基本方針を提示した[10]。その後、ロシアがウクライナへ侵攻すると、台湾は欧米諸国や日本などとほぼ同じタイミングで対露経済制裁を発動、強化し、ウクライナに対する医療物資の支援なども行い、ロシアの行為を非難し続けている。また、政府は国際社会や台湾社会に対して、台湾はウクライナほど脆弱ではなく、米国にとっての重要性もより高いと、ウクライナとの違いを強調し

つつも、台湾防衛への意識を高めるべきだという発信を積極的に行っている。

　こうした対応の中で、中台双方にとってカギとなるのが米国との関係である。ロシアの侵攻開始後、米中は首脳会談も含む高官同士の会談を複数回行った。そこで浮き彫りとなったのは、かつてテロとの戦いを行った時のような協力を、もはや米国は中国から得られないという現実であった。そして、こうした場においても台湾問題が争点化し、中国は米国に対して、台湾問題で「誤った対応」を採らないよう警告を続けた。これに対し、バイデン政権は「一つの中国」政策を継続すると表明しつつも、台湾に対する関与を強める姿勢を示している。ところが中国は、バイデン政権が「一つの中国」政策を継続するという点を強調して台湾に揺さぶりをかけ、米国の信頼性を損なうような宣伝や情報工作を強化していると見られる[11]。

4. ウクライナ情勢が台湾海峡に及ぼす影響

　中台双方の為政者は、ウクライナ情勢と台湾海峡情勢を同一視することに否定的である。しかし、露宇関係と中台関係には重なる部分も多く、習近平政権はそうした目線でウクライナでの戦況を注視し、サイバー攻撃や「認知戦」を駆使したハイブリッド戦争を行ったとしても、軍事侵攻による目的達成は難しいという教訓を得たのではないだろうか。ロシアの侵攻に対する批判が国際社会で急速に結束し、対露経済制裁へと展開したことや、ウクライナ軍が米国製の武器で善戦し、戦争を長期化させていることからも、習近平政権は多くの示唆を得たものと思われる。その結果、同政権は台湾海峡においては「戦わずして勝つ」ことが上策であるし、軍事侵攻を行うとすれば、その前提として台湾への周到な政治的工作、想定される経済制裁への対応も含めた国際的な根回しなどが必要となることを再確認したのではないだろうか。

　これに対し、台湾の政治や社会もまた、ウクライナでの戦争から少なからぬ示唆を得たと考えられる。ロシアのウクライナ侵攻後、台湾においては、「台湾は中国とは異なる」という意識がさらに強まったと考えられる。また、先進民主主義諸国と足並みを揃えるなかで、とりわけ台湾の半導体産業の存在感に対する自

信も高まっており、これが「台湾とウクライナは違う」と主張する際の重要な論拠にもなっている。とはいえ、ロシアのウクライナ侵攻は、習近平が非合理的決定のもとで台湾への軍事侵攻を発動する可能性を想起させるものであることには違いなく、侵攻当初によく聞かれた「今日のウクライナは、明日の台湾」といったフレーズが示すように、台湾の市民はウクライナでの戦況を自分たちの問題として注視せざるを得ない。

　台湾政治や社会がより大きな関心を示すのが、米国をはじめとする諸国の対応であり、それらは台湾が軍事侵攻を受ける際の諸国の対応を占う試金石として捉えられている。ウクライナ侵攻後の台湾での世論調査結果によれば、中国が台湾に武力を行使する可能性に対する認識は侵攻前から大きく変動していないが、米国が軍隊を派遣して台湾防衛を支援すると「信じる」人の割合は約35%で、半年ほど前の65%から大きく下がった[12]。米国の台湾関与をめぐって、米中間での駆け引きや情報戦が続いていることはすでに論じたが、この世論結果は台湾世論がこうした情報戦に敏感に反応している可能性が高い。

5. 台湾海峡情勢の展望

　以上の分析を踏まえて、今後の台湾海峡情勢を中長期と短期に分けて展望したい。まず、中長期的に見ると、中国が軍事侵攻によって台湾との「統一」を達成することのハードルは元々高かったが、ウクライナ情勢を受けてさらに上がったと考えられる。とはいえ、政治目的としての「台湾統一」自体を中国共産党が取り下げることはあり得ない。その結果、台湾海峡においては、戦争勃発に至らない程度の、政治・軍事的な緊張状態が継続すると考えられる。中国は核兵器も含め、台湾侵攻に必要な軍備増強にさらに力を入れ、それらを台湾や周辺諸国に誇示し続けるだろう。また、中国に進出する企業や人々をより深く取り込もうとする政治経済的な手段、特に先進民主主義諸国以外の国際社会に「一つの中国」原則を浸透させようとする外交的手段なども強化されるだろう。そして、これらの効果を最大化するような情報工作が、中国から台湾に対して継続されると考えられる。

短期的には、まずこの秋の中国共産党第20回党大会において、おそらく第3期を迎える習近平政権がどのような対台湾方針を打ち出すのかが注目される。党大会では、「新時代の党が台湾問題を解決する総合的方策」が政治報告に盛り込まれることが予告されている（第8章の拙稿を参照のこと）。また、習近平が第3期目の任期に入ると、自らのレガシーを確立するために、その後5年から10年の間で台湾との「統一」を急ぐのではないかとの見方もある。22年秋から24年にかけて台湾での統一地方選挙や総統・立法委員ダブル選挙、米国での中間選挙や大統領選挙が続き、中国、ロシアをめぐる国際環境にも変化が予想されるなか、習近平が「総合的な方策」で掲げた目標をいかなる戦略や手段で達成しようとするのかに注意すべきである。

　このように台湾海峡情勢を展望すると、今後中長期にわたり、日本が果たすべき役割は増大するだろう。中国の軍備増強や台湾海峡における攻勢は日本の安全保障と無関係ではあり得ず、中国から台湾に対して自由、民主、人権などが著しく否定される政治攻勢や情報工作が展開されれば、日本がこれを座視することは困難であろう。昨年来、日本では「台湾海峡における平和と安定の重要性」が確認され、中国の武力行使を抑止するために日本も相応の役割を果たすべきだという議論が急速に進んでいる。中国が台湾への軍事侵攻には至らずとも、軍備増強とそれらを誇示するような威嚇を続ける場合、日本にとっては自身の防衛力を強化し、米軍の関与を繋ぎ止めつつ、有事の際の協力体制を構築することが急務となる。また、有事の際にいかに市民の移動や避難を担保するか、この地域においても経済制裁は有効な手段となり得るのか、台湾の政府との情報共有や政治的コミュニケーションが可能なのかについても検討しておく必要がある。これらの課題には、自然災害時、新型コロナウイルスのような疫病流行時などに共通する論点も多々含まれるので、既存のチャネルを活用して台湾との情報共有や議論を徐々に拡大させることができよう。

<hr>

(1) 松田康博「中台における政治・軍事関係」和田春樹ほか編『東アジア近現代通史　第10巻』（岩波書店、2011年）206頁。

(2) コロナ危機によって加速した米中間の対立とその台湾への影響については、拙稿「米中『新冷戦』の中で高まる台湾アイデンティティ」『東亜』No.640（2020年10月）2-9頁で詳述した。

(3) バイデン政権発足後の対台湾政策については、拙稿「バイデン政権の『一つの中国』政策と台湾海峡情勢」日本国際フォーラムコメンタリー（https://www.jfir.or.jp/studygroup_article/5593/）で詳述した。

(4) このような認識を示す例として、Office of the Secretary of Defense, "Annual Report to Congress: Military and Security Developments Involving the People's Republic of China 2021," United States Department of Defense, Nov. 3, 2021（邦語訳は『令和3年度 米国議会への年次報告書「中華人民共和国に関わる軍事・安全保障上の展開2021」』日本国際問題研究所、2022年3月、https://www.jiia.or.jp/research/2021ChinaMilitaryPower.html）。

(5) こうした中国の国際空間あるいは直接的な台湾に対する働きかけの変化を、「パワーの行使」という視点からまとめたものとして、拙稿「中国の台湾に対するパワーの行使—習近平政権の特徴とその変遷」『問題と研究』第49巻3号（2020年7・8・9月号）73-105頁がある。

(6) 例えば「掲発大陸網軍収購台湾網城散布假訊息真相（2020年3月6日）」法務部調査局HP（https://www.mjib.gov.tw/news/Details/1/578）。

(7) 中華民国国防部『中華民国110年国防報告書』（国防部、2021年）41-44頁。

(8) こうした中国の対応については、山口信治「中国とロシア・ウクライナ戦争」『NIDSコメンタリー』第218号（2022年5月12日）に詳しい。

(9) 「王毅：台湾問題与烏克蘭問題没有任何可比性」人民網、2022年3月7日（http://world.people.com.cn/n1/2022/0307/c1002-32368770.html）。

(10) 「召開国安高層会議 総統三項指示」中華民国総統府、2022年1月28日（https://www.president.gov.tw/News/26525）、および「聴取『烏克蘭情勢因應小組』簡報」中華民国総統府、2022 年2月23日（https://www.president.gov.tw/News/26560）。

(11) 例えば、「陸堅称拝習通話談四不一無意　反批台欺騙民衆」中央通訊社、2022年3月30日（https://www.cna.com.tw/news/acn/202203300150.aspx）。

(12) 「台湾民意基金会民調　幻滅？最新民調：台人対美国『出兵抗中』信心崩潰」風傳媒、2022年4月26日（https://www.storm.mg/article/4304476）。

ウォーゲーム：拡張する戦闘空間

長島純

中曽根平和研究所研究顧問/防衛大学校総合安全保障研究科非常勤講師

　ウォーゲーム（War game）は、19世紀にプロイセン軍が採用したクリークシュピール（Kriegspiel：戦争競技）を起源として[1]、その後、米海軍大学、日本陸・海軍大学校などにおいて演習の実施技法として発展を遂げていった。ウォーゲームは、戦争を取り巻く不透明、不確定な状況の中で、複数のプレイヤーが関与する競争や対立の場面を模擬し、その中で、政策決定者や指揮官などの意思

決定を演練するために人工的に作られた環境を指す[2]。その目的は、戦略・戦術面における指揮官の判断能力の評価、向上に加え、作戦計画の実効性の検証、将来の装備品の能力や適合性の確認を行うことにある。それは、現代の非常に複雑な戦争環境における、軍の俊敏性と柔軟性を維持するための重要なプロセスの一つと考えられている。例えば、2020年、中国の台湾侵攻に関する米軍のウォーゲームにおいては、数々の戦争シナリオと戦闘シミュレーションが準備され、レッドチーム（敵方）とブルーチーム（味方）の対抗形式で、定められた時間軸に沿って、模擬戦闘が繰り返された。最終的に、レッドチームの攻撃によるブルーチームのネットワーク障害が敗因として浮かび上がり、ブルーチームの通信の脆弱性がその原因として指摘されるに至った。そして、その教訓は、米軍が「拡張作戦」と呼ばれる新しい戦闘作戦の概念策定に着手するきっかけになったのである[3]。これらは、一つの典型的なウォーゲーム

の実施プロセスであるが、その結果を、本格的な計画の修正や将来の装備品の取得に直接的に結びつけるという点で、演習や訓練との差異が明らかになる。

1. ウォーゲームの必要性

　近年、第四次産業革命の中で、技術の急激な進歩によって、あらゆるものがインターネットに繋がり（IoT）、デジタルの世界（仮想空間）と物理的な現実世界（現実空間）、さらに人間が融合する領域空間が具現化しつつある[4]。そして、その融合の規模と速度に影響を及ぼすのは、5Gなどの情報通信技術（ICT）に加え、人工知能（AI）、3Dプリンター、ロボット、ナノテクノロジー、量子コンピューターなどの革新的な先進技術群である。それらの先進技術の多くは、軍事・民生双方に適用可能なデュアルユース技術であり、それらによって、陸・海・空という既存領域間の有機的な接続が進む中、サイバー空間や宇宙空間が作戦領域として新たに加わり、将来的に現実・仮想両空間の一体的な運用が標準化してゆくことが予想される。一般的に、宇宙・サイバー・電磁波の各空間は、作戦上の新たな領域（以下、「新領域」）と呼ばれており、日本でも、18年12月に策定された防衛計画の大綱において、陸・海・空という従来の領域における伝統的な戦力とこれら新領域の能力を有機的に結合させ、敵の攻撃を阻止・排除するというクロスドメイン（領域横断）に係る作戦への取組が始められている[5]。ロシアも、ジョージア侵攻（08年）の際、ジョージア国防省を含む政府機関への大規模なサイバー攻撃とタイミングを合わせて軍隊による戦車や軍用機を用いて戦端を開き、クリミア併合（2014年）においても、衛星通信やレーダーに対する妨害、重要インフラへのサイバー攻撃によって社会が混乱する中で戦闘を開始するなど、単なる軍事力の衝突に留まらない非対称な戦いを繰り広げている。これはハイブリッド戦争と呼ばれ、サイバー攻撃、欺瞞、妨害行為、偽情報の流布等の非軍事的攻撃と物理的な軍事攻撃を組み合わせ[6]、対象国の情勢を不安定化し、社会全体を脆弱化させた上で、戦闘行動を、短期間かつ低コストで終結させることを作戦の主眼とする。また、昨今、ハイブリッド戦争と同様に、新たに平和でも、戦争でもなく、かつ武力攻撃までには至らない状況下で国家主権が侵害

される状態、いわゆる「グレーゾーン事態」[7]が見られるようになり、我々は、力による現状変更を図る国家が始める非対称な戦争が、より複雑化し、多様化し続ける現実を目の当たりにしている。そのような新たな戦争の常態化は、軍事だけでなく、政治、経済、社会、宗教などの異なる領域の相互作用によって、予測し得ない状況を引き起こす可能性を高めている。その対処において、政策決定者や指揮官には、横断的、包括的にそれらを処理するために、経験や知識に依りつつ適時適切かつ総合的に意思決定を行うことが必須であり、そこで、総合的な戦略・戦術シミュレーション環境を提供するウォーゲームが果たす役割は大きい。

2. ウォーゲームの方向性

(1) 先進技術への適合

　米国は、陸・海・空という戦闘の従来領域と新領域（宇宙、サイバー領域）を有機的に結合させたウォーゲームを本格化させつつある。今後、マルチドメインの作戦が本格化する中で、防衛技術にも応用可能なデュアルユース技術や破壊的技術の積極的な取り組みにあわせて、米国は、LVC（Live Virtual and Constructive）の導入によって、ウォーゲーム技法を進化させると見られる。LVCとは、異なる種類のシミュレーション技術を、シームレスに統合する概念を指す[8]。それは実際の装備品等を用いた現実的（Live）訓練、シミュレーターなどによる仮想的（Virtual）訓練、そしてネットワークやコンピューターの支援に基づく建設的（Constructive）訓練を有機的に統合することを意味する。現状の訓練環境や関連リソースの制約、現実的な訓練費用の増大、サイバー空間や宇宙空間における作戦比重の増大など、ウォーゲームを取り巻く環境変化に対応すべく、様々なLVCに向けた努力が積み重ねられているものと見られる。例えば、それは、ウォーゲーム内において、実際に搭乗するパイロット、シミュレーターを操作する運用者、仮想空間の中で模擬戦闘機を操縦する兵士が同一空間で連携を行い、同じウォーゲーム上でリアルタイムな戦いを模擬するという、現実・仮想空間の融合下における新たな訓練環境を想像するに等しい。その変化を生み出したのは、仮想現実を簡易に実現するデジタル環境の整備に加えて、

ICTなどの先進技術の進化を背景にした仮想現実（VR）や拡張現実（AR）技術の急速な進化であった。そして、結果的に、時間や距離という物理的制限からウォーゲーム参加者を開放し、すべてのプレイヤー（演練者）が、フィジカルな軍事訓練や実動演習という既存の枠組みにとらわれずに、同時に共通の戦争状況を共有し得るウォーゲーム環境を実現するのである。その一方で、LVCの導入が加速することで、実動演習やTTX（机上演習）における現実空間と仮想的なシミュレーション環境との境目が不明瞭となり、ウォーゲームのあり方をめぐって再定義が必要となる可能性も考えられる。今後、ウォーゲームの不可逆的な進化を前提として、先進技術を積極的にウォーゲームシステムに実装化する努力が続けられるとともに、軍内ではウォーゲーム参加者に対してデュアルユース技術への更なるリテラシーを高めることが不可欠となるであろう。特に、ウォーゲームの主眼の一つである「学ぶべき焦点（Learning Points）」を追求するプロセスにおいて、その概念的な側面を強化するために、民間企業だけでなく、研究機関や大学などの関係者をプレイヤーとして迎え、ウォーゲームの中に幅広い視野と受容性の高い組織文化を醸成してゆくべきである。

（2）「人間の目線」の保持

　ウォーゲームは、その戦略的な性格を強める中で、その準備と実行において高度で多角的な専門知識が求められることに加えて、最近では、処理のためのアプリケーションやソフトウェアの役割の増大が顕著となりつつある。その背景には、ICTや画像認識などのセンサー技術の急速な進化によってもたらされる膨大な情報量の中で、人間の判断や行動を常に適正に維持し続けることは、より困難になりつつある現実がある。そのため、作戦推移の加速化に対処すべく、ウォーゲームにおいても、指揮官の意思決定を技術的に支援するシステムの整備が必要との認識が見られるようになっている。

　しかし、このようなシミュレーション環境の大きな変化の中にあっても、作戦全般を通じて人間の絶えざる関与が求められることに変わりはない。そして、政策決定者や指揮官の意思決定がウォーゲームの中心課題である以上、変化し続け

る事象を判断する際に、定量的な視点だけでなく、定性的な観点をも重んじるべきであり、そのための「人間の目線」の重要性に改めて着目すべきである。それは、今後、人間の意思決定過程におけるAIやビッグデータをはじめとする先進技術の導入と「人間の目線」とのバランスを取りながら、高度な意思決定を演練する訓練システムとしてウォーゲームを構築することが求められることを意味している。

　また、ウォーゲームシステムの自動化や高性能化が進む流れは不可逆的であるが、「人間の目線」からウォーゲームのあるべき姿を考えた場合、敢えてAI等による支援システムを排除したコンパクトかつ高付加価値のウォーゲームを追求する視点も欠かせない。そこでは、何のためにウォーゲームを行うのかという原点に帰って、実施主体、参加者、時期、実施要領、および、使用するシステムの規模と能力を決定することが求められる。現在も、米軍などでは、19世紀のクリークシュピールのように、参謀本部内で数人が集まって、ペンとノートだけでウォーゲームを行う伝統が続いており、原点に立ち返って、大規模なウォーゲームシステムへの依存を控えようとする傾向も見られる。このことは、米国の同盟国・友好国であっても、相互運用性の観点から米国と同様のウォーゲーム態勢の構築を目指すだけではなく、自国の国力や政治外交の規模に見合う独自のシステムや技法を追求することの重要性を示唆している。

（3）システム統合
　近年、従来と異なる分野の課題が、将来的な安全保障の問題として、注目を集めることが多い。それは、サイバー攻撃や宇宙空間などの新領域における脅威が多様化する中で、一国のみならず、多国間における連携、協調による対処の必要性が高まってきており、実際に、多数の同盟国、友好国が参加するウォーゲームへの関心も高まっている。こうした環境変化に則り、ウォーゲームの考慮要素、入力変数が一層の増大を続けており、ウォーゲーム自体が、複数の現実空間のシステムと仮想空間のシステムを多層的に融合させたシステム・オブ・システムズ（System of Systems）として発展する可能性がある。そこでは、多様なウォーゲー

ム参加者に、意思決定のための最適な対応オプションを提供すべく、ビッグデータと予測分析に依拠した人工知能（AI）が中心的な役割を果たすと見られる。

　AIは、アルゴリズムや集積データを母体として、経験的に使用される中で進化を続けるデジタル・エコシステム（生態系）である。最先端のウォーゲームとして能力を発揮するには、実装されるAIに入力されるデータの質と量が非常に重要であり、さらに、ビッグデータの蓄積と深層学習の質が成功の鍵を握る。そして、そのAIを実装したウォーゲームによる、指揮官の意思決定に寄与する最適な対応オプションは、現場で参加する人々の対応状況の正確な認識と、蓄積された履歴データに基づく予測分析との組み合わせによって導かれる。急激な環境変化の中にあっても、正確な意思決定を行う上で弊害となるストレスへのレジリエンス（抗堪性）を、ウォーゲームによって習得することが期待される。しかし、その一方で、このようなマルチタスクのウォーゲームの導入は、システムの巨大化、複雑化、高速・大容量な処理機能を必要とする可能性が高く、維持経費の増大と頻繁な改修を招くことが懸念される。今後、現代の作戦様相がより多く政治・外交的要素を含むことの結果として、ウォーゲームに伴うコストと労力が増加し、ウォーゲーム自体が軍隊から国内の先進的なシンクタンクに外部委託される傾向が促されることになるであろう。AI、超高速計算機、量子技術、自律化などの破壊的技術が民間を中心にして普及が進む現状において、これら先進技術の実装化に係るスケール・メリットを生かして、ウォーゲームとしての更なる能力進化が期待される。

3. 新たなウォーゲーム空間

　将来的に、ウォーゲームの進化には二つの方向性が予想される。一つは、AI、ビッグデータ、量子コンピューターなどの先進技術の既存システムへの実装化により、より複雑かつ多用なシナリオを処理し、指揮官の最終的な意思決定に一層の貢献が期待されるウォーゲームシステムの実現である。それは、既存システムの垂直方向の進化形態であるが、戦争様相が複雑化することに伴い、ソフトウェア上も、より高負荷なシステム管理やさらに進化したICTを必要とする点に留意すべ

きである。

　また、ウォーゲームの水平方向への進化として、多くの可能性を秘めるメタバース空間の活用が考えられる。メタバースは、「ソーシャルメディア、オンラインゲーム、拡張現実（AR）、仮想現実（VR）、暗号通貨の側面を併せ持ち、ユーザーが仮想的に対話できるようにするデジタル現実」と定義され[9]、新たなサイバー空間概念を象徴している。そこでは、メタバースの利用者達が、仮想空間で交流することを通じて、現実空間では経験できないような体験を享受し得る。さらに、その仮想空間の中の、持ち物、通貨、サービスは現実世界と紐付いており、暗号通貨などの利用によって、その価値が比較的安全に保障されることで、仮想世界と現実世界の境界が一層曖昧になり、利用者は時間と空間の概念が変化した仮想現実の世界に没入していく。現在、このメタバース空間は、特定の複数のIT企業による運用が始まったばかりであり、投機的性格が高い閉鎖的なサイバー空間に過ぎない。しかし、将来的に技術の進化に伴って公共性の高いサービスが提供され、メタバース間の相互接続性が高められることを通じて、SNSと同様に、利便性や信頼性が急速に高まり、市民レベルの公共財として位置づけられるであろう。それは、今後、潜在的なデジタル資産を擁するメタバースが、社会的な重要インフラの一つになり得ることを意味している。そして、その仮想/現実空間の中でウォーゲームが展開される場合、高速、大容量、多接続を特徴とするITCの進化と、アバターによる擬人化技術によって、ウォーゲーム参加者の現実感と没入感が一層強まることになるであろう。それは、システムとしてのウォーゲームにおいて、参加者の一体感を強め、演習シナリオの変化の即時性や適合性、環境設定の柔軟性などを大きく向上させることに結びつく。メタバース空間が現実空間と物理的に接続されることから、ウォーゲームが、その延長線上にある現実の戦争へとシームレスに移行する危険性はあるものの、デジタル世界において一層の利便性と公共性を深めることになると見られる。

　22年2月24日、ロシア軍は、ウクライナへの軍事侵攻を開始した。侵攻準備と見られるサイバー攻撃や偽情報の流布に関して、米欧諸国から頻繁に関連情報が発信されていたことは、大規模な軍事侵攻の前からロシアによるハイブリッド戦

争が、すでに始まっていた証左になるであろう。今回、ロシアは、従来の軍事・非軍事的手段を組み合わせるだけでなく、大規模な軍事力を事前展開することで相手の認知領域への影響を作為し、また、欧州が依存するロシア産天然ガスを武器化することによって、相手の状況判断や意思決定に心理的、社会的な影響を与え、結果的に行動変容を起こさせることを期待した。ロシアとしては、誰が何のために行っているのかという「帰属」の特定が困難なサイバー攻撃やエネルギーによるエコノミック・ステイトクラフトといった非軍事的な攻撃手段の選択肢を増やすことにより、ハイブリッド戦争における多様性を増大させることで主導権を占有しようとしていたと考えられる。しかしながら、今回のウクライナ侵攻では、ロシアが、ジョージア紛争やクリミア併合において成功を収めたハイブリッド戦争は遅滞し、ロシア軍の作戦計画も変更を余儀なくされるなど予想された効果を発揮し得ていない。その背景としては、14年のクリミア併合後、欧州においては、戦車や戦闘機などの軍事的手段だけでなく、サイバー攻撃や偽情報などの非軍事的手段が実存的な脅威として強く意識されたことがある。そして、その対抗措置を組織的に整備すべく、相次いでハイブリッド脅威に関わる独立した中核的研究機関が設立され、NATO、EUとの連携強化が図られることになった(10)。今回、それらの協力のもとに、迅速かつ有効な対ハイブリッド脅威への具体的措置が図られ、ロシアによる非軍事的手段を用いた攻撃効果を低減させ、被害の拡大と深刻化を未然に防ぐための布石になったと考えられる。すでに、これらの中核的研究機関では、ハイブリッド脅威に関するウォーゲームによる演習への取り組みがなされており(11)、NATOやEUにおいて14年以来続けられてきたハイブリッド戦争に対する分析、検討、そしてウォーゲームを含む対応手段の構築などの欧米側の地道な努力が、今回のロシアのハイブリッド戦争における効果を減殺したと判断される。

　今回、ウクライナ危機とそれに引き続く軍事侵攻を終結に導くことが出来たとしても、西側諸国は、引き続き、最新技術を背景に進化を続ける非対称なハイブリッド戦争の脅威の出現に対処し続けなければならない。それは、今後、戦争が、より複雑化し、一層不透明な形態に進化することを予期して、平時から、先

端技術の積極的な導入と人間による意思決定プロセスをバランス良く兼ね備えたウォーゲームシステムを構築し、備えることの必要性を意味する。そして、そのウォーゲームの中では、参加者は失敗を恐れず、その意思決定の失敗を咎めるべきではない。ウォーゲームにおける失敗を通じて、ゲームを繰り返しながら人間としての創造性を育み、変化への適合力を鍛え、しなやかで強靭な組織が生み出されていく。そして、その過程を通じて、政策決定者や指揮官の意思決定における脆弱性を排除し、かつ、レジリエンスを強化することで、急激な変化を遂げている新たな脅威に対する抑止と対処の能力を増大させることが期待される。

4. おわりに

　防衛大綱では、防衛力の維持・向上において、指揮官や隊員の高い資質と能力とともに、自衛隊の訓練・演習が重要な要素の一つに挙げられている[12]。さらに、国家的対処の必要な事態に備え、訓練・演習でも、警察、消防、海上保安庁、地方公共団体、民間団体との連携の重要性が指摘されている。今後、事態の多様化や複雑化が一層進み、国内外の関係機関等との更なる連携の強化が予想される中、自衛隊としては、既存の訓練・演習の枠組みに加え、シミュレーションを主体とするウォーゲーム手法を積極的に取り入れる必要がある。それは、多国間防衛協力の中で、新領域を含む作戦に係る民間部門との協力、領域融合における戦い方の創出、将来の戦い方に即した新たな装備体系の開発など、仮想空間を応用したLVCによる実動／指揮所演習を強く意識したものとなろう。そのためには、平時から、関係者間で、高速、大容量、同時多接続、非冗長な情報通信環境を共有し、状況変化に柔軟に対応し得るウォーゲーム環境を準備する協調的な努力が求められる。

(1) John Curry ed., Peter Perla's The Art of Wargaming: A Guide for Professionals and Hobbyists, The United States Naval Institute（2011）p.35.

(2) U.S. Naval War College, "War Gaming," January 13, 2022, https://usnwc.libguides.com/wargaming.

(3) HERCULES REYES, "War games Revealed US Military Vulnerabilities: Joint Chiefs

Vice Chair," JULY 28, 2021, https://www.thedefensepost.com/2021/07/28/war-games-us-vulnerabilities/.

(4) 総務省『平成29年版情報通信白書』107頁、https://www.soumu.go.jp/johotsusintokei/whitepaper/ja/h29/html/nc131100.html

(5) 防衛省編『令和2年版日本の防衛　防衛白書』日経印刷、2020年、12頁。

(6) Nick Amies, "NATO includes threat of cyber attack in new strategic concept document," https://www.dw.com/en/nato-includes-threat-of-cyber-attack-in-new-strategic-concept-document/a-6072197.

(7) 防衛省編『令和元年版日本の防衛　防衛白書』日経印刷、2019年、215頁。

(8) NICTワシントン事務所「アメリカ合衆国における超臨場感の実現に係る映像系・音声系技術分野における研究開発動向等に関する調査」2010年3月、20頁、https://www.nict.go.jp/global/lde9n2000000bmhf-att/re1003_1.pdf.

(9) JEAN FOLGER, "Metaverse Definition," INVESTOPEDIA, February 15, 2022, https://www.investopedia.com/metaverse-definition-5206578.

(10) NATO Strategic Communications Centre of Excellence, "EU Commission President and NATO Secretary General visit NATO StratCom COE," November 28, 2021, https://stratcomcoe.org/news/eu-commission-president-and-nato-secretary-general-visit-nato-stratcom-coe/145.

(11) Hybrid CoE, "Unique hybrid wargaming course launched," August 30, 2021, https://www.hybridcoe.fi/news/unique-hybrid-wargaming-course-launched/.

(12) 防衛省編『令和3年版日本の防衛　防衛白書』日経印刷、2021年08月31日、428頁。

第2部

アジアの安全保障環境

（2021年4月～2022年3月）

第1章　日　本

概　観

　この一年、日本を取巻く国際安全保障環境は大きく変化した。最大の契機になったのが、ロシアのウクライナ侵攻である。日本はクリミア半島併合時（2014年）での消極的な姿勢とは異なり、G7の一員として責務を果たすべく、対露経済制裁措置を直ちに導入し、自衛隊の非殺傷物資をウクライナに提供した。追加措置も実施した。一方ロシアは、日本が米欧と歩調を合わせて経済制裁を発動したことで、日本との平和条約締結交渉を一方的に拒否した。これは両国が戦後長らく取り組んできた関係改善の道筋を完全に閉ざすと同時に、北方領土問題の解決やサハリン、北極圏での経済開発事業をも振り出しに戻しかねないことを意味する。

　中露・露印間で戦略的関係の強化が図られたことで、国際公共財としての機能を果たすべく日米同盟の重要性が一層増した。これを受けて、岸田新内閣は誕生早々、22年内にも国家安全保障戦略などを改定して防衛力を抜本的に強化していく方針を示し、日本が流動化・深刻化する国際安全保障環境に即応できるよう決意を表した。また22年1月に開催された日米2プラス2と首脳会談では、日米が中国や北朝鮮の動きに対して緊密な連携を図っていくことが再確認された。一方、前者では「敵基地攻撃能力」を念頭に、戦略見直しのプロセスを通じて、ミサイルの脅威に対抗するための能力を含め、国家の防衛に必要なあらゆる選択肢を排除しないことが確認された。また後者では「経済版2プラス2」の新設の重要性について言及された。このことは、日米同盟が新たな段階に入ったことを示している。日米関係ではまた、エマニュエル駐日大使就任、日米間の相互運用性向上の更なる動き、在日米軍駐留費の決着が図られた。ただ、在沖米軍基地の移転問題が進展しなかったことは、大きな課題となった。一方、日米韓3カ国関係をめぐっては、北朝鮮との非核化交渉を再開することの重要性に鑑みて協議が加速するなど一部で進展したが、限界も露呈した。

　日本が日米豪印やASEAN、さらに欧州諸国との関係強化を一層図ったことは、「自由で開かれたインド太平洋（FOIP）」の実現および同地域の安定と繁栄に大きく寄与する動きとなった。加えて、日中ではホットラインの早期開始について協議され、日韓間でも一定の進展があったが、両国との関係改善の道のりは依然として遠い。

　一方、安全保障の自助努力をめぐっては、南西諸島や小笠原諸島における対処態勢の強化、南シナ海における日本版の「航行の自由」作戦の実施、最新装備の検討、サイバーセキュリティへの対応、国境離島の管理など、一層進展が図られた。しかし、地上配備型ミサイルシステム「イージス・アショア」の代替問題に進展が見られず、大きな課題として残った。

　経済安全保障の分野では、経済安全保障推進法案が成立したが、ウクライナ情勢などを受けて、エネルギー資源に関して課題も鮮明になった。

ウクライナ情勢をめぐる日本の動き

国際秩序の安定化の鍵となるG7と日本の指導力

　岸田政権誕生後に発生したロシアのウクライナ侵攻は、既存の国際秩序の在り方について改めて問題提起することになった。日本はG7の一員として、2021年3月以降共同声明などで警戒を強めていたが、侵攻直前における2回の緊急外相会合では事態の深刻化を確認した上でロシアがウクライナ東部における親露派支配地域2州を「国家承認」したことが国際法違反にあたるとの認識を示した。林外相は会合後、「国際社会と連携し制裁を含む厳しい対応について早急に調整を行う」と述べ、日本がG7および国際社会と協調して事態の修復に向け断固たる決意で臨むと表明した。

　侵攻直後のG7首脳会談で岸田首相は、本侵攻がウクライナの主権と領土の一体性を侵害し、武力の行使を禁止する国際法の重大な違反であるとして、力による一方的な現状変更を追求したロシアを強く非難した。この対応はクリミア半島併合時（14年）に日本を含め各国政府が採った消極的なものとは異なる。日本はまた、G7とともに対露経済制裁措置に踏み切り、資産凍結と査証発給停止、金融分野での制裁、半導体などの輸出管理の厳格化を速やかに実行に移した。3月に入り欧米諸国を中心に対ウクライナ軍事支援が強化されるなか、自衛隊法や防衛装備移転三原則の範囲内で、自衛隊の防弾チョッキ、鉄帽、防寒服、天幕、カメラ、衛生資材、非常用糧食、発電機などの非殺傷物資を同国に提供した。北大西洋条約機構（NATO）および欧州連合（EU）の緊急首脳会談に合わせて開催されたG7首脳会談では、岸田首相が日本の対露追加制裁措置、ウクライナと周辺諸国への追加緊急人道支援、保健医療分野の人的貢献の検討、避難民受入れ促進のための追加措置などの取組みを説明し、翌4月にその早期実現に向けて林外相をポーランドに派遣した。

　ウクライナ情勢への対応でもみられたように、日本はこの一年ルールに基づく国際秩序の安定化を図るためにG7や国際社会と緊密な連携を図ってきた。21年5月に約2年ぶりに開催された対面方式でのG7外相会合では、台湾に圧力を

強める中国の覇権主義的な行動を念頭に「台湾海峡の平和と安定の重要性」を表明した。6月のG7首脳会談では、民主主義、自由、平等、法の支配、人権の尊重などの共通の価値観に基づく結束を再確認し、共同宣言で初めて台湾問題について言及した。日本が追求する「自由で開かれたインド太平洋（FOIP）」の実現に向けてその重要性が確認された形となった。イスラム主義勢力タリバンがアフガニスタンで政権を再奪取したことで開催されたG7首脳テレビ会談（8月）では、菅首相（当時）が国外・国内避難民への人道支援要請の高まりを踏まえ、G7や国連と連携していくことを宣言した。これに関連して22年4月、緊急時での国外退避の際に外国人だけでも自衛隊機で輸送できる改正自衛隊法案が成立した。21年12月の民主主義サミットでは、岸田首相が各国の人材育成支援、司法などの各種制度の構築・整備に関する日本の経験とノウハウの共有、責任ある企業行動の促進、格差是正による中間層の保護の重要性を唱え、民主主義の安定と定着に寄与していく決意を示した。

　ロシアのウクライナ侵攻後の3月、ウクライナのゼレンスキー大統領は、日本の国会での演説で、「アジアで初めてロシアに対して圧力をかけ始めたのが日本」と賞賛した。また国連安全保障理事会を含めた既存の国際機関が機能不全に陥っている現状に鑑み、今後国際社会が侵略を未然に防ぐための新たなツールを構築していく上で日本の役割に期待を寄せた。日本は23年にG7議長国となる。国際の平和と安定のためその指導力を一層発揮することが求められた一年でもあった。

振り出しに戻った日露平和条約締結交渉

　ロシア外務省は22年3月、日本が欧米諸国と歩調を合わせて対露経済制裁措置を発動した「非友好国」であるとして、日本との平和条約締結交渉を一方的に拒否した。北方領土への「ビザなし交流」、簡素化された旧島民の北方領土訪問の廃止、同領土での共同経済活動に向けた協議も放棄する考えを示した。一連の発表は、日露両国が戦後長らく取り組んできた関係改善の道筋を完全に閉ざすと同時に、北方領土問題の解決やサハリン、北極圏での経済開発事業をも振り出しに戻しかねないことを意味する。

　もっとも、北方領土の帰属問題をめぐっては、ウクライナ情勢における日本の対応によりロシア側が突如として態度を硬直化したわけではない。ロシアのプーチン大統領はこれまでにも度々北方領土問題の解決は同領土に在日米軍基地が設置される危険性を伴うとして警鐘を鳴らしていた。実際この一年も、ロシアは日本と真剣に交渉する姿勢を示していなかった。極東を管轄する東部軍管区は21年6月、択捉・国後両島やサハリンなどで海軍太平洋艦隊と1万人規模の合同軍事演習を実施した。また12月に北海道周辺海域で日米共同訓練が実施されたことを受けて、ロシア政府は「極東地域でのわが国の安全への潜在的な脅威になる」と警戒感を強めていた。

　22年1月以降も、極東で軍事的な影響力を拡大していた。海軍の全艦艇を動員する演習を太平洋やオホーツク海域で実施すると発表したほか、前年11月に引き続き東部軍管轄区がクリル諸島（北方領土と千島列島）で高性能の地対空ミサイルS300V4を使用した訓練を実施した。2月にはロシア西部から大陸間弾道ミサイル（ICBM）を発射し、カムチャッカ半島に着弾させた。大統領報道官はまた、「演習など軍の活動をロシア全土で引き続き実施する」と述べ、北方領土がロシア領であることを前提に軍事演習を正当化した。

　ロシア政府の要人が次々と北方領土を訪問したことも日本政府の懸案となった。ミシュスチン首相は21年7月に択捉島を訪問したが、これは日露首脳会談（20年9月）で「1956年宣言を基礎として平和条約交渉を加速させる」という合意事項（18年11月）を再確認したことを、ロシアが真っ向から覆す行為である。岸田政権発足直後の10月にはグリゴレンコ副首相兼官房長官とフスヌリン副首相も択捉島を訪問した。

　ロシアはウクライナ侵攻後も極東で影響力の拡大を図った。22年3月、北方領土に外国企業を誘致するための「免税特区」を創設する法律を成立させたほか、同軍の艦艇が津軽・宗谷両海峡を相次いで通過した。平和条約交渉中断の表明後も北方領土を含む地域で3,000人規模以上の軍事演習を実施し、4月には国後・択捉両島で1,000人規模以上の軍事演習を敢行した。

　一連の活動を受けて、22年版外交青書では、「北方領土は日本が主権を有する島々であり、日本固有の領土であるが、現在ロシアに不法占拠されている」と

表現され、「不法占拠」という表現を03年以来明記したほか、「日本固有の領土」の表現を11年以来記した。

日本の安全保障を益々不安定化させる中露・露印の接近

　この一年は中露、露印間で戦略的関係の強化が図られた時期でもあり、日本の安全保障にも大きな影響を及ぼした。中露は21年6月、締結20周年を迎えた善隣友好協力条約を5年間自動延長することで合意した。10月、ウラジオストク沖で共同訓練「海上連合2021」を実施した。11月には両軍の爆撃機計4機が、日本海、東シナ海、太平洋の上空を飛行した。日本周辺で共同飛行が確認されるのは3年連続となる。岸防衛相が「わが国に対する示威行為を意図したもの」と表明したように、日本にとり重大な懸案事項となっている。

　露印間では12月に首脳会談が開催され、31年までの新たな軍事協力や、合同軍事演習の継続などについて合意した。会談とあわせて外務・防衛閣僚会議（2プラス2）も初めて開催された。インドは日米豪との4カ国枠組みに参加しているが（後述）、ソ連時代から長年軍事協力を続けるロシアを「特別で特権的な戦略パートナー関係」と位置付けるなど、伝統的に繋がりが深い。露印の関係強化の動きは、インドが引き続き特定の勢力に依存し過ぎない「戦略的自律性」を追求していることを意味する。今回のロシアのウクライナ侵攻に際して、インドがロシアに対する国連安保理および緊急特別総会の非難（遺憾）決議案をそれぞれ棄権したのも、その一環であるといえる。

日米同盟

ウクライナ情勢を受けて益々高まる日米同盟の責任と役割

　ロシアのウクライナ侵攻で、今日国際公共財としての機能を果たすべく日米同盟の重要性が一層増した。林外相は侵攻直後、本事案が「欧州に留まらずアジアを含む国際秩序の根底を揺るがす、きわめて深刻な事態」と述べ、力による一方的な現状変更を、東アジアを含むインド太平洋で許してはならないとして、米国による関与拡大と日本の防衛力整備の強化の重要性を強調した。日米はこの

一年も、同盟の信頼性と実効性の向上のため、あらゆる分野で関係強化を図った。21年4月に菅・バイデン両首脳間で初めて開催された直接会談では、①日本が日米同盟と地域の安全保障体制を一層強化していくために自らの防衛力を強化していくこと、②日米安全保障条約第5条の尖閣諸島への適用や第三国から日本に対する武力行使を抑止するための米国の核兵器による拡大抑止が改めて表明されたこと、③在日米軍基地からの戦闘作戦行動を念頭に「（中台）両岸問題の平和的解決を促す」ことが宣言されたこと、④日米が経済安全保障の分野でも連携していくことが確認された。

　同月、米国の抑止政策に関する「拡大抑止協議」も開催された。協議は10年以来定期的に実施されているが、菅・バイデン両政権発足後は初開催となった。北朝鮮の核・ミサイル開発などの地域情勢や弾道ミサイルでの協力、米露が核軍縮枠組み「新戦略兵器削減条約」（新START）について意見交換できたことは、米国による拡大抑止の信頼性や実効性を向上していく上で重要な機会となった。

　22年1月、日米安全保障協議委員会（2プラス2）が開催された。前年3月以来、岸田政権下では初となる。共同声明では、敵のミサイル発射基地などを自衛目的で破壊できる「敵基地攻撃能力」を念頭に、戦略見直しのプロセスを通じて、ミサイルの脅威に対抗するための能力を含め、国家の防衛に必要なあらゆる選択肢を排除しないことが初めて明記された。これは、自衛隊が防御（盾）、米軍が攻撃（矛）を担うというこれまでの同盟の役割分担を抜本的に見直すことにも繋がることを意味しており、その意義は大きい。

　同声明はまた、東・南シナ海で海洋進出を強める中国の動きについて言及し、「政治的、経済的、軍事的な課題を提起する」との懸念を表明したほか、台湾海峡の平和と安定の重要性が強調された。現在米国にとって中国による台湾侵攻が最大の懸案であることを踏まえ、台湾に近い日本と一層緊密な連携を図っていくことの重要性を反映した内容となった。その背景には、中国がこの20年間で国防費を10倍近く増やし、西太平洋に限れば米軍をも上回る軍事大国になっている事実がある。

　加えて、日米は中露や北朝鮮の開発する極超音速兵器に対して共同分析していくことで合意した。同兵器はマッハ5以上の速度で飛行でき、現行の日米ミサ

イル防衛網では迎撃が難しいとされ、戦力のバランスを一変させるゲームチェンジャーとも称されている。一方、ランサムウェアなどのサイバー攻撃の脅威に対して共同対処していくことでも一致した。また、人工知能（AI）や量子技術などの新興分野で技術革新を推進していくことや、サプライチェーンの強化に向けて合意できたことは、近年経済安全保障の重要性が益々高まっていることを示している。

　22年1月下旬には日米首脳会談が開催された。岸田・バイデン両首脳による会談は、岸田政権発足直後の21年10月や翌11月の国連気候変動枠組条約第26回締約国会議（COP26）時にも実現したが、重要案件について綿密に意見を交わした本格的な会談は今回が初となる。会談では、日米がFOIPの実現に向けて連携すること、同志国との協力を深化させていくこと、また日米豪印首脳会談をバイデン大統領の訪日にあわせて22年前半にも日本で開催することで合意した（22年5月24日、東京で開催。）

　また、軍事的に台頭する中国や、核・ミサイル開発を進める北朝鮮に対して、日米が緊密に連携して抑止力を強化しくことが再確認された。加えて、岸田内閣が22年内にも国家安全保障戦略などを改定して防衛力を抜本的に強化していくことや、バイデン政権が日米安保条約第5条の尖閣諸島への適用を含む揺るぎない対日防衛コミットメントを継続していくことも改めて確認された。

　会談ではまた、覇権主義的な動きを強める中国に対して、投資や経済安全保障を協議する場として、初めて外務・経済閣僚による「経済版2プラス2」を新設することで合意した。経済安全保障でも日米が緊密な連携を図っていくことは、前年4月の首脳会談でも確認されたが、「経済版2プラス2」の新設は今後日米両国が経済安全保障の基盤を一層強化していく上でその意義はきわめて大きい。近年中国は、巨大経済圏構想である「一帯一路」構想や、民間の先端技術を軍備開発に結びつける「軍民融合」を進めており、先端技術の流出防止やインフラ投資などの連携強化を図っていくことが日米両国にとって急務になっている。

　22年1月、ラーム・エマニュエルが駐日大使として着任した。19年7月にハガティが退任して以来、空席であった大使の席がようやく埋まったことは、安定的な日米関係を築く上できわめて重要である。エマニュエルは駐日大使への就任が決定した21年12月には「我々が（日米）関係においてこれから3年間で築くものが

インド太平洋地域での今後の30年間の米国の姿勢を左右する」として、日本との同盟関係を深化させていくことに強い意欲を示した。

益々向上した日米間の作戦の相互運用性

　日米共同作戦における相互運用性向上の動きも一層高まっている。日米両国は21年10月、事実上の空母化に向けて改修を進めている護衛艦「いずも」で在日米海兵隊の最新鋭ステルス戦闘機F-35Bによる発着艦訓練を初めて実施した。いずも型の護衛艦「かが」も21年度末から空母化への改修が開始され、両艦とも24年度以降に配備される予定である。

　海上自衛隊は11月、南シナ海で潜水艦への対応を想定した日米共同訓練を初めて実施した。1月には南西諸島周辺で活発的な動きをみせる中国に対して警戒監視態勢を強化するため、米軍の無人偵察機MQ-9を鹿屋航空基地（鹿児島県）に一時展開させることを検討していることが明らかになった。同機は地上からの遠隔操作で1万メートル超の高度で飛行できるため、展開が実現すれば日米両国は高い監視能力を駆使できることになる。

　陸上自衛隊も米軍との相互運用性を強化している。第1空挺団は7月、在沖米陸軍部隊とアンダーセン空軍基地（米領グアム）で落下傘降下訓練を実施したが、米軍機で国内を出発してそのまま海外で降下するのは初めてである。

ようやく決着をみた在日米軍駐留経費

　22年1月の日米2プラス2の後、22-26年度の在日米軍駐留経費（思いやり予算）の日本側負担に関する新たな特別協定が署名された。総額は5年間で約1兆550億円、各年度の平均は約2,110億円となり、21年度の負担額（2,017億円）を約100億円上回った。今回の協定は、訓練環境の改善を支援するための「訓練資機材調達費」の新設や航空機の格納庫整備などに使う「提供施設整備費」の増額などの内容を含んでいる。これまでの駐留費用の「肩代わり」一辺倒の「思いやり予算」から、共同訓練など米軍との相互運用性の向上や日本の抑止力強化につながる分野を重視した予算へと質的な転換を図っていることが特徴となっている。これに伴い、日本政府は同駐留経費の通称を「同盟強靱化予算」に改名し

た。トランプ前政権以来暗礁に乗り上げていた問題を解決できたことで、日米関係の緊密さと同盟の実効性の高さを内外に印象付けたことの意義は大きい。

なかなか進展しない在沖縄米軍基地の移転問題

　日米は21年4月、96年に米軍普天間飛行場の全面返還に合意して25年を迎えた。21年は旧日本軍による真珠湾攻撃から80年を迎える年でもある。これを受けて、松野官房長官は記者会見の場で、「日米両国が過去の戦争の記憶も継承しながら緊密に連携、協力することが何よりも重要だ」と述べて、日本が米国と引き続き積極的に行動していく強い決意を示した。

　日米同盟の実効性を向上するには、在日米軍の即応態勢の強化が必須となる。しかし、政府はこれまで飛行場の移転先となる辺野古沿岸部で埋立工事を進めてきたものの、その進展は遅い。11月に工事予定海域北側で軟弱地盤が発見されたことで、沖縄県は防衛省の提出した軟弱地盤の改良工事などが盛り込まれた設計変更を承認しなかった。政府は12月、沖縄県や宜野湾市と普天間飛行場負担軽減推進会議の作業部会を20年11月以来開催したが、先行きは不透明のままである。加えて、日米が74年に返還合意している米軍の那覇港湾施設をめぐり、浦添市への移転計画も未解決のままとなっている。

　22年は沖縄にとって重要な選挙が相次ぐ。2月の石垣市長選では陸上自衛隊の駐屯地を容認する現職市長が4選を遂げ、翌4月の沖縄市長選では現職市長が3選を果たした。秋には普天間飛行場の辺野古への移設計画に関する県知事選や宜野湾市長選が予定されている。その結果次第では基地移転の進展状況に大きく影響を及ぼす可能性がある。

コロナ禍で問われた日米地位協定の課題

　22年早々の「第6波」では、前例のない水準で新型コロナウイルス（オミクロン株）の感染が拡大した。2月に感染者が全国で初めて10万人を突破したほか、沖縄県に加えて岩国基地（山口県）、横田基地（東京都）、横須賀基地（神奈川県）などの米軍基地でも感染拡大を記録した。その最大の理由として指摘されたのが、米軍関係者が日米地位協定に基づき日本の水際対策の対象外となっ

ていることにある。これまで米軍は20年7月、基地内でのクラスター発生を受けて、「日本政府と整合的な形」の水際対策を行うとの共同文書を発表したが、米国内でワクチン接種が進んだことなどを理由に、21年9月には日本に向けて米国を出発する際のPCR検査を免除し、対策を大幅に緩和していた。米軍は12月以降、出国時検査を行い、翌年1月に基地内の警戒態勢を1段階引き上げ、マスクの着用義務の徹底を図るなど対策の強化を図ったが、同協定の在り方について改めて問題提起することになった。

諸外国との安全保障協力

北朝鮮問題をめぐって高まる日米韓協力の重要性とその限界

　北朝鮮は21年9月以降、相次いでミサイル発射を発射して、挑発の段階を高めた。ミサイル戦力の強化は、金正恩朝鮮労働党総書記が第8回党大会（21年1月）で示した「国防科学発展および兵器システム開発5カ年計画」に基づき実施されている。9月に極超音速ミサイルの発射実験を初めて実施し、列車からのミサイル発射も敢行、10月には潜水艦発射弾道ミサイル（SLBM）を発射し、ミサイルの多様化を図っている。22年1月には、極超音速ミサイルのほか、ロフテッド軌道で飛行してグアムをも標的できる中距離弾道ミサイル「火星12」など、計7回のミサイル実験を強行した。3月にはICBMの発射実験も行った。

　日米韓3カ国は21年4月以降、米国の主導のもと、北朝鮮との非核化交渉を再開することの重要性に鑑みて協議を加速している。4月の安全保障担当高官会議に引き続き、5月のロンドンではG7外相会談のサイドラインで外相会合を実施し、北朝鮮に完全な非核化を求めることで一致した。また同月、情報機関トップによる会合も東京で実施された。6月にはバイデン政権発足後初めて北朝鮮担当実務者協議が開催され、北朝鮮の完全な非核化を目指すことで合意した。外務次官協議も21年11月と翌年2月に開催された。2月には外相会合も実施され、17年2月以来5年ぶりに共同声明が発表された。このほか、6月に大規模合同演習「レッドフラッグ・アラスカ」が開催されるなど、一定の進展がみられた。

　しかし、日米両国と韓国の間には温度差もあり、依然として課題も多い。21年

6月の北朝鮮担当実務者協議では、国連の北朝鮮制裁をめぐり、日米が対北制裁など「国連安全保障理事会決議の履行」を主張したのに対し、韓国は「速やかな対話再開」を唱えた。5月に引き続き10月に実施された情報機関トップの会合でも、韓国が終戦宣言と非核化プロセスをセットで解決しようと試みたのに対し、米側は終戦宣言や北朝鮮の求める制裁解除に応じるにあたって北朝鮮の完全な非核化が前提となる立場を崩さなかった。さらに、日韓関係の悪化が日米韓の協議にも影響を及ぼした。11月の外務次官協議終了後、3者による共同記者会見が予定されていたが、直前に金昌龍・韓国警察庁長官が現職長官として12年ぶりに島根県竹島に上陸したことで、日本側がこれを拒否した。

大統領選で改善が問われる日韓関係

　日韓関係では一部で進展がみられた。日韓外相会合が21年5月に、G7外相会合のサイドラインで20年2月以来約1年3カ月ぶりに開催された。6月には局長協議も実現した。またソウル中央地裁が同月、韓国人「元徴用工（旧朝鮮半島出身労働者）」や遺族らが日本企業16社を相手取り損害賠償を求めた訴訟で、原告の請求を却下する動きもあった。同地裁は9月にも元徴用工の遺族が日本製鉄に損害賠償を求めた訴訟でその請求を棄却した。

　しかし、関係改善の道のりは依然として遠い。外相会合（5月）や局長協議（6月）では慰安婦や元徴用工の問題などが協議されたが、平行線に終わった。また大田地裁は9月、三菱重工業に対する賠償命令が確定した元徴用工訴訟問題に関連して、同社の商標権などの資産について売却命令を決定した。同様に大邱地裁支部は12月、日本企業2例目となる韓国内資産売却を命令した。加えて、日本が22年2月、世界文化遺産の登録に向けて「佐渡島の金山」（新潟県）を国連教育・科学・文化機関（UNESCO）に推薦したことを決定した際には、韓国が反発した。

　22年3月の韓国大統領選では、親日的ともいわれる保守系最大野党「国民の力」の尹錫悦が当選を果たした。尹は「過去より未来が重要」と述べたが、日本の世論調査（22年5月）では日韓関係の改善に「期待しない」見方（46%）が「期待する」見方（44%）を上回っており、慎重論も多い。

FOIPの強化に向けて重要性が増すミニラテラリズム

　日本はこの一年も、「自由で開かれたインド太平洋（FOIP）」の強化に向けて、多角的かつ積極的にミニラテラリズムの構築を追求した。その中核にあるのが、日米豪印の枠組みである。21年3月に首脳会談が初めてテレビ会議形式で実施されたが、9月には対面での首脳会談がワシントンで初開催された（菅首相［当時］にとって最後の主要な会談）。共同声明では、近年武力を背景に海洋進出を強める中国を意識し、東・南シナ海を含め「海上秩序に対する挑戦に対抗する」ことを明記したほか、インド太平洋におけるインフラ開発や宇宙・サイバー分野への連携強化についても旗幟を鮮明にした。また、首脳会談と外相会合を毎年開催することで合意した。共同声明ではまた、中国を念頭に置きつつ連携強化を図っていくことで一致したが、中国を名指しすることは避け、日米豪印を「地域の平和、安定、安全および繁栄のための力」として位置付けた。これは、日米豪印が軍事同盟や中国の封じ込め策に発展する可能性があることに対してインドが警戒しているためである。全方位外交を追求してきたインドは、これまで陸上国境で接する中国を警戒する一方、中国との経済協力を阻害するような動きには消極的な姿勢を示している。

　翌2月、日米豪印外相会合がメルボルンで開催された。今回の会合は4回目にあたり、対面では20年10月以来となる。ウクライナ情勢の悪化を受けて、自由や民主主義などの基本的価値観を共有する陣営の結束強化を確認したほか、インド太平洋で攻勢を強める中国を念頭にFOIPを推進していくことや、ルールに基づく海洋秩序への挑戦に対抗するために連携していくことで一致した。

　21年4月以降、日米豪印体制を中核に多国間の軍事演習も実施された。その特色の一つに、欧州諸国なかでもフランスが参加したことがある。日米豪印仏5カ国は4月、海上共同訓練「ラ・ペルーズ」を初開催した。5月には日米豪仏4カ国が東シナ海で海上共同演習「ARC21」を初めて実施した。あわせて、陸上自衛隊、米海兵隊、仏陸軍も離島の奪還などを想定して共同訓練を実施した。日本国内で日仏の地上部隊が共同訓練に参加したのは初めてである。岸防衛相は、記者会見で「欧州各国がインド太平洋地域でプレゼンスを示すことが地域の平和と安定に繋がる」と述べ、その重要性を強調した。

9月の設立以降、米英豪によるAUKUSも注目を集めている。AUKUSは、日米豪印とともに米国が「唯一の競争相手」と位置付ける中国に対抗する「インド太平洋戦略」（22年2月発表）の中で中核をなす。もっとも、AUKUSが原子力潜水艦技術など安全保障関連の先端技術協力を含む協力体制であるのに対し、日米豪印はインドに配慮して経済分野での協力を強調している点で、両者の性質は異なる。ただ、日本の外務省幹部が指摘したように、両枠組みが相互補完的な役割を担うことができれば、「重層的な安保態勢を構築」することが可能となる。

推進される日米豪印間の二国間協力

　日米豪印体制における二国間間協力の強化も図られた。日豪は21年6月、2プラス2を開催した。18年10月以来9回目となる。特記すべきは自衛隊が豪軍の艦艇や航空機を警護する「武器等防護」を実施することや両国部隊が互いの国に一時滞在する際の「円滑化協定（RAA）」の締結に向けて協議を加速することが確認されたことである。また、中国が東・南シナ海で力を背景とした一方的な現状変更を図っているとして、共同声明で「台湾海峡の平和と安定の重要性」を初めて明記した。

　豪軍との武器等防護は11月の共同訓練で実施された。米軍以外を対象とした武器等防護は、自衛隊にとって初めてのケースである。1月には「円滑化協定」が署名された。これで共同訓練では入国審査などの免除や武器弾薬の持ち込み手続きの簡素化などが可能となる。米軍の長期滞在を前提とした日米地位協定と異なり、日本が他国と対等に適用される当該協定を締結するのは初めてとなった。岸田首相が署名式で「日豪の安保協力を新たな段階に引き上げる画期的な協定」と強調したように、両部隊間の相互運用性を向上させていく上で必須となる。

　日印関係の強化も図られた。菅首相（当時）は9月、ワシントンでモディ首相と初めて対面で会談した。日印関係の重要性が強調され、防衛装備や技術分野を含む安全保障分野での協力を推進することで一致した。経済分野ではデジタルや気候変動問題、高速鉄道建設、高速・大容量通信規格「5G」や海底ケーブルの整備、サプライチェーンの強化、IT人材交流の拡大などで協力することで合意した。

　22年3月、岸田首相がニューデリーを訪問した。首脳によるインド訪問は、17

年9月の安倍首相以来4年半ぶりとなる。共同声明では、ウクライナ情勢に関して人道的危機への深刻な懸念を表明し、戦闘行為の即時停止を要求すること、解決のためには対話と外交以外に選択肢がないことが強調された。共同会見では、岸田首相が力による一方的な現状変更は（東シナ海や南シナ海を含む）いかなる地域においても許してはいけないこと、国際法に基づく平和的解決を求める必要があること、FOIPの実現に向けた取組みを進めることが一層重要になったことを強調した。早期に2プラス2を開催することでも確認した。2プラス2の開催はこれまで新型コロナウイルスの感染拡大などを理由に見送られていたが、実現すれば19年11月以来2回目となる。経済分野では、今後5年間で対印投資の目標を5兆円とすること、総額3,100億円を超える円借款プロジェクトを開始することで合意した。

FOIPの実現に向けて不可欠となるASEANとの協力

　日本は、FOIPの実現に向けて東南アジア諸国連合（ASEAN）との関係強化も図った。21年10月には、日・ASEAN首脳会談、ASEAN＋3（日中韓）首脳会議、東アジア首脳会議（EAS）が相次いで開催されたが（テレビ会談）、岸田首相はいずれの会議でもFOIPの実現に向けてASEANとの協力が不可欠であることを強調した。一方、日・ASEAN首脳会談では、友好協力50周年（23年）に日本で特別首脳会議を開催することを提案して、ASEANからの支持を得た。また、東・南シナ海情勢に関しても言及し、「法の支配に基づく海洋秩序に対する挑戦にASEANと深刻な懸念」を共有していることを強調した。ASEAN＋3首脳会議では、FOIPと本質的な原則を共有する「インド太平洋に関するASEANアウトルック（AOIP）」の諸原則や重点分野に沿った協力を推進していくことが、インド太平洋の平和・安定・繁栄のためにきわめて重要であると言及した。EASでは、東・南シナ海と台湾海峡の平和と安定の重要性を訴え、今後もASEANとの戦略的な連携を深めていく決意を表明した。

　翌1月、「地域的包括的経済連携（RCEP）協定」が日本を含む10カ国によって発効した。同協定にはASEAN10カ国も締結しており、地域の貿易・投資の促進とサプライチェーンの効率化に向けて重要な枠組みとなる。

ASEAN諸国との二国間協力も推進された。21年11月にベトナムのファム・ミン・チン首相が来日したほか、3月に岸田首相がASEAN議長国のカンボジアを訪問してフン・セン首相と会談した。翌4月には日・フィリピン間で初めて2プラス2が開催された。これに先立ち、2月にカンボジアと防衛相会談が実施され、防衛協力や交流を一層推進していくことで一致した。22年は日本が初めて国連平和維持活動（PKO）の枠組みで同国に自衛隊を派遣して30年にあたる節目の年でもある。一方、防衛省・自衛隊はこの一年も、ラオス、フィリピン、ベトナムのASEAN諸国などを中心に能力構築支援（派遣・オンライン形式）を実施して、インド太平洋の平和と安定に寄与した。

ただ、ASEANは日本の掲げるFOIPや日米豪印に一辺倒の支持を示しているわけではない。ASEANは11月に中国と特別首脳会議も開催し、両者の関係を従来の「戦略的パートナーシップ」から「包括的戦略パートナーシップ」へと格上げることで合意した。

中国の台頭に伴う日欧安全保障協力の深化

20年に引き続き、ヨーロッパ諸国との連携強化も図られた。二国間では21年5月、G7外相会合のサイドラインで日英外相会合が開催され、FOIPを強化していくことで一致した。これに先立ち英国は3月に『統合レビュー』を発表するなど、インド太平洋でプレゼンスを高めていくことを鮮明にしている。

また8月、沖縄南方海空域で自衛隊と最新鋭空母「クイーン・エリザベス」を中心とする英空母打撃群などが共同訓練を実施し、9月には同空母打撃群が日本に初寄港した。22年2月には日英首脳会談が開催され、力による一方的な現状変更を断じて認めないことが確認された。

フランスとの関係強化も図られた。21年7月に首脳会談、翌1月に2プラス2を開催し、FOIPに向けて連携を深めることで一致した。2プラス2は、19年1月以来6回目となる。共同声明では、中国が影響力を拡大する東・南シナ海の状況に「深刻な懸念」を表明する一方、「円滑化協定」の実現に向け事務レベルで協議を始めることを明記した。また、引き続き定期的な共同訓練や演習実施を通じて、インド太平洋の平和と安定に積極的に貢献していくこと、フランス主催の大規模

展開「ペガーズ」や「ジャンヌ・ダルク」、日本のインド太平洋方面派遣等の機会を捉え、相互運用性を高めることで一致した。

　ドイツとの関係も強化された。21年4月に初めて2プラス2が開かれたが、同国との2プラス2は、英仏に引き続き欧州諸国として3カ国目となる。岸防衛相は「日独の防衛協力は新たなステージに入った」と述べるなど、連携強化の重要性を強調した。6月には、菅首相（当時）がG7サミットの場でメルケル首相（当時）と初めて対面で会談し、安全保障分野で協力を強化してくことで一致した。

　11月にフリゲート艦「バイエルン」が日本に初寄港した。ドイツは20年9月に「インド太平洋指針」を閣議決定してルールに基づく秩序などの原則を掲げるなど、日本など価値観を共有する国との連携強化を鮮明にしてきた。今回の動きは英仏艦艇の日本派遣の流れに沿うものでもあり、インド太平洋におけるドイツの軍事的関与の拡大意向を示す。ただ、中国への配慮から、与党の社会民主党（SPD）から同派遣について反対意見も出ており、英仏両国に比べてドイツの姿勢は慎重なものになっている。

　日本はまた、東欧4カ国（V4）やバルト3国とも連携を深めた。茂木外相（当時）は21年5月、ポーランド、ハンガリー、スロバキア、チェコの外相と会合を行い、FOIPの実現に向けた協力を確認した。またG20参加後の7月、エストニア、ラトビア、リトアニアを訪問し、FOIPの実現に向けて協力を呼びかけ、支持を得た。日本外相による3国歴訪は初となる。バルト3国は、東欧など17カ国と中国による「17+1」の枠組みで中国の「一帯一路」構想に加担してきたが、近年中国による透明性を欠いた投資や人権抑圧を受けて、中国と距離を置き始めている。

　EU全体との関係強化も引き続き実施された。菅首相は21年5月、ミシェル欧州理事会常任議長（EU大統領）およびフォンデアライエン欧州委員長とテレビ会談をした。日・EU首脳級の共同文書では初めて台湾問題が明記された。

　一方EUは9月、初めて「インド太平洋戦略」を発表した。この文書は米国の対中姿勢ほど強硬なものにはなっていないものの、日本が各分野で協力を進めていくパートナー国として複数回言及されたことや、加盟27カ国が一致して航行の自由や法の支配を求め、緊密な貿易・投資関係を構築していくことを優先課題として示したことは、日本が今後FOIPを追求していく上で意義は大きい。

早急に求められている日中間のホットラインの設置

　日中は12月、「日中高級事務レベル海洋協議」を21年2月以来開催した。協議では両国間のホットライン（専用電話）の早期開始に向けて調整を加速させていくことで合意した。両国は18年5月にホットラインの設置に合意していたが、実現していない。努めて早い開設が望まれる。

　一方、岸防衛相は12月、魏鳳和国務委員兼国防相とテレビ会議を実施した。日中防衛相会談は、20年12月以来約1年ぶりとなる。岸防衛相は、中国海警船による尖閣諸島周辺海域における領海侵入に対してきわめて深刻な懸念があることを伝えて中国側に自制を求めたが、その動きに歯止めが掛からない状況にある。

安全保障の自助努力

南西諸島および小笠原諸島における対処態勢強化の動き

　南西諸島やその周辺海空域における中国の攻勢が止まらない。21年2月以降、中国海警局の公船は尖閣諸島周辺の接続水域で連日航行を続け、6月に尖閣諸島の国有化（12年）以来最長記録だった111日連続（20年4～8月）を更新した。7月には最長連続航行日数157日を記録した。また、日米首脳会談や2プラス2などでも強調されているように、台湾海峡の平和と安定が近年重要性を増している。

　このような状況のなか、防衛省は南西地域全体の防衛態勢の強化を図っている。同省は8月、22年度末に対空・対艦ミサイル部隊を石垣島と沖縄本島に配備して4拠点態勢をもって島嶼防衛を強化していく方針を示した。23年度には電子戦部隊を与那国島にも配備する予定である。現在防衛省は、奄美大島と宮古島にミサイル部隊、与那国島に沿岸監視隊を配置しており、22年3月には沖縄県内（那覇・知念）に電子戦部隊を初配置した。また馬毛島（鹿児島県）では自衛隊基地の建設計画を進めている。

　中国は太平洋方面への進出も活発化させている。16年12月以来、空母「遼寧」が宮古海峡を通過し、「第二列島線」（小笠原諸島とグアムを結ぶ線）まで海軍の活動範囲を広げている。同空母は就役以来、艦載機の訓練も実施しており、21年4月には中国軍が宮古島周辺で早期警戒ヘリコプターを発艦させた。こ

のため、小笠原諸島周辺空域からの領空侵犯を監視することや、早期に敵空母艦載機を捕捉できる体制を構築していくことが急務となっている。現在、全国28カ所にレーダーサイトが設置されているが、太平洋島嶼に防空レーダーはなく常時監視できる体制になっていない。

推進される南シナ海情勢への関与の強化

　南シナ海情勢も改善の兆しが見られない。これを受けて、日本も南シナ海への関与を強めている。22年1月には海上自衛隊が21年春以来南シナ海で日本版の「航行の自由」作戦を実施していたことが初めて明らかにされた。航行は菅政権下の21年3月に開始され、その後複数回にわたり実施された。政府はこれまで米国の「航行の自由」作戦への支持を表明してきたものの、周辺国との摩擦を懸念して同作戦への参加を見合わせていた。新たな一歩を踏み込んだといえる。

最新鋭装備検討の動きと課題

　政府は12月、「敵基地攻撃能力」の一環として地上目標を攻撃できる国産の長射程巡航ミサイルを潜水艦に搭載できるよう検討していることが明らかになった。陸上自衛隊の「12式地対艦誘導弾」を基に、海中発射型の「スタンドオフミサイル」を開発することが検討されており、実現すれば有力な反撃手段の一つとなる。岸田首相は22年末までに安全保障政策の基本指針「国家安全保障戦略」を改定して、「敵基地攻撃能力」の保有を明記することを目指している。

　一方、政府は地上配備型迎撃ミサイルシステム「イージス・アショア」の導入を20年6月に断念して以来、その代替手段を検討しているものの、足踏み状態が続いている。同年12月、「イージス・システム搭載艦」2隻の建造を閣議決定したが、その後搭載艦の能力や役割をミサイル防衛に限定するか否かなどをめぐり調整が難航した。その結果、22年度予算の概算要求でも建造費計上が見送られた。日本の抑止力を着実に高めるためにその早期導入が急務となっている。

重要性が高まるサイバーセキュリティとハイブリッド戦への対応

　政府は21年5月、今後3年間の「サイバーセキュリティ戦略」の骨子を発表し

た。基本的な理念として「自由、公正かつ安全なサイバー空間」の確保を目指し、①情報の自由な流通の確保、②法の支配、③開放性、④自律性、⑤多様な主体の連携の五つの原則を定めた。一方、防衛省は22年3月、全部隊の運用を一元管理する情報通信ネットワークの強靭化を図るため、これまで各陸海空自衛隊が保有していたサイバー部隊を再編して540人規模の「自衛隊サイバー防衛隊」を新たに発足させた。しかし、この部隊は諸外国に比べて圧倒的に小規模であることに加えて、専守防衛の制約上、自衛隊が敵のサイバー攻撃元に侵入することが困難な状況にあり、課題も多い。

　他方、防衛省は22年4月、ハイブリッド戦への対応力を強化するため、外国政府などによる情報発信やフェイクニュースを分析する「グローバル戦略情報官」を新設した。ハイブリッド戦はロシア軍によってクリミア併合時で実施されたが、近年では中国軍もAIなどの先端技術を駆使して世論を誘導しようとしている。その対応が喫緊の課題となっている。

喫緊の課題となっている国境離島等の管理

　国境離島は領海や排他的経済水域（EEZ）などの管轄海域を定める根拠となる。政府は22年1月、「特定有人国境離島地域」の観光振興への支援強化を決定した。これまで政府は、有人国境離島法（16年成立）に基づき、主として当該離島の社会・経済活動の維持を図ってきたが、今回の決定は離島経済の復興だけでなく、国境離島の人口減少や無人島化を防ぎ、領海保全にも繋がる。

　2月には、安全保障上重要な土地の利用を規制できる「重要土地等調査・規制法」が9月に施行されることに伴い、自衛隊の与那国基地や宮古島駐屯地の周辺など計200カ所を特別注視区域に指定する動きがあることが明らかになった。特別注視区域は上記の基地・駐屯地のほか、警戒監視・防空など特に重要となる自衛隊基地・駐屯地の周辺百数十カ所と、国有地ではない無人の国境離島約40カ所が対象となる。

コロナ禍で進む「ワクチン外交」

　コロナ禍が収まりをみせないなか、政府はこの一年積極的に対策支援を展開

した。日本は21年6月に初開催されたCOVAXワクチン・サミットの共催国でもあり、同月以降に台湾、インドネシア、タイ、フィリピン、マレーシア、ベトナムなどの国・地域にワクチンを無償提供した。海外へのワクチン供給は、自国製ワクチンを武器に影響力の拡大を図る中露に対抗する狙いもあり、今後とも日本が指導力を発揮して「ワクチン外交」を積極的に展開していくことが重要になっている。

経済安全保障

経済安全保障の基盤強化の動き

　近年、米中両国を中心に経済や技術開発をめぐる大国間競争が激化するなか、先端技術や機密情報の流出防止が重要課題になっている。政府は、経済安全保障の強化の一環として、6月に初めて経済安全保障を「経済財政運営と改革の基本方針2021」と成長戦略実行計画に盛り込んだ。半導体やレアアース（希土類）などを重点項目に位置付けて国内増産を通じた安定的な調達を追求する一方、原子力や防衛などの重要技術を持つ日本企業に対する買収や出資を厳しく監視するため、外国為替および外国貿易法（外為法）による「投資審査・事後モニタリング（監視）」の体制強化を示した。半導体の6割以上を輸入に依存する日本にとり供給の停滞は経済安全保障上のリスクがあるため、生産拠点の国内誘致に取組むことが喫緊の課題となっている。政府はまた、軍事転用可能な先端技術の海外流出防止を図るため、外国政府の強い影響下にある留学生や日本人研究者に対する技術提供を経済産業相の許可制とする方針を固めた。

　政府は2月、経済安全保障推進法案を閣議決定した（同年5月成立）。法案は、重要物資のサプライチェーンの確保、基幹インフラ設備の事前審査、先端技術開発の促進、特許非公開の4本柱から構成される。近年、①半導体や医療品などの特定重要物資の供給、②鉄道・金融・電気など14分野の重要設備を対象とした基幹インフラの安定性の確保、③AIや量子暗号などの技術開発への資金援助、④原子力や武器開発への利用が想定される技術の特許非公開を通じた機微技術の育成・確保や流出防止の重要性が一層高まっている。

問われるエネルギー資源の確保

　ロシアのウクライナ侵攻は、日本のエネルギー資源政策にも大きな影響を及ぼしている。G7や国際社会が緊密に連携して対露経済制裁を共有しようとするなか、ロシア産の原油や天然ガスなどへの依存度の引き下げをめぐり、各国の足並みが揃わない状況にある。ロシア産エネルギーへの依存が少ない米英は脱ロシアの姿勢を鮮明にしているのに対し、パイプラインを通じて原油や天然ガスの多くをロシア産に依存するドイツなどの欧州諸国は当面輸入を継続する方針を示した。日本もロシアのサハリンや北極圏での資源開発をめぐり、当面その権益を維持する方針である。開発からの撤退はエネルギーの調達コストの増加を招くだけでなく、日本のエネルギー安全保障への影響も大きい。

　対露経済制裁で同国からの原油・天然ガスの供給が大幅に縮小するなか、高値で推移するエネルギー価格を抑制する動きもあった。日本を含む主要石油消費国で構成される国際エネルギー機関（IEA）は22年4月、前月に引き続き加盟国間で石油備蓄を協調放出することを決定した。

　一方、石油天然ガス・金属鉱物資源機構（JOGMEC）は22年1月、INPEX山陰沖開発（株）と島根・山口沖合で石油・天然ガスの試掘調査を3月に開始すると発表した。資源エネルギー庁によると、同沖に最大約3,000万トンの天然ガスが埋蔵されている可能性がある。本事業はJOGMECにとって国内初となる探鉱出資対象事業であり、その開発成功は日本のエネルギー資源の供給先の多様化にも繋がるきわめて重要なものとなる。

　　（日本大学国際関係学部教授／平和・安全保障研究所研究委員　佐野秀太郎）

第2章 米 国

概 観

　ウクライナ危機が進行する22年2月にバイデン政権は、インド太平洋戦略を公表し、同地域を重視する姿勢を鮮明にした。インド太平洋経済枠組み（IPEF）の推進も表明されている。アフガン撤退によりインド太平洋への戦略資源集中という方針が一層明確になった。民主主義サミットの開催で、対権威主義という構図が印象付けられた。

　国防総省は、国家防衛戦略（NDS）、核態勢の見直し（NPR）およびミサイル防衛見直し（MDR）を議会に送付した。中国を最も重大な戦略的競争相手と位置付けた。世界的な戦力態勢の見直し（GPR）は、グアムとオーストラリアでの軍事インフラの強化等を謳い、太平洋抑止イニシアティブ（PDI）は増額された。西側諸国は多国間軍事演習を活発に実施している。

　米中関係ではバイデン大統領が習近平国家主席との個人的関係を誇示し、電話会談等で責任ある競争やガードレールの必要性に言及している。ロシアのウクライナ侵略後には、ロシアを支援しないように自ら中国を牽制した。対中関税は維持されている。ウイグル強制労働防止法が成立して新疆製が原則輸入禁止となり、北京オリンピックには外交ボイコットが実施された。

　AUKUSが創設され、オーストラリアに原潜技術が供与されることとなった。AUKUSの主要目的は米英豪での先端軍事技術の共有で、極超音速兵器開発も対象となった。米豪2プラス2（AUSMIN）で米軍はオーストラリアへの本格展開に動き出した。日米豪印は初の対面での首脳会合を開催し、マラバール2021を実施した。

　台湾関連では、WHO総会へのオブザーバー参加をバイデン政権は求め、台湾へのワクチン提供が表明された。日米首脳会談以降、「台湾海峡の平和と安定の重要性」に首脳レベルで頻繁に言及している。武器売却を2度決定し、米海軍は台湾海峡を航行している。蔡英文総統は米軍駐留を初めて認めた。

　北朝鮮政策はバイデン政権下において、優先事項ではなくなっている。北朝鮮はバイデン政権からの対話呼び掛けに応じず、ミサイル発射実験を繰り返している。

　バイデン政権は東南アジアを重視しており、フィリピンとは訪問米軍地位協定（VFA）が維持された。南シナ海での「航行の自由」作戦（FONOP）が継続されている。

　バイデン政権を取り巻く国内政治環境については、立法成果は限定的であり、インフラ投資法は成立したが、ビルド・バック・ベター法案の成立は不透明である。国防予算削減を求める民主党左派の動向にも注意を要する。22年11月中間選挙では共和党勝利との予測があり、トランプ前大統領の動向が依然重要といえる。

外交・安全保障

インド太平洋
（インド太平洋戦略）

　バイデン政権は2022年2月に、インド太平洋戦略を公表した。米国はインド太平洋パワーであるという位置付けをまずは明確にし、自由で開かれた、連結された、繁栄する、安全な、強靭なという五つの要素によって、この地域を形容した。

　ウクライナ危機が進行する中でという公表のタイミングにも、メッセージが込められていた。ヨーロッパ情勢の深刻化にかかわらず、インド太平洋地域を重視する姿勢に変化がないことが、戦略文書の公表によって示された。地域関連の戦略文書は、戦略的コミュニケーションのツールでもあるといえよう。公表に前後してブリンケン国務長官は、メルボルンでの日米豪印外相会合、フィジー訪問、ホノルルでの日米韓外相会合とこの地域を外遊した。

　歴代政権の政策については、以下のように概略した。ブッシュ・ジュニア政権は増大するアジアの重要性を理解し、中国、日本、インドに深く関与した。オバマ政権はアジアの優先順位を著しく高め、新たな外交的、経済的、軍事的資源を投入した。トランプ政権は、インド太平洋を世界の重心と認識した。政治的にはポジションが異なるトランプ政権についても、インド太平洋政策についての連続性は認められるところに、注目する必要があろう。

　経済に関しては、インド太平洋経済枠組み（IPEF）が書き込まれた。バイデン大統領は21年10月の東アジア首脳会議（EAS）において、IPEFの推進を表明した。国内政治の文脈から、米国のCPTPP復帰が困難となる中で、インド太平洋地域への経済分野でのコミットメントとして評価できるだろう。

　ただし米国市場の開放については語られていない。これは国内労働者の利益を保護するためであろうが、各国が最も関心を有するであろう項目が抜け落ちていることから、潜在的なメンバー国に対するアピールという点では物足りないといえるだろう。

（軍事）

　国防総省に設置されていた中国タスクフォースは、21年6月に最終提言書を提出した。提言は機密指定されているが、国家防衛戦略や世界的な戦力態勢の見直しの策定に活かされるとされた。国防総省高官によればタスクフォースは、中国を最大の脅威とする優先順位と実際の政策の間に、言説と行動のギャップが存在することを発見したという。作業の中心は中国専門家のラトナー国防次官補が担った。

　世界的な戦力態勢の見直し（GPR）は、21年11月に完了した。GPRはインド太平洋地域を最重要と位置付け、グアムとオーストラリアにおける軍事インフラの強化、ローテーション展開されていた攻撃ヘリコプターの韓国への常駐等が盛り込まれた。22年1月には日米安全保障協議委員会（日米2プラス2）が、テレビ会議形式で開催された。共同声明は直前に公表されたGPRに言及し、米国からはインド太平洋における態勢および能力を最適化するとの決意が示された。他方で中東における態勢についてGPRは、大幅な削減等は見送り、引き続き検討するとした。

　GPRの方向性に沿うように、グアムにおける態勢強化が図られている。アンダーセン空軍基地の南方には、海兵隊のキャンプ・ブラズが新設され、沖縄から約4,000名の要員移転が予定されている。海兵隊は制海と海洋拒否の任務を重視し、22年3月にハワイにおいて海兵沿岸連隊（MLR）を創設した。遠征前進基地作戦（EABO）の遂行を目指しており、他にも沖縄、グアムでの創設が取り沙汰されている。

　フィリピン海に臨むグアムのアプラ海軍基地には22年1月に、オハイオ級弾道ミサイル原子力潜水艦「ネバダ」が、異例の公開形式で寄港した。21年10月には、ドイツ海軍フリゲート「バイエルン」がグアムに寄港した。21年版中国軍事力報告書は、グアムキラーと呼ばれる中距離弾道ミサイルDF-26が、低出力核弾頭に使用される可能性を指摘した。

　太平洋抑止イニシアティブ（PDI）に関しては、資金供給について議会との協力が図られている。欧州抑止イニシアティブ（EDI）に着想を得て策定された太平洋抑止イニシアティブは、インド太平洋地域における米国軍の能力向上を目的と

する基金である。22会計年度国防授権法によって71億ドルが充てられ、前年度から増額となった。

　米国をはじめとする西側諸国は、インド太平洋地域において、多国間での軍事演習を活発に実施している。22年度の主な実績をまとめると、図のようになる。英国は、「クイーン・エリザベス」を旗艦とする空母打撃群CSG21を展開し、米国からは海軍の駆逐艦「ザ・サリバンズ」と海兵隊のF-35B戦闘機10機が参加した。「ロナルド・レーガン」と「カール・ヴィンソン」を加えた3空母との日米英蘭加NZ共同訓練が、沖縄南西海域で21年10月に実施された。

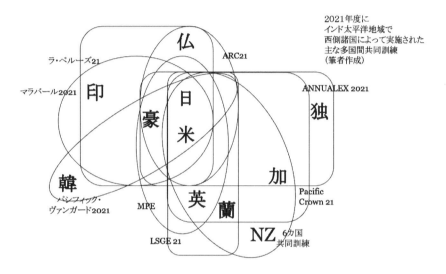

2021年度に
インド太平洋地域で
西側諸国によって実施された
主な多国間共同訓練
（筆者作成）

バイデン外交

　分極化が深刻な国内状況を意識しつつ、バイデン政権は中間層のための外交というスローガンを掲げている。22年2月のインド太平洋戦略には、中間層のための経済的機会の拡大という表現が登場する。内政と外政の連関に注意を払い、外交政策の推進という名目のために、平均的な米国人の生活や雇用を犠牲にしないという考え方といえよう。個別政策が中間層にとりいかなる意味を持つのか、バイデン自ら問いただすこともあるという。米国のCPTPPへの復帰についても、見通しが立たない状況だ。

　21年8月には、アフガニスタンからの撤退を完了した。カブールが制圧されて民主政権が崩壊し、タリバン政権が約20年ぶりに復活したスピードは、バイデン政権にとって想定外だったといえよう。政権内部では国務長官や国防長官が、性急な撤退に反対していたという。アフガニスタン撤退に際しての混乱は、バイデン政権の支持率を押し下げる要因ともなった。撤退に際してバイデン政権は、ヨーロッパの同盟国との意思疎通を十分に図らず、批判を招いた。

　一方で、撤退方針はトランプ政権下ですでに決定されており、バイデン政権も21年3月の暫定版戦略指針で米国の最も長い戦争を終わらせるとしていたことから、アフガン撤退そのものは既定路線だったといえよう。インド太平洋に戦略資源を集中させる方針が、アフガン撤退によって一層明確となった。

　バイデン大統領は21年12月に、110の国と地域を招待して、民主主義サミットを開催した。価値に基づく外交が体現され、次回サミットまでの期間が行動の年と位置付けられた。中国やロシアが招かれなかったのとは対照的に、オンラインという開催形式を活かしつつ台湾が招待されて、民主主義対権威主義という構図が印象付けられた。

　22年3月にバイデン政権は、23会計年度に向けた予算教書を公表した。国防予算については、4%増額となる8,133億ドルを盛り込んだ。このうち国防総省予算としては、7,730億ドルが要求された。

国家防衛戦略、核態勢の見直し、ミサイル防衛見直し

　国防総省は22年3月に、国家防衛戦略（NDS）、核態勢の見直し（NPR）およびミサイル防衛見直し（MDR）を議会に送付した。いずれもバイデン政権下では初めての策定で、大部分は機密指定の対象となった。

　国家防衛戦略は、21年3月に公表された国家安全保障戦略の暫定指針（INSSG）に沿いつつ、初めて核態勢の見直しとミサイル防衛見直しを組み込む形で策定された。戦略文書の体系的な策定という観点から、相互の連関に大きな注意が払われたといえよう。

　中国については最も重大な戦略的競争相手と位置付け、ロシアについては深刻な脅威と表現し、必要ならば紛争に打ち勝つ用意があるとした。安定し開放

的な国際システムに持続的に挑戦する能力を潜在的に持つ唯一の競争相手という21年3月の暫定指針での位置付けからは、若干の変化があったものの、ロシアによるウクライナ侵攻後に公表された戦略文書においても、中国が最優先の脅威である方針が堅持された。米国の戦略的フォーカスが、中東におけるテロとの闘いからインド太平洋における中国との戦略的競争にシフトしたことが、バイデン政権下でも明確に示されているといえよう。

国防総省の三つの主要な手段の筆頭として、バイデン政権が掲げる統合抑止が盛り込まれた。ドメイン、戦域、紛争のスペクトラムを横断した抑止が謳われ、統合抑止においても同盟国・パートナー国との連携重視の姿勢が示された。ミサイル防衛見直しでは、ミサイル防衛が統合抑止の主要な要素だとされた。ただし統合抑止の具体的内容はほとんど不明であり、共和党からは統合抑止そのものへの批判がある。

機能別の文書として、核態勢の見直しが策定された。公表されたファクトシートによれば、核兵器の役割を低減させると記述された。他方で、核の先制不使用（NFU）は盛り込まれなかった。英紙によれば、抑止力の弱体化を懸念する同盟国の英国、フランス、ドイツ、日本、オーストラリアが、バイデン政権に不採用を働き掛けていたという。ウクライナ侵攻においてロシアが、核戦力に言及したことも影響を与えた可能性があろう。

核態勢の見直しに沿う形でバイデン政権は、核搭載の海洋発射巡航ミサイル（SLCM-N）計画について、22年3月公表の23会計年度予算教書に盛り込まなかった。一方でミリー統合参謀本部議長は22年4月に下院軍事委員会公聴会で、同計画を支持する立場に変化はないと明言した。同計画はトランプ政権によって追求されていた。

バイデン政権は21年10月に、米国の核弾頭保有数について、17年9月以来、約4年ぶりに明らかにした。20年9月時点で、3,750発だった。3万1,255発と保有数が最多だった1967会計年度末からは、約88％減少した。加えて約2,000発が、解体待ちの状態だという。

中国の軍事力に関する年次報告書が21年11月に公表され、30年までに中国が核弾頭を1,000発以上保有するという前年版を大きく上回る見通しが示された。

さらに中国は、潜水艦発射弾道ミサイル（SLBM）、戦略爆撃機とともに戦略核戦力の「三本柱」を構成する大陸間弾道ミサイル（ICBM）について、新たに数百基のサイロを建設しているという。

米中関係

　バイデン政権は21年3月の暫定指針で、中国を安定し開放的な国際システムに持続的に挑戦する能力を潜在的に持つ唯一の競争相手と位置付け、中国との戦略的競争に資源を配分する姿勢を鮮明にした。バイデン大統領は21年4月の上下両院合同会議での施政方針演説で、習近平国家主席を専制主義者と呼んだ。

　一方でバイデン大統領は、70時間にわたる議論と17,000マイルに達する移動をともにしたとするなど、習近平国家主席との個人的な関係をたびたび誇示している。自らの副大統領時代に中国側カウンターパートの国家副主席だった習について、知悉しているという自負の表れといえよう。

　米中首脳間では数次にわたり会談が実施され、意思疎通が図られている。21年9月の電話による米中首脳会談で、バイデン大統領は責任ある競争に言及し、競争を紛争に転化させないための両国の責任について議論した。21年11月のオンライン首脳会談ではバイデン大統領が、新疆、チベット、香港について懸念を示した。一方で、競争が衝突へと発展しないようするための常識的なガードレールを設ける必要性についても述べて、対立を制御したいとの考えが示されたといえよう。

　ロシアのウクライナ侵攻開始後の22年3月にも、米中電話首脳会談が開催された。直前には、ロシアが中国に対して軍事支援を要請したと複数紙が報道していた中で、ロシアに対して中国が物質的な支援をしないように、バイデン大統領自ら習近平国家主席に釘を刺すことが、この会談の目的だったといえよう。

　バイデン政権下では、対面形式での米中首脳会談は、いまだ実施されていない。一方で米中両国は、開かれた連絡経路の維持の重要性で一致しており、外交首脳による対面形式での会談が頻繁に実施されている。21年10月にはローマで、ブリンケン国務長官が王毅国務委員兼外交部長と会談し、同月にチューリヒで、22年3月にはローマで、サリバン大統領補佐官と楊潔篪共産党政治局委員が協議に臨んだ。21月7月にはシャーマン国務副長官が訪中した。

米中軍関係はバイデン政権の発足後、低調に推移していたが、オースティン国防長官は22年4月に、魏鳳和国務委員兼国防部長との米中電話国防相会談を初めて実施した。他方で、ミリー参謀本部議長がトランプ政権末期の20年10月と21年1月に、李作成連合参謀部参謀長に極秘に電話していたことが、21年9月に明らかになった。

通商分野についてもバイデン政権は、労働者中心の貿易政策という考え方を提示しており、トランプ政権下で成立した米中の第1段階合意が維持されている。タイ通商代表は21年5月と10月に、劉鶴副首相と電話会談し、中国側の履行状況を検証した。バイデン政権は中国側による合意の履行状況に満足しておらず、トランプ政権下で課された対中関税を維持していたが、中間選挙を控える中でインフレが進み、関税引き下げが選択肢として浮上している。イエレン財務長官も21年6月と10月に、劉鶴副首相とオンライン形式で会談した。

（ウイグル、チベット）

21年12月には、ウイグル強制労働防止法が成立した。上下両院での全会一致での通過は、ウイグル問題についての超党派的な一致が、ワシントンに存在していることを示しているといえよう。同法によって、新疆ウイグル自治区製の製品を米国へ輸入することが、22年6月から原則として禁止されることとなる。なお同法案にバイデン大統領が署名した直後に、陳全国新疆ウイグル党委書記が交代となった。同書記はトランプ政権下で、国務省および財務省による制裁の対象となっていた。

北京オリンピック・パラリンピックについてバイデン政権は、いわゆる外交的ボイコットを実施した。ウイグルでのジェノサイドおよび人道に対する罪を理由に、外交・政府代表を派遣しなかった。22年3月には、民族や宗教の抑圧に関与する中国当局者へのビザ制限が、国務省によって発動された。

チベット関連では、ブリンケン国務長官がインド訪問中の21年7月に、チベット亡命政府代表と会談した。21年12月にはチベット問題担当特別調整官に、ゼヤ国務次官（民主主義・人権担当）が任命された。一方でバイデン大統領とダライ・ラマの会見は、これまでのところ実施されていない。

AUKUS、日米豪印

（AUKUS）

　バイデン政権は同盟国との連携協力を重視しており、21年9月にはバイデン大統領、ジョンソン英首相、モリソン豪首相によって、AUKUSの創設が公表された。AUKUSは米国、英国、オーストラリア3カ国による安全保障パートナーシップであり、11月には海軍原子力推進情報交換協定が署名された。オーストラリアが原子力潜水艦技術の供与を受けて、攻撃型原潜を保有すれば、中国に対する抑止力の強化が期待される。南シナ海での哨戒行動も想定されるだろう。米国が原子力推進技術を同盟国に共有するのは、スプートニク・ショック翌年の1958年米英相互防衛協定以来、初めてとなる。なおAUKUS創設に先立って21年6月には、米英首脳が8項目からなる新大西洋憲章に署名し、国際秩序観の共有を鮮明にしていた。

　AUKUSの主要な目的の一つは先端軍事技術の共有であり、自律型無人潜水機（AUV）、量子技術、人工知能（AI）、サイバー、電子戦等、ゲームチェンジャーとなり得る技術での協力が目指されている。22年4月には、極超音速兵器の開発へと協力範囲が拡大された。これにはロシアがウクライナ侵略で、キンジャルを使用したことも念頭にあっただろう。

　なおミリー統合参謀本部議長は、中国による極超音速兵器の開発について、「スプートニク・モーメント」に近いと述べ、危機感をあらわにした。22年2月にはオースティン国防長官が、ロッキード・マーチン、レイセオン・テクノロジーズ等の軍需企業に対して、開発加速を要請した。米国陸軍は、長距離極超音速兵器（LRHW）の開発に注力している。

　AUKUS創設発表の翌日には、第31回米豪2プラス2（AUSMIN）がワシントンで開催された。21年には米国軍態勢イニシアティブ（USFPI）が、立ち上げから10年を迎えた。同イニシアティブには、米国海兵隊ダーウィンローテーション部隊（MRF-D）と強化された空軍間協力（EAC）という二本柱がある。

　21年AUSMINで新たに、すべてのタイプの米国空軍機のローテーション展開、オーストラリアにおける米国艦船の兵站強化、陸軍間協力の強化等、広範な軍種間での協力が謳われた。バイデン政権は、米国軍のオーストラリアへの本格的

な展開に乗り出したといえよう。次回のAUSMINは、本年中にオーストラリアで開催予定である。インド洋に臨むパース近郊のスターリング海軍基地には、ロサンゼルス級原潜「スプリングフィールド」が、22年4月に寄港している。

日米豪印（QUAD）

　日本、米国、オーストラリア、インドというインド太平洋地域の民主主義4カ国による協力枠組みが、QUADである。21年9月にはバイデン大統領が、初めての対面形式での首脳会合を主催した。22年5月には岸田首相が、東京での首脳会合を主催予定である（5月24日、開催）。この間にも22年2月にメルボルンで外相会合が開催され、日米豪印の制度化に向けた取り組みが着実に進展しているといえよう。

　日米豪印においては、新型コロナウイルス対策、インフラ、気候変動、人的交流・教育、重要・新興技術、サイバーセキュリティ、宇宙に加えて、海洋安全保障、テロ対策、人道支援・災害救援といった広範な分野での協力が模索されている。具体的な成果としては22年4月に、日米豪印ワクチン協力の一環として、カンボジアに加えて、インド製ワクチン約20万回分がタイに供与された。ただしロシアによるウクライナ侵攻に関連してインドは、非難決議や制裁発動に慎重な姿勢を示しており、日米豪印協力の推進に今後どのような影響をもたらし得るのか、注視する必要があるだろう。

　軍事面では、21年8月（グアム、フィリピン海）と10月（ベンガル湾）に、4カ国海軍によって「マラバール2021」が実施された。21年4月には、フランスを加えた5カ国がベンガル湾で、「ラ・ペルーズ21」を実施した。

　米国はインドとの二国間関係も推進している。21年4月には、P-8哨戒機6機のインドへの売却が決定された。22年4月には、ワシントンでの第4回米印2プラス2に加えて、米印電話首脳会談が開催された。

台湾

　米国にとっての台湾の重要性についてラトナー国防次官補は、上院外交委員会で21年12月に、包括的に証言した。台湾は第一列島線の重要な結節点に位置

し、米国の同盟網を錨として支えていると述べた。中国における権威主義体制強化との対比では、台湾を民主主義的価値の灯台と讃えた。台湾有事については、政策の歩調を決めるシナリオだとした。

　従来の地政学上の文脈に加えて、台湾が戦略物資のサプライチェーンにおけるチョークポイントだとの認識が広がり、経済安全保障上の重要性も増している。21年4月にはバイデン大統領が、半導体とサプライチェーンの強靭性に関するCEOサミットを開催したが、台湾からはファウンドリー世界最大手のTSMCが参加した。アリゾナ州では同社新工場の建設が着工し、米国内での雇用創出に加えて、サプライチェーンの脆弱性軽減が図られている。

　バイデン政権は米国の台湾政策について、台湾関係法、三つの米中コミュニケ、レーガン大統領による六つの保証に基づく「一つの中国」政策として、説明している。特徴的なのは、台湾への武器売却に関する六つの保証に触れている点で、台湾に対するコミットメント深化の表れといえよう。バイデン大統領は21年11月の米中オンライン首脳会談でも「一つの中国」政策に触れ、インド太平洋戦略にも書き込まれた。

　22年2月のインド太平洋戦略では、インド、インドネシア、マレーシア、モンゴル、ニュージーランド、シンガポール、ベトナム、太平洋島嶼国と並列して、台湾が主要な地域パートナーとして記述された。

（新型コロナウイルス）

　ワクチンに関してバイデン政権は、台湾に対して積極的に提供した。21年6月には、民主党のダックワース上院議員、クーンズ上院議員、共和党のサリバン上院議員が台湾を訪問して蔡英文総統と会談し、75万回分のワクチン提供を表明した。直前には日本も124万回分の提供を表明し、日米が足並みを揃えて台湾を支える格好となった。

　ダックワース議員は陸軍出身、サリバン議員は海兵隊出身、クーンズ議員は政権発足時に国務長官候補として取り沙汰されるなどバイデン大統領に近く、人選にも台湾重視のメッセージが込められていた。訪台に米国空軍輸送機C17-Aが使用されたのは異例だったが、台湾有事に際して戦力投射が可能であること

を示す意図もあったものと思われる。

（台湾海峡への言及）

　バイデン大統領は21年4月に、就任後初めての外国首脳の訪問として、菅首相（当時）を迎えた。ホワイトハウスで日米首脳会談を実施し、共同声明で「台湾海峡の平和と安定の重要性」に言及した。日米首脳レベルの共同声明で台湾海峡に触れたのは、1969年11月の佐藤栄作首相とニクソン大統領以来だった。

　これを皮切りに同年5月の米韓首脳会談、6月のG7サミット、22年1月の日米首脳テレビ会談でも、台湾海峡への言及が登場した。閣僚レベルでも21年3月の日米2プラス2を嚆矢として、5月のG7外相会合、22年1月のオンライン日米2プラス2、2月の日米韓外相会合において言及され、国際社会における問題意識の共有が図られた。21年9月のAUSMINは、インド太平洋地域における台湾の重要な役割を再強調した。米国自身の戦略文書であるインド太平洋戦略にも書き込まれた。

（軍事）

　米国の台湾に対するコミットメントの中核は、1979年台湾関係法で規定されている武器売却であるが、本稿執筆時点までにバイデン政権は、2度にわたりこれを実施している。21年8月には、米国陸軍も使用しているM109A6パラディン自走榴弾砲40輌など7.5億ドルの売却が決定された。22年2月には、ミサイル防衛システム「パトリオット」の維持改修等の売却が、1億ドルで決定された。

　米国海軍艦船による台湾海峡航行は、おおよそ月1回のペースで、トランプ政権から引き続いて実施されている。加えて21年8月には米国沿岸警備隊カッターが、9月にはAUKUS創設が発表された直後に英国海軍フリゲートが、10月にはカナダ海軍フリゲートが、それぞれ台湾海峡を航行した。

　米中対立に伴って、米国と台湾の間でのより直接的な軍事協力も明らかとなっている。蔡英文総統は21年10月のCNNインタビューに対して、米国軍の台湾駐留について初めて認めた。人数については、人々が考えているほど多くはないと述べた。加えて米国紙は、米国軍の特殊作戦部隊が台湾陸軍と、海兵隊が台湾海軍と、1年以上にわたって台湾で訓練していると報道した。11月には台湾の海軍陸戦

隊（海兵隊）が、米国軍とグアムで合同訓練を実施していることが明らかとなった。

　連邦議会からの台湾に対する後押しもある。21年12月には22会計年度国防権限法が成立し、環太平洋合同演習「リムパック（RIMPAC）」への台湾の招待が盛り込まれた。世界最大規模の同海軍合同演習に、中国は14年と16年に招待されたが、18年には南シナ海問題を理由に排除されている。同国防権限法には加えて、米国の州兵と台湾の間での協力強化という選択肢も盛り込まれた。台湾側からは予備役を協力相手として希望する声も上がっている。

　オードカーク台北事務所所長は21年11月に、嘉義空軍基地で開催されたF-16Vの引渡式に出席した。F-16A／BのF-16Vへのアップグレードには、ロッキード・マーチン社が携わっている。同社の協力について蔡英文総統は、米台防衛産業協力だと誇った。

　同盟国からも、台湾にとり前向きな声が上がった。オーストラリアのダットン国防相は21年11月に、台湾有事に際して米国を支援しないことは考えられないと述べた。

（台湾防衛、戦略的曖昧性）
　バイデン大統領は台湾防衛等に繰り返し言及しているものの、そのたびに政権関係者からは、政策変更はないとの説明が事後的になされている。21年8月にはNATO加盟国、日本、韓国と並列する形で、10月にはCNNの番組で、それぞれ台湾防衛に言及した。11月には米中オンライン首脳会談で「一つの中国」政策にコミットした直後に、台湾が独立していると認識しているとも受け取れる発言をした。ただしバイデン大統領の一連の発言が、意図的なのか失言なのかについては、見方が分かれている。

　ロシアのウクライナ侵攻の台湾情勢へのインプリケーションが議論される中で、バイデン大統領は22年3月の米中電話首脳会談において、台湾政策に変更はないと繰り返しつつ、いかなる一方的な現状変更にも反対すると強調した。

　ミリー統合参謀本部議長は21年11月に、半年、1、2年といった近い将来には台湾侵攻は起こらないだろうとしつつ、米国は台湾を防衛する能力を完全に保持していると述べた。

キャンベルNSCインド太平洋調整官は、21年5月に戦略的明確性には大きなマイナスがあるとした。ワシントンでは台湾政策を見直すように求める声が上がっているが、バイデン政権としては従来の政策の大枠を維持する姿勢をいまのところ示している。

（ハイレベル接触）
　バイデン政権下では、米国と台湾とのハイレベルでの接触も実施されている。21年4月には超党派の非公式代表団が訪台し、蔡英文総統と会談した。バイデン大統領と個人的に近いドッド元上院議員、アーミテージ、スタインバーグ両元国務副長官らが参加した。
　21年12月の民主主義サミットには、オードリー・タン政務委員がオンラインで招待された。22年1月には、ハリス副大統領がホンジュラス新大統領就任式に出席し、頼清徳副総統と言葉を交わした。バイデン政権は頼副総統に対して、台湾とホンジュラスとの往復に際し、米国本土でのトランジットを許可した。
　マレン元統合参謀本部議長らが22年3月に訪台し、蔡英文総統と会談した。フロノイ元国防次官、グリーン、メデイロス両元NSCアジア上級部長らが参加した。ロシアのウクライナ侵攻直後に超党派の台湾訪問団が派遣されて、米国の台湾コミットメントに揺るぎがないことが示された。
　共和党関係者の動きも活発だった。21年11月にはコーニン、クラポ、マイク・リー各上院議員ら共和党の6人の連邦議会議員が訪台し、蔡英文総統と会談した。ほかにもポンペオが22年3月に訪台して、蔡英文総統から特種大綬景星勲章を授与されている。ポンペオは国務長官在任中に、米台関係の推進に取り組んだ。
　事実上の駐台湾米国大使である米国在台協会（AIT）台北事務所所長には、女性として初めて、オードカーク国務次官補代理が起用された。
　同盟国においても、米台交流が展開された。21年3月には、謝長廷駐日代表が駐日米国大使公邸を訪問した。5月にはヤング駐日臨時代理大使が、台湾代表公邸を訪れた。事実上の在米国大使館に相当する駐米国台北経済文化代表処については、名称変更が検討されていると英紙が報道した。

（経済）

通商代表部は21年6月に、トランプ政権下では開かれていなかった台湾との貿易協議を約5年ぶりに開催した。タイ通商代表は22年4月に、台湾側のカウンターパートである鄧振中政務委員とオンラインで会談した。台湾のCPTPP参加については、国務省のプライス報道官が21年9月に、潜在的な加盟候補とする肯定的な姿勢をみせた。

台湾との関係を強化する国にも、米国は手を差し伸べた。リトアニアの首都での台湾代表処の開設が明らかになると、中国は反発して大使召還の方針を示したが、国務省報道官はリトアニアを支持する姿勢をみせた。加えて米国輸出入銀行は、リトアニアに対して6億ドルの輸出信用を供与した。

朝鮮半島

21年4月にバイデン政権は、北朝鮮政策のレビューを完了した。直後の5月にはヘインズ国家情報長官が日韓を訪問し、東京では日米韓情報機関トップが会談した。同長官は21年10月にも訪韓した。

バイデン政権は、調整された現実的アプローチを採用するとして、トランプ政権による「劇場型の首脳外交」を否定している。同時に、オバマ政権による戦略的忍耐が北朝鮮に核ミサイル開発の時間を与えるだけに終始したという批判も、念頭にあるものとみられる。バイデン政権からは、北朝鮮との対話の用意があるとのシグナルが発せられたが、北朝鮮は対話の呼び掛けに応じず、ミサイル発射実験を繰り返している。

他方で、北朝鮮に対するテロ支援国家への再指定や制裁措置の発動は、トランプ政権下から継続しており、北朝鮮に対する圧力が実質的には維持されているといえよう。21年12月、22年1月、4月には新たな制裁が財務省によって発動され、李永吉国防相らが対象となった。22年1月には核兵器不拡散条約（NPT）に関する日米共同声明が、日米首脳テレビ会談にあわせて発出され、北朝鮮の非核化については、完全な、検証可能な、かつ、不可逆的な廃棄（CVID）という表現が用いられた。

バイデン政権下では依然として、北朝鮮問題には高い優先順位が与えられて

はいない状況だ。北朝鮮担当特別代表には、18年のシンガポール米朝首脳会談の調整にあたったソン・キム国務次官補代行が起用されたが、現在に至るまで駐インドネシア米国大使の兼任は解かれておらず、本格的な体制構築には至っていない。

　韓国との間では、21年5月に米韓首脳会談が開催された。共同声明では、18年板門店宣言とシンガポール共同声明という既存のコミットメントが再確認された。加えて、「北朝鮮」ではなく「朝鮮半島」の完全な非核化という表現が用いられ、韓国側への一定の配慮が示された。しかしながら文在寅大統領は、任期終盤まで南北対話や終戦宣言への拘りをみせた。

　共同声明では台湾海峡への言及が注目されたが、中国を名指しした批判や香港、ウイグルは盛り込まれず、21年4月の日米首脳共同声明との違いが浮き彫りとなった。なお射程距離を800キロメートルに制限する米韓ミサイル指針が撤廃され、韓国は潜水艦発射ミサイル（21年9月）や国産ロケット（同年10月）の実験を初めて実施した。

　バイデン大統領は、韓国大統領選挙（22年3月）の直後に尹錫悦次期大統領と電話会談した。5月には韓国を訪問する予定であり、米韓関係の仕切り直しとなるかが注目される。

　日米韓協力をバイデン政権は重視し、21年5月、同年9月、22年2月には外相会合が、22年2月には防衛相電話会談が開かれた。21年4月、22年3月には、日米韓参謀総長級会議がハワイで開催され、インド太平洋軍司令官、在韓米軍司令官、在日米軍司令官が陪席した。

東南アジア、太平洋島嶼国

（東南アジア）

　バイデン政権は、トランプ政権と比較すると東南アジアをより重視する姿勢を打ち出している。21年10月にバイデン大統領は、米・ASEAN首脳会議に4年ぶりに出席した。APEC関連ではいずれもテレビ会議形式で、21年7月に非公式首脳リトリート会合に、11月に首脳会議に参加した。

　7月にはオースティン国防長官がシンガポール、ベトナム、フィリピンを、8月には

ハリス副大統領がシンガポール、ベトナムをそれぞれ訪問した。政権幹部が短期間のうちに、東南アジアの同一の国を訪問するのは、異例だったといえよう。オースティン国防長官はシンガポールでの演説で、米国と中国のどちらかを選択するよう求めているのではないと述べて、米中対立に巻き込まれることを懸念する東南アジア諸国に対して、配慮を示した。統合抑止を推進する上でのパートナーとの協力の重要性にも言及した。

　12月にはブリンケン国務長官が、インドネシアとマレーシアを訪問し、ジャカルタのインドネシア大学で自由で開かれたインド太平洋に関する演説を行った。12月のG7外相会合にはアウトリーチとして、オーストラリア、韓国に加えて、ASEAN各国の外相が、初めて参加した。

　フィリピンについては21年6月に、F-16戦闘機12機等の武器売却が決定された。南シナ海に関する仲裁判断が出されて5周年の21年7月には、米フィリピン相互防衛条約第4条に触れる形で、国務長官声明が発出された。同条は米国によるフィリピン防衛義務を定めている。

　同月のオースティン国防長官のフィリピン訪問では、訪問米国軍地位協定（VFA）の維持が確認されて、米フィリピン同盟の混乱収拾に目処がついた。協定維持についてドゥテルテ大統領は、米国からフィリピンへの600万回分のワクチン供給が重要だったと述べている。22年3月には合同軍事演習「バリカタン」が、過去最大規模で実施された。

　カンボジアのリアム海軍基地については、南シナ海に容易にアクセスできることから、中国による軍事利用の懸念が高まっている。戦略国際問題研究所（CSIS）は21年10月に、新たな建築物や道路建設が確認されたとする衛星画像を公開した。在カンボジア米国大使館報道官は、リアム海軍基地への外国軍の駐留は地域の安全保障を損なうとし、中国を牽制している。米国は21年12月に、カンボジアを武器禁輸対象国に指定した。東南アジアでは他にミャンマーが指定されている。なお海上自衛隊の指揮官が22年3月に、同基地司令官を表敬訪問した。

　ミャンマーについては国軍関係者等に対して、21年5月、22年2月、3月に、財務省による制裁が発動された。22年3月にはブリンケン国務長官が、ミャンマー国軍がロヒンギャに対して、ジェノサイドおよび人道に対する罪を犯していると認定した。

（南シナ海）

　国務省は南シナ海に関する中国の主張についての報告書を22年1月に公表した。中国の主張が違法だとし、16年仲裁判断に従うように中国に要求した。

　南シナ海での「航行の自由」作戦（FONOP）は、バイデン政権下でも継続している。米国海軍艦船による同作戦は、中国による過剰な海上権益の主張に対抗することを目的としている。21年9月には南沙諸島で、21年5月、7月、22年1月には西沙諸島で、それぞれ駆逐艦によって実施されている。

　アクイリーノ・インド太平洋軍司令官は、南シナ海のミスチーフ礁、スビ礁、ファイアリークロス礁について、中国が完全に軍事化したと22年3月に述べた。これら3地形は南沙諸島のビッグ・スリーといわれており、中国によって3,000メートル級滑走路が建設されていることがすでに知られていて、戦力投射能力の向上が懸念されていた。

　米国海軍は海上自衛隊の潜水艦と南シナ海において、対潜訓練を21年11月に初めて実施した。潜水艦の動向は機密性が高く、実施の公表は異例だったといえよう。

　22年1月には最新鋭のF-35C戦闘機が、空母「カール・ヴィンソン」への着艦に失敗し、南シナ海に沈んだ。軍事機密の中国への流出が懸念されていたが、機体は水深約3,800メートルの海底から、米国海軍によって3月に回収された。

（太平洋島嶼国）

　バイデン政権は、太平洋島嶼国との関係強化にも取り組んでいる。22年2月にはブリンケンが、国務長官としては1985年以来となるフィジー訪問を実施した。4月には、キャンベルNSCインド太平洋調整官とクリテンブリンク国務次官補が、フィジー、パプアニューギニア、ソロモン諸島を歴訪した。

　22年2月には、在ソロモン米国大使館の再開方針が示された。4月には、ソロモンが中国と安全保障協定を締結したことが明らかとなった。ソロモンは19年9月に台湾と断交して中国と国交を樹立したが、マライタ州はこの方針に反発している。米国国際開発庁（USAID）はマライタ州に対して、2,500万ドルの支援を20年に表明した。

　米国は自由連合盟約（コンパクト）に基づいて、この地域の3カ国の国防を担っているが、マーシャル諸島、ミクロネシア連邦とは23年に、パラオとは24年に、コンパクトがそれぞれ期限を迎える。

　パプアニューギニアについては、デル・トロ海軍長官が21年10月に、ロンブラム海軍基地の改修にあたっている海軍工兵隊（シービー）を激励した。マヌス島に所在する同基地は、第二次世界大戦中に米国軍によって建設された。近年では、南シナ海にグアムより400海里近いといった地政学的な観点から、再び注目を集めている。

　ニュージーランドについては21年11月に、米国海軍駆逐艦がウェリントンに入港した。1987年のニュージーランドによる非核法制定以降に、米国軍艦艇が同国に寄港するのは異例だ。

　海底ケーブルについては、ミクロネシア連邦、ナウル、キリバス3カ国を結ぶ事業に、日米豪が資金拠出する計画が、21年12月に明らかとなった。

（沿岸警備隊）

　米国沿岸警備隊（USCG）の活用が22年2月のインド太平洋戦略でも謳われたように、以下のような進展があった。21年7月にはグアムに、カッター3隻が配備された。沿岸警備隊は、台湾のカウンターパートである海洋委員会海巡署との協力も進めており、8月には作業部会の初会合がオンライン形式で開催された。沿岸警備隊カッターと海上保安庁巡視船の合同訓練が、東シナ海で8月に実施された。訓練後にカッターは、海軍駆逐艦とともに台湾海峡を航行した。22年には駐シンガポール米国大使館に、沿岸警備隊からアタッシェが派遣される予定だという。

内政

バイデン政権の動向

　バイデン政権はワシントンにおいて、ホワイトハウスと連邦議会上下両院を民主党が抑えるトリプルブルーという基盤の上に成立した。にもかかわらず、バイデン政権による立法成果は、これまでのところ限定的であるといえよう。

バイデン政権を制約する要因としては、民主党内の左右からの「股裂き」を挙げることができる。バイデン大統領は20年大統領選挙を民主党左派の協力によって乗り切っており、彼らを繋ぎとめておくことは政権運営において重要といえよう。

　21年3月に成立した米国救済計画法は、1.9兆ドルという巨額の財政出動を伴う景気刺激策であり、民主党左派によって歓迎された。バイデン大統領と同じく民主党出身のフランクリン・D・ローズヴェルト（FDR）に擬する見方も登場した。なおバイデン外交を考える上では、民主党左派が国防予算の削減を求めていることにも留意する必要がある。

　上院においては、民主党系と共和党がともに50議席という勢力分布となっている。よって、保守的なスタンスに立ちつつ民主党に所属するマンチン上院議員（ウェストヴァージニア州）とシネマ上院議員（アリゾナ州）が、キャスティングボートを握る格好となっている。

　インフラ投資・雇用法については、共和党からも賛成票が投じられて、21年11月に成立した。ただし、超党派的支持による立法は例外的であり、連邦議会におけるイデオロギー的分極化は依然として深刻なままである。気候変動や教育無償化等が盛り込まれたビルド・バック・ベター（BBB）法案については、12月にマンチン議員が反対を表明し、いまだ成立の見通しが立っていない。

22年中間選挙、24年大統領選挙を見据えて

　本年11月には、上院の三分の一の議席と下院の全議席が改選となる中間選挙が実施される予定である。中間選挙は大統領任期の半ばで実施されることから、政権に対する中間評価的な意味合いを持つものと捉えられているが、過去には与党が議席を減らす例が大半を占めている。22年選挙についても、共和党が多数を奪還するとの予測がある。

　自らの人気によって同じ政党の候補者を多数当選させるコートテール効果についても、バイデン大統領は弱いと考えられる。22年3月の一般教書演説でバイデン大統領は、インフレや石油価格の高騰に触れたが、これらの国民生活への打撃もバイデン政権にとってはマイナス要因となっている。

　バイデン大統領は、ケタンジ・ブラウン・ジャクソンを連邦最高裁判所判事に指

名し、22年4月に上院で承認された。初の黒人女性指名という公約を果たし、中間選挙に向けてのアピール材料を手に入れたといえよう。ただし保守派判事6人とリベラル派判事3人という最高裁の構成に変化はない。22年5月には、中絶容認のロー対ウェイド判決を覆す保守派アリート判事の草案がリークされ、司法の政治化がさらに進んでいる。

　バイデン大統領は、24年大統領選挙への出馬の意欲を表明している。2期目に当選すれば86歳まで任期を務めることになるが、高齢による不出馬説の打ち消しを狙っているといえよう。ハリス副大統領については、一部では後継候補としての24年大統領選挙への出馬が取り沙汰されて、移民対策等の重要課題を任されたが、目立った成果を出すには至っていない。

　一方で共和党の今後を考える上では、トランプ前大統領の動向が依然として重要である。トランプ氏は24年大統領選挙時には78歳となるが、出馬の意向を滲ませ、政治資金集めにも余念がない。他にはデサンティス・フロリダ州知事らの動向に注意が必要だろう。

　21年11月に実施されたヴァージニア州知事選挙では、民主党現職が敗れ、共和党が12年ぶりに勝利を収めた。同州では大統領選挙でも、民主党が08年以来連勝しており、選挙結果は注目を集めた。

　投票方法そのものが党派対立の争点となる中で、郵便投票の制限や身分証明要件の厳格化等を規定する州法が、相次いで成立している。20年大統領選挙において、バイデン氏が接戦で制したジョージア州やアリゾナ州、大票田であるフロリダ州でのこうした動きは、今後の選挙結果そのものを左右する可能性もあるだろう。

（皇學館大学准教授　村上政俊）

第3章　中　国

概　観

内憂外患の中で党大会を乗り切ろうとする習近平

　2021年から22年前半の中国外交とそれをめぐる状況には三つの特徴があった。第1に、二国間関係の束だけではなく、米英豪の関係深化(AUKUS)に南太平洋での中国の影響力増大（ソロモン諸島）が絡むなど、地域的な広がりを持った局面が展開したことである。第2に、ロシアのウクライナ侵攻というアジア域外の大きな攪乱要因があったが、中国は対米牽制の維持を軸とし、強硬姿勢と慎重な対応の組み合わせで展開したことである。米国の介入がない香港では強硬だが、台湾に対しては軍事的な示威を繰り返すに留め、彼らなりに自重した。第3に、経済の中低成長期に突入した中で、ウクライナや「ゼロコロナ」など、政治的・軍事的計算が突出する一方、経済的影響が度外視される状況が内外で出現し、グローバルにもまた中国国内でも不安定要因が急速に増大したことである。22年5月の時点でこの不安定は目立っていないが趨勢は明らかである。ロシアのウクライナ侵攻前から、対外政策の担当者たちはすでに主要国との不安定要因を最小限に抑える危機管理に努めていた（『中国国際戦略評論』2020年（下）所収論文など）。

　この時期の中国の慎重姿勢は、22年秋に予定される党大会で政権3期目を習近平が最優先していたという主に短期的な要因のためであった。3期目は、党総書記の任期の2期10年までという改革開放期の前例を破る一大事件であり、習近平は冬季オリンピックの開催で国際社会の一員として振る舞い威信を高める一方、主要国との正面衝突を回避し、政治の安定基調を保とうと慎重になっていた。また、一時は収束したかに見えた「新型コロナウイルス」の再流行に対して、前年の「成功体験」ともいえる強力な「ゼロコロナ」政策を断行した結果、長期低落傾向にあった経済停滞をさらに悪化させて金融リスクも高まった。

　中国は国際政治の構造変化よりもパワーの組み替えやバランスとその中国の安全保障に与える影響に注目する傾向がある。この点からすると、ロシアのウクライナ侵攻がもたらした状況は、重要ではあるが中国の長い歴史から見れば珍しくはなく、最も重視するのは米中関係であり、対ロシアで各国が米国寄りになることを歓迎していなかった。22年3月3日の国連総会緊急特別会合で対露非難決議に反対また棄権した約40カ国への働きかけを強めた。

（同志社大学教授／平和・安全保障研究所研究委員　浅野亮）

内政

19期6中全会で「第3の歴史決議」を採択

2021年7月1日、中国共産党は創立100周年を迎えた。習近平は、この歴史的節目を最大限に利用し、22年秋の第20回党大会での3期目の政権続投に向けた準備を進めた。

11月8-10日、中国共産党第19期中央委員会第6回全体会議（19期6中全会）が開かれた。採択された「中国共産党の100年奮闘の重大な成果と歴史的経験に関する党中央の決議」は、党100年の成果を讃える内容だったが、前半が1921年から2012年までの91年間の成果、後半が2012年からの習近平政権の9年間の成果というアンバランスな配分となった。またこの決議を、毛沢東による1945年の歴史決議、鄧小平による1981年の歴史決議に並ぶ「第3の歴史決議」と称した。

決議は、①習近平同志の党中央の核心、全党の核心的地位、②習近平による新時代の中国の特色ある社会主義思想の指導的地位を党が確立したとした。それは、中華人民共和国を建国した指導者であり、その圧倒的な権威を有する毛沢東と並ぶ扱いであり、習が卓越した指導者であることを党が認め、習の3期目続投のコンセンサスが党内にできたことを意味した。

党内の3期目続投への雰囲気の醸成

習の3期目続投に向けた党内の雰囲気の醸成も進められた。21年2月から12月まで党員への党史の学習教育が展開され、習の成果が啓蒙された。

地方人事も進んだ。21年3月から22年2月までに、32の省・自治区・直轄市のうち、党委員会書記が13人、省長・区主席・市長は10人が交代した。また、国務院の部長（大臣）は4人交代した。このうち中央政治局委員であり、李克強首相に近いとされる陳全国が、新疆ウイグル自治区党委員会（党委）書記を66才で解任されたことは事実上の引退と見られる。後任には広東省長の馬興瑞が任命された。それ以外の交代は、大半が65才定年によるものであり、次期党大会での中央政治局レベルの人事に影響はない。

21年に行われた検察部門による省部長級幹部の立件は、20年の12人から倍増し23人となり、、幹部の統制が強化された。中央規律検査委員会は、20年より元公安部副部長の孫力軍、元重慶市副市長・公安局トップの鄧恢林、元上海市副市長・公安局トップの龔道安、元山西省副省長・公安庁トップの劉新雲、元江蘇省党委常務委員・政法委書記の王立科を処分しており、22年3月に元司法部長の傅政華を処分した際には、彼らから成る「孫力軍政治集団」の存在を認めた。しかし、孫は中央委員ですらなく、習の3期目続投に抵抗するものではない。習近平には、政法部門の権力を背景に政治集団を形成した元中央政治局常務委員の周永康のトラウマがあり、公安部門による政治集団の形成を警戒したといえる。

政治キャンペーンとしての共同富裕

　習政権が、21年8月に共同富裕を掲げたことは、次期党大会に向けた社会安定ための政治キャンペーンの一環といえる。

　7月に中央の関連部門が「家庭、家庭教育、家風建設をさらに強化することに関する実施意見」を発し、8月には義務教育段階の学生への宿題負担、校外塾負担の軽減を理由に、塾に対する取り締まりを強化したのは、富裕層に偏る教育機会の不公平に対する国民からの不満への対応が目的だった。また9月に「文芸娯楽分野の総合統治工作を展開することに関する通知」を発し、11月には中央の関連部門が「バラエティスターのネット上の情報の規範化をさらに強化することに関する通知」を発したことは、テレビ番組の過度の娯楽化を問題視するとともに、富裕層の多い芸能人の活動にクギを刺すものだった。経済成長の鈍化の影響を受ける中間層の不満は、習政権の不安定要素のひとつである。それを和らげるために、富裕層をスケープゴートにした。

　こうした習政権の施策に対し、異論や批判がないわけではない。北京大学教授の張維迎ら学者はネット上で、政府が関与を強める共同富裕を批判した（21年9月）。加えて、朱鎔基元首相ら引退した幹部が、国有企業重視政策や習の3期目続投を批判したとも伝えられた（22年3月）。しかし、これらは党中央での権力闘争と結びつくものではなく、ガス抜きに留まっている。

　民族問題では、21年4月にシアルザティ・バウドンとサッタル・サウットに対し、

新疆ウイグル自治区の高官と国家分裂活動家の「二つの顔を持つ」として、死刑、執行猶予2年の判決が下された。8月に開かれた7年ぶりの開催となった中央民族工作会議で、習が「民族分裂、宗教過激思想の害毒を流すことを粛清しなければならない」と統制強化を指示した。7月、習が、解放70周年を迎えたチベット自治区を視察した。総書記の視察は30年ぶりとなった。

ゼロコロナの堅持と地元政府への住民の不満

　21年、習政権はコロナ感染の抑え込みに成功していた。諸外国とは異なるゼロコロナ政策には専門家の批判もあったが、高強元衛生部長がそれを打ち消し（21年8月）、政局を左右する論争には至っていない。22年に入り、オミクロン株の感染拡大が深刻となり、習政権は3月17日にゼロコロナ政策の堅持を確認し、経済都市の上海市（同月27日から）をはじめ各地でロックダウン（都市封鎖）を実施した。

　住民はネット上に不満を書き込むが、当局はすぐさまそれを削除し、社会安定への影響の拡大を阻止した。住民の不満は、移動の制限により食糧が確保できないこと、医療体制が十分整っていないことなど地元政府の対応に向けられたものであり、必ずしも習政権のゼロコロナ政策には向けられていない。習政権も、感染対応における地方の指導者のリーダーシップの欠如を問題とした。3期目続投に向け、引き続き安定した政治環境の維持が習の課題である。

（防衛大学校教授　佐々木智弘）

経済

中国共産党第20回全国代表大会を控え安定志向の中国経済

　21年7月1日に行われた中国共産党創立100周年祝賀大会において、習近平中国共産党総書記は、第1の100年の奮闘目標を実現し、小康社会（ややゆとりのある社会）を全面的に完成させ、歴史的な絶対的貧困問題を解決したと述べ、近代的社会主義強国の全面的な完成という第2の100年の奮闘目標に向けて邁進していると述べた。建党100年の成果を強調するとともに、党の執政能力をア

ピールした。

　しかし、絶対的貧困問題は解消されつつある一方、社会における貧富の格差は依然として解消していない。そこで習が掲げたのが「共同富裕」である。これは1953年に毛沢東が述べたものであり、決して新しい概念ではない。習は、貧富の格差を縮小して社会全体が豊かになることが「近代的社会主義強国」の実現には不可欠であるとして、改めて「共同富裕」を提起し、経済成長と貧富の格差の両立を目指す方針を打ち出した。

　「社会の大局の安定を維持することによって、第20回党大会の勝利の開催を迎えなければならない」。21年12月10日の中央経済工作会議では、中国経済が、需要の縮小、供給の打撃、弱気の見通しという三重の圧力に直面しているとの厳しい認識が示された。これらの圧力は統治の正当性を脅かすものであり、22年秋の第20回党大会を控え、習近平の3期目を迎えるためにも、社会の大局の安定維持を最優先に掲げたものと見られる。

　このように、第14次5カ年計画をスタートさせた21年から中国共産党建党100周年を経て、22年初頭の北京冬季オリンピックの開催まで、習をはじめとする中国共産党と政府系メディアは、生活の改善に貢献してきたことや「絶対的貧困」からの脱却を達成したことを連日報じるとともに、「共同富裕」を掲げ、民衆が抱える不満の解消に取り組んでいることをアピールしてきた。

中・長期計画に基づく技術の獲得と国際標準化を目指す中国

　21年の中国の実質GDP成長率の実績は8.1%と目標の6.0%以上を大幅に上回り、主要国の中で最も早く経済のV字回復を達成した。これは、新型コロナウイルスの感染拡大を「ゼロコロナ」政策によって抑え込み、生産をいち早く再開させたことに起因する。22年3月に行われた第13期全国人民代表大会第5回会議では、22年の実質GDP成長率を5.5%前後と目標設定し、改めてイノベーション駆動型の経済成長モデルへの転換を強調した。

　中国はイノベーション駆動型の経済成長モデルへの転換を促進するために、軍民融合発展戦略や中長期的な計画とその具体策を打ち出している。習は、22年1月の中国共産党の理論誌『求是』において、習自らが福建省での在任中から

デジタル経済を強調してきたことや、「中国共産党第18回全国大会以来、党中央委員会はデジタル経済の発展を非常に重要視し、それを国家戦略に昇格させてきた」ことなどを強調した。

また、22年3月25日には、国家発展改革委員会が第14次5カ年計画期（2021-25年）におけるデジタル経済発展計画を公表するなど、新興技術の社会実装とそれに伴う経済成長を重点の一つとしている。他方、第14次5カ年計画期の新興科学技術分野への税制優遇の一環として、3月29日には、財政部、海関総署、税務総局が集積回路産業およびソフトウェア産業の発展を支援するための30年までの輸入税政策を公表した。

このように、引き続き「自主創新」が困難な技術について、海外からの獲得を促進する一方、中国がこれまで獲得してきた技術標準を国際標準として確立する動きも進められている。具体的には、21年10月10日、中国共産党中央委員会と中国国務院は、「国家標準化発展綱要」を公表し、デジタル分野の標準化など、中国標準の国際標準化を推し進めていくことが示された。

これは、35年までの標準化に関する長期的な発展目標を示したものであり、「中国標準2035」とも称されている。「中国製造2025」がリアルエコノミーを主眼とした計画であったのに対して、この「中国標準2035」は、デジタルエコノミーやバーチャルエコノミーを主眼としたものとなっている。これもまた、中国が新興技術の社会実装とそれに伴う経済成長に軸足を置き、さらにそれを海外に展開しようとしていることを示す好例であろう。

国内外の環境変化がもたらす経済運営への負の影響

こうした中国のデジタル経済の促進や海外からの技術獲得、国際標準化に向けた中長期的な取り組みは、米国との対立が深まるなか、引き続き大きな困難に直面している。そのため、中国は、デュアルユース技術に関する米国をはじめとする欧米諸国からの制裁措置や取引制限への対抗策として、21年6月10日に「反外国制裁法」を可決、施行し、対抗措置を講じることを可能にするなど、国内の法整備も進めている。

他方、22年の春節以降、中国経済を取り巻く国内外の環境が一層悪化したこ

とで、全人代で掲げられた経済成長の目標達成は困難になりつつある。貧富の格差解消よりも安定した経済成長の維持を重視せざるを得ない状況から、習が掲げる「共同富裕」は、22年3月の全人代における李克強首相による政府活動報告で1回のみの言及に留まるなど、急速にトーンダウンしつつある。

　春節期間までは機能していたように思われる「ダイナミック・ゼロコロナ（動態清零）」政策も、上海や西安をはじめとする大都市でのロックダウンに対する市民の不満が爆発、生産と消費の両側面で大きな影を落としつつある。そのため、経済停滞と社会不安を招きかねないとして「ダイナミック・ゼロコロナ」政策への懐疑論が高まりつつあるが、習ら党指導部は、「共産党の無謬性」もあってか、政策の継続を繰り返し強調している。

　さらに、ロシアのウクライナ侵攻とそれに伴う国際社会からのロシアに対する経済制裁は、ロシアとの強固な関係を強調する習政権にとって、二次制裁のリスクを惹起させている。こうした国内外の環境変化は、長期化する米国との対立の影響との相乗効果で、経済の先行き不透明感を増大させている。こうした内政面や外交・安全保障面での環境変化が、22年秋の党大会における習の3選とその後の経済運営にも大きな負の影響をもたらす可能性がある。

（京都先端科学大学准教授　土屋貴裕）

外交

外交日程：冬季オリンピック・パラリンピックと新型コロナ

　3期目がかかる習近平は、22年2月の北京冬季オリンピックと3月のパラリンピックを成功させるため、新型コロナウイルス対策として都市封鎖など強行措置をとった。しかし、パラリンピック終了後になっても感染力の強いオミクロン株の抑えこみができず、上海の都市封鎖など厳しい「ゼロコロナ」政策がとられた。しかし、これはすでに構造的な下降期に入っていた中国経済には打撃となった。

　21年に中国が行った対外宣伝では、9月の国連総会や10月の中国の国連「復帰」50周年大会における習近平の演説などを中心に、平和、正義、発展、共生という表現が特に多く散りばめられていた。これらに民主と自由も加わり、米国と

の価値の違いではなく、米国と同じ価値を追求するうえで中国が先にいることが強調された。しかし、6月の中央政治局第30回集団学習会では、国際コミュニケーション工作の強化が取り上げられたように、中国の国際イメージの改善は習の思うようには進まなかったようである。

　21年11月に採択された「歴史決議」は、国内に向けた習と共産党の権威づけが主眼であったとしても、中国社会の意識変化という潮流を織り込み、外交にも関連していた。決議やその解説では、中国社会が物質的に豊かになるに従い、人々の欲求が変化・多様化し、民主、法治、公平、正義、安全、環境など「快適な生活」を求めているとの現状認識が示された。中国社会は、中国の力や正当性に自信を強めてきており、このような意識の変容は、外交や対外政策にも大きく影響する。今回も中国国内の意識変化を意識して強く正しい中国イメージを演出した面がある。新型コロナウイルスへの対応から、民主主義の米国より権威主義の中国の方が優れているという宣伝をすることは、オミクロン株の流行以前には、国内向けに一定の説得力があったと考えられる。

ロシアのウクライナ侵攻と中国

　22年2月24日に始まったロシアのウクライナ侵攻は、中国にも大きな影響を与えた。習と主要な側近たちが攻撃を事前に知らされていたかどうかは、本稿執筆時（2022年5月）でも明確にはわからない。しかし、知っていたとしたとしても、短期間にロシアの勝利に終わると考えており、現状に見るようなウクライナの善戦による戦争の長期化、結束した西側諸国による軍事、経済、情報など大規模で広範囲にわたる対ウクライナ支援実施、エネルギーや金融分野にまで及ぶ厳しい対露制裁までは予測していなかったであろう。

　攻撃20日前の2月4日に北京で行われた中露首脳会談では、両国の緊密さが演出され、ウクライナと台湾でお互いに支持し合うことを確認した。しかし、ロシアによるウクライナ侵攻後、中国はロシアとウクライナ双方の自制を促すに留まった。国連安保理で採決されたロシア軍の即時撤退などを求める決議案について、中国は反対に回らず棄権した。結局、常任理事国であるロシアの拒否権行使により本決議案は否決され、中国の外交部は一連の出来事の責任は米国にあ

るという批判を繰り返し、中国メディアもロシア側の主張を数多く紹介した。しかし、批判がアメリカを過度に刺激しないよう、対米批判は王毅外相と第三国の政府関係者との会談、外交部の記者会見、国連代表の演説、シンクタンクのシンポジウムや識者の論評などにほぼ限られていた。おおよそ、ロシアのウクライナ侵攻を受けてもなお、米国の主要な戦略対象は中国のままだとされていることから、このような限定的な対米批判は、米国の敵意が本格的に中国に向かうことを警戒し、自国一国の利益を最優先したように見える。中国は、ロシアとは中露善隣友好協力条約（2001年）、ウクライナとは中国ウクライナ友好協力条約（2013年）を通じ双方と安全保障上の取り決めをしていて、二国間で股裂きの状態にあった。

ロシアのウクライナ侵攻と東アジア・台湾

　ロシアのウクライナ侵攻が東アジアに与えた影響も多様だが、その中で重要なものの一つに中国の対台湾政策、および台湾を含め主要な周辺諸国によるそれぞれの情勢認識への影響があった。ロシアのウクライナ侵攻が中国に与える影響や教訓は多様で、その帰趨によって変わりうるが、正確な情報を得られたとしても中国が本侵攻をどう評価するかはいまだ未知数である。

　日米台では、ロシアのウクライナ侵攻が中国の台湾攻撃を誘発する可能性が議論された。2月23日、華春宝・外交部報道官や馬暁光・国務院台湾弁公室報道官はそれぞれ台湾における台湾とウクライナを結びつける議論を批判した。中国の基本論調は、台湾は中国の内政問題であり、ロシアとウクライナの関係とは異なるとするもので、中国による武力攻撃の可能性に立ち入ることはほとんどなかった。しかし、中国軍用機による台湾の防空識別圏進入が続いた背景のもと、戦争前の1月に日本政府内では日米欧のロシアのウクライナ侵攻に対する対応が台湾情勢にも影響するという見方が広まっていた。3月9日に行われたCIA長官と国家情報長官の議会証言の中での台湾言及は、中国に対する挑発的ではないが自制を求める明確なシグナルであったと考えられる。

　3月14日、イタリアで行われたブリンケン米国務長官と楊潔篪中央政治局委員との7時間にわたる会談後、18日にバイデン米大統領と習国家主席のオンライン

会談が行われ、米国側は中国の対露軍事援助が行われれば「代償を払う」ことになると強く警告した。

　中国はロシアのウクライナ侵攻での役割発揮には消極的であった。3月7日の記者会見で王毅外相はウクライナ情勢について、「必要な時に国際社会とともに必要な仲裁をしたい」と述べた。この発言は、中国が単独で仲裁することもなく、他国がやるなら一緒にという意味なので、消極さは拭えない。一方、20日に『光明日報』が、中国政府による「斡旋」を海外が賞賛しているとの論評を掲載したように、国内的には中国メディアは中国の積極的な役割を強調していた。17日の中央政治局常務委員会の開催後、3月18日に米中首脳によるテレビ電話協議が行われたが、習は国際法と国連憲章に基づく処理の維持を明言するとともに、ロシアの安全保障上の懸念解消の必要性も訴え、対話を促した。

　中国はロシア寄りだがロシア一辺倒ではない。ウクライナや西側の主要国との関係も維持するという対外的に消極的な姿勢と、国内向けには中国が活躍している演出をするという両立の困難な二つの目的を追求していた。王朝の興亡を繰り返した歴史からすれば、このような状況は中国にとって珍しくはない。中国は、ウクライナ危機や経済に影響を及ぼす「ゼロコロナ」の強行で多重の困難に直面していた。中国の実質不介入は、戦争で被りかねない様々なコストを最小限に抑えて国内の安定を優先し、ロシアと西側主要国がともに消耗していく中でひとり時間を稼ぐ意味があったのだろう。

　この時期に中国は、ロシアによるウクライナ侵攻の検証を行いつつ、西側が結束した背景とメカニズム、米国による欧州とインド太平洋の間の資源とコミットメントの配分、戦争が引き起こした国連改革を求める声、核の恫喝の有効性、国際的通貨金融制度が持つ経済安全保障上の意義、サイバー・デジタル空間やデータのコントロールの重要性、個人までもが参加するサイバー戦、民間企業が提供する情報インフラを監視偵察誘導にも使う手法、またサイバー戦・世論戦の遂行に不可欠な電力供給や電波ネットワークの安全維持、スマートフォンも役割を果たした国際広報などについて、幅広く検討していくであろう。

　中国では戦後の国際秩序の再構築とその中での中国の役割についての議論が早い段階で始まり、そこでは過重な負担を回避しつつ、いかに経済力を背景に

した主導権を確保できるかが主要なテーマとなっていたようである。22年4月には中国の国連代表が安保理の拒否権問題に慎重な態度を表明している。

米中関係

21年1月のトランプからバイデンへの政権交代に際して、中国側は米中関係の劇的な好転を期待していなかった。事実、香港問題や新疆ウイグルの状況に対して米国は強い批判を続けた。中国は、それに直接反論するというよりも、米国が抱える格差や不平等に関する問題を取り上げて批判した。このやり方は、国際社会に対してだけでなく、中国国内向けに、中国の苦境が当局の誤りのせいではなく、問題を抱える米国が仕掛けたから起こっているものであるかのように見せようとする意図があると考えられている。中国のレトリックには米国だけが民主主義ではなく、その民主主義には大きな欠点があることを指摘することで、中国の普遍性を強調する特徴がある。

21年9月に米英豪によるAUKUSが構築されたが、中国は、この枠組みは中国を対象とするものだとして警戒した。21年6月のG7首脳会議、同年12月の米・EU高官協議、22年2月の日米韓外相会議では、台湾海峡へ繰り返し言及があり、中国はこれに強く反発した。22年2月に米ホワイトハウスが発表した「インド太平洋戦略」も、台湾問題や気候変動などで太平洋島嶼国との連携強化が謳われ、明らかに中国を対象とするものであった。

22年3月に中国がソロモン諸島と合意した安全保障協定も米中関係に影響を与えた（4月19日締結）。詳細は不明だが、SNS上に流れた協定草案には中国軍艦の寄港や部隊の派遣などが書き込まれていたという。この海域は日米豪の海洋戦略にとっても重要であることから、太平洋島嶼国が米中外交のさや当ての場となった。

日中関係

中国は、新型コロナウイルスの流行中に東京オリンピックを開催した日本政府に理解を示したが、日本は北京冬季オリンピックに際し米国の「外交的ボイコット」に加わった。

　ロシアのウクライナ侵攻で日本は防衛戦略を再編し、中国をにらみロシアに対する態度を転換するとの観測もある。

　22年3月に行われた蔡英文と安倍晋三のオンライン会談を中国外交部は批判した。日本が台湾に好意的になると、中国は、福島の処理水排出に対する批判をするなど、相手側の別の方面を批判して国際的評価を毀損させようとする戦術をとった。

南アジア、中央アジアとの関係

　21年3月25日、王毅外相は訪印し、対露関係をめぐる中印接近を演出した。王毅の訪印前、インドは英印両首脳による電話会談や豪首相とオンライン会談などを行い、バランスをとっていた。王毅も訪印前にパキスタンを訪問しており、中印はお互いを牽制した上で外相会談を行っていた。

　「一帯一路」構想で中国側は、西側による地政学的な性格があるとの議論を、協力が主たる特徴であると主張して、否定してきた。しかし、エネルギーやデジタル分野などで実務的協力が進み、中国がルールを決める地域秩序が形成されつつある。21年8月にアフガニスタンから米国が撤退した後、中国は中央アジアでの影響力を着実に高めてきた。王毅は、アフガニスタン近隣諸国外相会議を、21年9月に第1回（テレビ会議）、11月に第2回（テレビ会議）、22年3月に第3回（安徽省屯渓）をそれぞれ開いた。3月にはロシアのウクライナ侵攻中で、ラブロフ露外相の訪中に内外の注目が集まった。

ASEAN諸国、朝鮮半島との関係

　中国とASEAN諸国の関係は、ミャンマーとウクライナを軸に展開した。21年3月31日から4月2日にかけて、王毅は福建でシンガポール、マレーシア、インドネシア、フィリピンの外相とそれぞれ会談し、中国による新型コロナウイルスのワクチン供与を話題に取り上げつつ、主にミャンマー問題について話し合った。ブルネイを含めこれらASEAN5カ国はミャンマーの軍政権に批判的な立場をとっていたので、米国のミャンマー軍政批判や東南アジア接近を牽制した形である。ちなみに中国ワクチンは予防効果が低く、インドネシア向けなどの輸出が激減した。

　22年3月31日から4月3日、王毅は安徽省でミャンマー国軍が樹立した政府の

外相、インドネシア、タイ、フィリピンの外相ともそれぞれ会談した。ロシアとの全面対立を歓迎しない東南アジア諸国との結びつきを重視した表れであろう。習は、22年4月に中比首脳会談を行ったが日比間で2プラス2もほぼ同時に行われ、フィリピン政府の一定の配慮は明らかである。

　21-22年前半、中国の朝鮮半島に対する姿勢は大きくは変わらなかった。習は、22年3月9日に行われた韓国の大統領選挙で勝利した尹次期大統領と25日に電話したが、尹次期大統領はこれより前の10、11日に米国、日本の首脳とそれぞれ電話会談を行っており、バランスをとっていた。大統領就任式には王岐山（国家副主席）の派遣が伝えられた。北朝鮮のミサイル発射実験については、中国は賛成も反対もあまり目立って示しておらず、米中関係への波及を最小限に抑えようとしていたと思われる。

（浅野亮）

軍事

ロシアのウクライナ侵攻から中国が得た教訓

　22年2月24日にプーチン大統領がウクライナに武力侵攻して以来、中国は一貫してロシアの主張を支持している。ロシアの主張の中でも中国が強調するのが、「ウクライナ危機」の原因はロシアにはなく、ウクライナやNATO、特に米国にあるという部分だ。

　例えば、中国国営新華社は3月31日から4月5日にかけて6本からなるシリーズの「新華国際社評」を掲載した。社評は、「ウクライナ危機」の黒幕は米国であり開始したのも米国であるとし、米国は自国の軍需産業に利益を上げさせるために「ウクライナ危機」の火に油を注いでいる、ウクライナ情勢を利用して台湾海峡における危険を煽っている等と米国を非難している。

　新華社の社評を見ても理解できるように、中国の最大の関心は、中国が台湾に武力侵攻した際に米国が軍事介入するかどうかである。ウクライナ武力侵攻が開始されて以降の3月18日に実施された米中電話首脳会談においても、米国が中国のロシア支持を牽制しようとしたのに対し、習近平主席はバイデン大統領に対

して米国が台湾を支援しないよう牽制した。中国にとってロシアのウクライナ侵攻も米中対立あるいは戦略的競争の問題なのである。

　米国や台湾では、中国がロシアと連携して台湾武力侵攻を実行するのではないかとの懸念が高まっている。しかし、概していえば、現段階では中国の台湾武力侵攻のハードルは上がっている。それは、中国がロシアのウクライナ侵攻から以下のような教訓を得ているからだ。

　第1は、核の恫喝・威嚇の有効性である。ロシアのウクライナ侵攻は、核兵器を保有する大国が武力行使しても欧米や国際社会はこれを止められないことを明らかにしてしまったが、同時に、侵攻を開始できても戦争には勝利できない可能性も示した。第2は、ハイブリッド戦の効果が未知数であるということである。サイバー攻撃、ネットワークインフラやライフラインの破壊、輸送路の遮断といった作戦の効果は事前に測ることが難しく、効果が低ければ相手社会の頑強な抵抗に遭う。抵抗が続けば、相手社会を精神的に追い込む手段は苛烈化せざるを得ず、それがまた国際社会の批判を招くことになる。

　第3は、そうした国際社会の批判を回避するための国際世論に対する認知戦の難しさである。特に、ハイブリッド戦の効果が不十分で戦争が長期化すれば、相手社会から実際の状況に関する情報が発信され、武力侵攻する国の言い訳や嘘は通用しなくなる。第4は、第3に関連しているが、戦争が長期化すれば、侵略国は国際社会の批判を浴びるだけでなく、国際社会に結束する猶予を与え、厳しい経済制裁等を課される可能性がある。侵略国はごく短期間の内に占領を完了しなければならないということである。

　そして第5は、国内世論統制の重要性である。権威主義国家にとって最大の脅威は国内にある。プーチン大統領が反プーチンの意見を暴力的に封じ込めるロシアでさえ、ウクライナ侵攻に対する国民の違和感を完全に抑えることができない。特に、自国兵士に多くの死者が出れば、その家族を中心として戦争を始めた指導者に対する批判が高まる。

　中国は、こうした教訓を踏まえて台湾武力侵攻の計画を立てるだろう。現段階では中国の台湾武力侵攻のハードルが上がったとはいえ、中国が「台湾統一」を諦めることはない。中国は早期にハードルをクリアできるよう、その能力構築に

努力することになる。

願望を達成しつつある中国核戦略

　中国は建国以来、ソ連あるいは米国の軍事侵攻を恐れてきた。そのため中国は、対米抑止の能力を構築する努力を継続してきた。その主たるものは核抑止である。中国は、経済的に余裕がなかった建国当初から国内資源を核爆弾とその運搬手段であるミサイル開発に投入してきた。1961年8月20日、毛沢東主席、周恩来総理等から成る党中央が「"両弾"研製」に同意して、中国の核兵器開発が本格的に開始された。「両弾」とは核爆弾とミサイルの二つの弾のことをいう。

　その後、64年に中国は自主開発の「東風2号」の発射試験を行い、66年に核弾頭をミサイルに搭載するという「両弾結合」を実現した「東風2号」の発射試験を行った。さらに、1970年、中国初の中距離弾道ミサイル「東風4号」の発射試験を行い、同年中に初の人工衛星「東方紅1号」を搭載した「長征1号」ロケットを打ち上げた。軌道に衛星を乗せられるということは、正確に計算された弾道を描いてミサイルを発射することができるということである。2019年の中華人民共和国建国70周年記念軍事パレードにおいて、多弾頭化されて10発の子弾を搭載可能で15,000キロメートルの射程を持つといわれるDF-41が正式にお披露目されるに至った。

　それでも中国は米国に対する核抑止に不安を抱えていた。その理由は米中間で核弾頭や大陸間弾道ミサイル（ICBM）の保有数に大きな差異があったからである。「SIPRI年鑑2021」によれば、21年1月現在、米国の核弾頭保有数は5,550発であり、一方の中国は350発である。しかし、近年、中国は戦略核兵器の能力について自信をつけつつある。

　21年11月3日に米国防総省が発表した「中国の軍事力・安全保障の進展に関する年次報告書2021」は、「中国は27年までに運搬可能な核弾頭を最大700発保有する可能性がある。また中国は30年までに少なくとも1,000発の核弾頭を保有する計画であり、国防総省が20年に予測したペースと規模を上回る可能性がある」としている。

　同報告書はまた、「中国は少なくとも3カ所の固体燃料式ICBMサイロの区画

の建設を開始しており、これらの区画は合計で数百基の新しいICBMサイロを含む」としている。サイロを用いてICBMを運用するということは、中国が核の先制不使用の原則を放棄し、他国のICBM発射の兆候によって自国のICBMを発射するという警報即発射（LOW）戦略を採用しようとしていると考えられる。米国もサイロを用いてICBMを運用しており、米国と対等になりたいという中国の願望が、戦略核による抑止のレベルで実現しつつあるともいえる。

その他の核抑止力と智能化

　中国は、核抑止の最終的保証ともいえる戦略原潜（SSBN：核弾頭を搭載した弾道ミサイルを発射可能な原子力潜水艦）の増強も進めている。中国海軍記念日である21年4月23日、海南省三亜の海軍基地において3隻の主力艦艇が就役し、習近平主席が艦番号421「長征18」戦略原潜に乗艦して視察した。中国の軍事専門家によれば、「長征18」は094型の改良型である094A型をさらに改良した潜水艦であるという。

　さらに「長征18」は開発中の「巨浪3」潜水艦発射型弾道ミサイル（SLBM）の発射が可能である。米国国際評価戦略センターのフィッシャー上席研究員は、「巨浪3」の射程を12,000から14,000キロメートルと予測し、中国沿海部から発射しても米国本土のほとんど全てをカバーするとしている。米国メディアは中国の戦略核兵器発展の一里塚になる兵器であり、中国の軍事近代化計画における最も脅威的な兵器になるとしている。

　また、中国は通常弾頭と核弾頭の双方を搭載可能な極超音速ミサイルの開発も積極的に行っている。21年10月17日付の「フィナンシャルタイムズ」は、米国情報機関の情報として、中国が同年8月に核弾頭を搭載可能な極超音速ミサイルの発射実験を行ったと報じた。しかも、このミサイルは地球周回軌道を一周して目標に突入した。地球周回軌道を周回できるということは、中国が決定する時期に目標に突入させることができるということであり、米国は発射の情報は得られても衛星と区別することは難しく、被攻撃の兆候を得ることが難しくなる。このミサイルは、中国が追求するAIと融合した智能化戦争の中の自律型潜伏突撃戦の一種と考えることもできる。

中国は、台湾武力侵攻の際、こうした核兵器を用いて米国や米国の同盟国を恫喝し、軍事介入を思い止まらせるよう振る舞う可能性がある。

増強される台湾武力侵攻能力

　一方で、現在の中国には台湾武力侵攻の能力が備わっている訳ではない。習政権下でも中国人民解放軍が目標としているのは、胡錦濤政権時と同様、情報化条件下での局部戦争に勝利することである。中国の情報化戦争およびその先の智能化戦争では、戦闘領域が軍事領域から社会領域へ、また物理領域から認知領域へと拡大するとされており、グレーゾーンにおける作戦がより重要であると認識されてきた。

　しかし、ロシアのウクライナ侵攻はハイブリッド戦の効果は計算できないことを示し、台湾武力侵攻の際にグレーゾーンにおいて台湾を物理的情報的に孤立させようとする中国に作戦の再計画を強いる可能性もある。現在の中国人民解放軍が台湾に武力侵攻する際の最も大きな課題が、大量の陸上兵力を渡海させ着上陸させる能力の不足である。ある試算によれば、中国海軍の艦艇を全て用いても、一度に渡海させられる陸上兵力は22,000から25,000名程度である。これでは着上陸作戦を行うには少な過ぎる。中国人民解放軍が上陸演習を行う際に民間のフェリー等を使用している様子が確認されているが、渡海能力の不足を補うには不十分であろう。

　そのため、中国海軍は075型強襲揚陸艦を急速に建造していると考えられていた。中国海軍は18年に075型強襲揚陸艦の1番艦の建造を開始して以来、21年1月までに3隻を進水させた。しかし、同型4番艦の建造が確認されていない。一般的に着上陸作戦は攻撃側に多大の人的損失を生じる。もし、中国が台湾上陸作戦における人的損失とそれに伴う中国社会の反体制運動の高まりを危惧し、人的損失を最小限に抑えようと考えれば、無人機を兵士の代わりに使用することも考えられる。AIと融合した無人機の運用は、中国人民解放軍が追求する智能化の流れに沿うものでもある。

中国軍備増強の趨勢

　中国が台湾武力侵攻を実行しようとした際に戦場となるのは太平洋西部である。中国本土の軍事施設等は米軍の攻撃を受けることになるが、中国は現段階で米国を通常兵力で攻撃する手段を有していない。米国本土は無傷のままということだ。その意味では、台湾をめぐる米中軍事衝突は非対称な戦争である。

　中国は核兵力だけでなく通常兵力でも米国を攻撃する能力を有し、米国の軍事介入を抑止したいと考えている。その主たる兵器は空母である。22年3月現在、中国海軍は、上海江南造船所において中国3隻目となる003型空母を建造中である。003型空母は、001型および002型とは異なり、スキージャンプ台を装備せず、電磁カタパルトによって航空機を射出する方式を用いており、航空機運用能力を向上させている。中国海軍は将来的に原子力空母の保有も目指すと考えられている。

　また、中国海軍は、空母打撃群を構成する艦艇として、「グローバルで戦略的な任務」に就くとされる055型駆逐艦の配備を進めている。22年3月現在、055型は6隻が就役し、2隻が進水して艤装中である。同型艦は、当初、指向性エネルギー兵器の搭載を想定して、統合電気推進（統合電源方式）を採用しようとしたが失敗し、8隻で契約が終了するとされている。中国海軍は、統合電気推進を採用した改良型の055A型駆逐艦の開発を進めていると考えられる。

　一方で、003型空母以降の空母に搭載する艦載機の開発は順調ではないようだ。中国航空研究院は、21年中に新型空母艦載機が初飛行を行うという情報を流していたが、同機の初飛行は確認されていない。また、中国海軍では艦載機搭乗員の系統だった教育が始められたばかりであり、熟練搭乗員の不足も克服すべき問題である。

　中国が空母打撃群を米国周辺に展開するためには、前方展開基地等が必要である。21年11月17日に発表された米中経済安全保障調査委員会の議会報告書は、中国がラテンアメリカおよびカリブ諸国に対する経済的影響力の拡大に伴って軍事的影響力も拡大していることに警戒感を示している。同報告書は、中国が経済的レバレッジを利用して戦略支援部隊が運用する衛星追跡施設を設置するなど、アルゼンチンに長期的かつ軍民両用のプレゼンスを確立したと述べてい

る。中国は、港湾など他の軍民両用インフラの資金調達、建設、運営に深く関与している。現段階で、中国の表面的な軍事的プレゼンスは主に軍事外交、少数の演習、寄港、交流に限られているが、中国共産党は地域全体の軍隊と関係を深化させている。

　また、ハイブリッド戦の効果の向上を目指し、無人機を活用するために、AIを用いた智能化を進めようとしている。21年9月28日から開催された珠海航空ショーでも、各種無人機が大きなブースで展示された。中国は、ロシアのウクライナ侵攻の教訓から、通常兵力の構成の変化を加速させる可能性がある。

（笹川平和財団上席研究員　小原凡司）

香港

　21年4月-22年3月の香港では、市民が自由にものを考え自分の意見を自由に言える社会が押し潰され、中国共産党による管理を優先する社会へ置き換えられていった。中国中央が出先機関「香港国家安全維持公署」を通じて香港の政府と警察を「指導」し、民主派への弾圧と香港人による自己検閲を強め、「香港の中国化」を加速させた。

　中国中央が香港に強硬な姿勢をとる根底には、14年の雨傘運動以来の「カラー革命」に対する危機認識がある。それは、国務院新聞弁公室が21年12月20日に公表した白書「『一国二制度』下の香港地区における民主の発展」にも示されている。同白書は「近年、反中・香港攪乱勢力が特区の統治権の奪取と『カラー革命』の実施を目的に、『一国二制度』原則の譲れぬ一線に挑戦し、特区の憲政制度秩序に打撃を与え、香港地区の法治を破壊し、国家の安全を危うくし、香港地区の繁栄と安定を損なう様々な活動を行ってきた。反中勢力およびその背後の外部敵対勢力が、香港特別行政区における民主の前進を阻害する張本人であることは、事実が繰り返し示している」と記している。それは、翌年3月5日の全国人民代表大会の政府活動報告で李克強国務院総理が「特別行政区への中央の全面的な管轄統治権を実施し、愛国者による香港統治を断固実施する」と述べたことにも示された。

　習近平が21年1月に香港の林鄭月娥（キャリー・ラム）行政長官に「香港は愛国者によって治められるべき」との見解を示したことを受け、同年3月の全人代が「愛国者による香港統治」を決定し、香港の立法会は同年5月27日に選挙制度改正条例案を可決した。同条例によって、香港で公職を目指す立候補者を審査し、候補者が「愛国者」であることを確認する「候補者資格審査委員会」が設けられることになった。また、すべての立候補者は、香港警察内の香港国家安全維持法（国安法）担当部署による承認を受けなければならなくなり、同部署は候補者が中国共産党を尊重する人物かを判断することになった。

　この頃、保安局長の李家超（ジョン・リー）がポスト林鄭として浮上した。国務院は香港政府ナンバー2の政務長官に、任期を1年残す張建宗に代わり李家超を、また保安局長に鄧炳強（クリス・タン）警務処長を6月25日に任命した。張建宗は19年の元朗事件を市民に謝罪したことで香港警察から反発されていた。一方の李家超と鄧炳強は強硬派として中国から評価され、米国の制裁リストに名を連ねていた。7月1日の返還記念式典で行政長官代理を務めた李家超は「香港政府は国家安全を危険に晒す行為を罰し、国家安全教育を奨励する義務を果たしてきた」と取り締まりを誇った。7月6日、「候補者資格審査委員会」のトップに李家超が、政府委員に鄧炳強ら3名の親中強硬派が任命された。

　中国中央が李家超を評価したのは、法の支配、自由市場、報道の自由を訴えてきた「蘋果（リンゴ）日報」を、裁判や裁判所命令なしに国安法で取り締まり、6月24日に同紙を廃刊させたこととみられている。李家超は、蘋果日報を創業した黎智英（ジミー・ライ）の取引銀行に対して、黎の口座資金を動かせば国安法に基づいて担当者に最長7年の禁錮を科すと警告し、同社資産を凍結したことにより、蘋果日報を廃刊に追い込んだのである。国安法を振りかざせば、たった一人の役人の命令で香港の株式や銀行口座が凍結され、自由のみならず企業活動も潰されることを、李家超は世界に示して見せたのである。

　廃刊に追い込まれたのは大手メディアばかりではなかった。民主主義、自由、人権、法の支配の追求を掲げてきた「立場新聞」は、19年の反政府デモを扇動したとして12月29日に廃刊となった。1月2日には民主派ネットメディア「衆新聞」が配信停止を発表した。

教育現場への弾圧も強化された。香港の教職員9割以上が加盟する「香港教育専業人員協会」を「消滅」させるべきと7月31日に中国メディアが批判記事を掲載した数時間後、香港教育局が同協会との関係を断つと発表し、香港の親中派メディアは連日大々的な批判キャンペーンを展開した。これを受けて、香港警察幹部は同協会を確実に捜査すると公言した。こうした状況を受けて、8月10日、香港教育専業人員協会は解散を表明した。

　香港警察が国安法による圧力を強める中、8月13日夜には、香港の民主化活動を牽引してきた「民間人権陣線」が解散を表明した。また、天安門事件追悼集会を毎年主催し、中共による一党独裁の終結を綱領に掲げてきた民主派団体「香港市民支援愛国民主運動連合会」（支連会）が9月25日に解散を決議した。中国共産党に忠誠を誓う「愛国者」のみが立候補できる選挙制度に変更されたため、12月19日に投開票が行われた立法会選挙では、直接投票枠の投票率が16年の58.28％から大きく下がり、30.2％と過去最低を記録した。国際的な評価を気にした中国中央が取り繕った「自称民主派」「自称中立派」も当選したものの、実質的には親中派が議席を独占した。

　選挙翌日の12月20日、G7外相が、香港における民主的な要素が侵されていると「深刻な懸念」を表明し、香港の政治制度への信頼を回復し、民主的価値を求める人々への不当な弾圧をやめるように求める共同声明を発表した。しかし、このような民主主義陣営による懸念をよそに、香港は中央による国家統制を徹底する警察都市の様相をいっそう強めていった。

　22年6月末に行政長官の任期を迎える林鄭月娥は、新型コロナウイルス感染拡大で緊急法令を適用し、3月27日に予定されていた行政長官選挙を5月8日に延期すると2月18日に発表した。中国で香港問題を担当する韓正副首相と夏宝竜香港マカオ事務弁公室主任が4月1日に深圳へ林鄭月娥と李家超を呼んだ直後、4月4日、林鄭月娥が長官選挙への不出馬を発表し、「中国政府が支持する李家超」が4月13日に立候補を表明した。李家超は選挙公約に国家への反逆行為を取り締まる「国家安全条例」の制定を盛り込んでいる。

（駒澤大学教授／平和・安全保障研究所研究委員　三船恵美）

台湾

台湾海峡の軍事的緊張状態の推移

　16年以降活発化している解放軍の台湾周辺における活動は、21年はかつてないほどの頻度と規模を見せた。中国軍機の台湾防空識別圏への侵入は1年間で230回以上にのぼり、延べ機数は960以上で、20年の2.5倍を上回った。とりわけ、21年9月末から10月初旬にかけて軍機の活動は活発化し、10月4日にはこれまでで最多の1日あたり54機が、防空識別圏へ侵入した。また、機数はこれに及ばないものの、同年11月28日には、空中給油機Y-20を含むそれまでで最も整った攻撃機群が防空識別圏の南部から東南部へ侵入したことが確認された。さらに、22年に入ると、新型戦闘爆撃機であるJ-16に加え、同機の改造版である電子戦機J-16Dの侵入も確認された。

　上記のような航空機の活動は、蔡英文政権の「台湾独立」傾向および米国の台湾関与政策（後述）に対する政治的な警告の意味があると考えられている。連日多くの防空識別圏侵入が見られた10月は国慶節での国威発揚を狙ったほか、米海軍が沖縄南西海域で日、英、オランダ、カナダ、ニュージーランドと、インド近海で日印豪の艦艇と共同訓練を実施したことに対する牽制であった可能性もある。また、22年1月の新型戦闘機の誇示は、日米安全保障協議委員会（2プラス2）や首脳会談に対する反発の現れだという指摘もあった。航空機の活動は、こうした政治的警告に加え、警戒にあたる台湾軍の力を消耗させる、軍や社会の抵抗意欲を削ぐ、出動回数増により解放軍の実力を強化するなど、複数の目的を同時に追求するものだと考えられる。

　上記のような政治軍事的な威嚇に直面して、台湾では中国からの「グレーゾーン作戦」に対する脅威認識が高まっている。台湾の国防部が21年11月に発表した国防報告書は、新たに「グレーゾーン作戦」の脅威について解説する項目を設け、中国軍機の防空識別圏侵入のほか、中国からのサイバー攻撃、偽情報やメディア操作による情報戦などの実態を紹介した。その後、22年2月5日に台湾の離島の中で最北端に位置する東引島に中国の民間輸送機Y-12が接近、同12日

には東沙島の領空にJ-16などの軍用機が接近した。こうした行動は、12年12月に尖閣諸島上空で中国機が採った行動に似ているという指摘もあり、中国の「グレーゾーン作戦」に対する警戒は益々高まった。そうしたなか、ロシアによるウクライナ侵攻が起き、台湾海峡においても類似する事態が発生することへの警戒感が高まった（ウクライナ情勢の台湾海峡への影響については、「焦点3」の拙稿にて詳述した）。

米国の対台湾防衛関与

　米政府も台湾海峡の軍事的な緊張に対する警戒を緩めていない。バイデン政権もトランプ政権期の方針を引き継ぎ、米軍艦の台湾海峡通過を定期的に公表している。米第7艦隊は、21年には2月24日、3月10日、4月7日、同24日、5月18日、6月22日、7月28日、8月27日、9月17日、11月22日、22年2月26日、4月26日とほぼ月に1回（最近は2月に1回程度に頻度を減らしているようにも見える）ミサイル駆逐艦の台湾海峡通過を公表した。公表以外にも、中国が指摘した通過などもあり、米海軍艦艇は公表よりも高い頻度で台湾海峡を通過しているものと考えられる。台湾への兵器の売却についても、バイデン政権は21年8月にM109A6自走砲40門など、総額7億2,000ドルの売却案を発表した。続いて、22年3月にはパトリオット迎撃ミサイルの関連装備など、総額9,500万ドルの売却案も発表した。

　こうした単独での台湾防衛への関与に加え、バイデン政権は日本など同盟国や同志国と歩調を揃えて、中国による現状変更に対抗しようとしている。21年4月の日米首脳会談に続き、米韓、G7、NATO、米EU、日米豪印などの共同声明、さらには日・EU首脳協議、日豪外務・防衛閣僚協議（2プラス2）など、米国が加わらない場においても「台湾海峡の平和と安定の重要性」が確認された。また、上述のようにインド太平洋における海上戦力の共同訓練などを行い、中国の軍事力による一方的な現状変更を牽制しようとしている。さらに、21年12月の民主主義サミットへの台湾の参加が象徴するように、米国を中心とする自由民主主義諸国における台湾支持・支援の気運もかつてないほど高まっている。

中国共産党の対台湾工作

　軍事的な威嚇や影響範囲の拡大、国際的な「台湾独立」封じ込めなどに力を入れる一方で、習政権は台湾に対する統一戦線工作も諦めたわけではない。台湾に対しては、22年後半以降、統一地方選挙や総統・立法委員ダブル選挙が続くことも見据え、「愛国統一力量」とその他の台湾同胞を厳格に区別し、「台湾独立」とみなす勢力にはより厳しい批判を加えようとする兆候が見て取れた。21年11月、国務院台湾事務弁公室の報道官が蘇貞昌行政院長、游錫堃立法院長、呉釗燮外交部長の3名を「頑固な台湾独立分子」だと断じ、「その関連企業やパトロンが大陸で利益を上げることは許さない」と警告した。それに続き、中国に進出しつつ民進党に政治献金を行っていた遠東集団という大企業が、中国の五つの省市の法執行機関に罰せられた。「頑固な台湾独立分子」の扱い、第二、第三の事例の有無など、今後の動向に注目する必要がある。

　他方で、22年秋に第20回党大会を控え、21年後半以降の中国政府は、台湾との「融合発展」へ向けた諸政策をさらに進め、習近平の「統一促進」政策が順調であることをアピールしようとしているようにも見える。22年の春節前に開かれた全国対台湾工作会議においては、こうした「融合発展」を推し進め、台湾との関係において「主導権」を握り、秋の20回党大会を「勝利のうちに開会」することが確認された。さらに、22年3月の「政府工作報告」には、21年秋の11期6中全会に続き、「新時代の党が台湾問題を解決する総合的方策」を貫徹することが盛り込まれた。この「方策」は、過去10年間の習近平政権の方針を体系化するものだと見られるが、具体的な内容は未公表である。秋の党大会で詳細な内容が提示されるとすれば、習政権が過去に示してきた諸方針のなかでいかなる要素が取捨選択され、強調されるのか、ウクライナ情勢の影響が見て取れるかなどを観察する必要がある。

（福田円）

第4章　ロシア

概　観

　ロシア国内情勢で最も重要な問題は、プーチン政権が2022年2月24日に決定したロシア軍のウクライナ侵攻に対するロシア国民の反応だ。侵攻後、独立系の世論調査でも83％の国民がプーチン政策を支持した。情報統制の結果である。3月4日には、メディア関連法が採択され、「虚偽の事実の報道」つまり政策に反する報道には最高15年の刑が科せられることになった。ただ、ロシア軍の多数の死傷者も国民に知られて、政権への不信感も強まっている。

　ロシア経済は、国際的エネルギー価格の急上昇や好調な小麦輸出で、21年の経常収支は記録的黒字になった。しかし、ルーブルはウクライナ侵攻で1ドル70ルーブル台から約136ルーブルにまで暴落した。ただ、貿易収入の強制的ルーブル転換策などにより4月下旬には回復したが、長期的下落は避けられない。経済にとり最大の痛手は、欧米や日本の対露経済制裁の強化だ。これはロシアを実質的に世界経済から締め出し、外国企業のロシア撤退や営業停止が続出、プーチン政権と結託していた国内のオリガルヒ（新興財閥）にも、離反の動きが出ている。また、輸入品を中心とする物価高騰は国民生活に影響を与えている。

　対外政策については、プーチン政権はウクライナのゼレンスキー政権をナチスと同列に置いて侵攻した。数日でキーウを陥落させて親露政権の樹立を目指したが、欧米からの軍事支援を受けたウクライナ軍の予想を超える強靭な反撃に遭い、戦争は数日どころか、5月半ばでも終わりが見えない。プーチン政権は隣国ウクライナのNATO加盟を最も恐れていたが、結果的には中立国のフィンランドやスウェーデンをNATOの方に押しやることになった。フィンランドの世論調査では、NATO加盟支持者は20-30％台から70％以上に急上昇した。

　中露関係に関しては、3月2日の国連緊急特別総会におけるロシアのウクライナ侵攻に関する非難決議では、141カ国が賛成したが、中国はインド、イランなどとともに棄権した。ロシアと中国は「上限のないパートナー関係」を謳っているが、中国はウクライナとも良好な関係を保って来たので、積極的にはロシアを支持していない。

　日露関係については、岸田政権が欧米とともに厳しい対露制裁政策を打ち出しているので、ロシアは3月に平和条約交渉中断を発表した。しかしすでに事実上中断状況だったのでこのロシア側発表によって交渉に実質的変化が生じるわけではない。

　軍事面では、ウクライナ侵攻は、核兵器は別とし通常兵力の脆弱さを露呈させた。ただ、軍事力により大国としての存在感を世界に示したのも事実だ。

　　（青山学院大学・新潟県立大学名誉教授／平和・安全保障研究所評議員　袴田茂樹）

内政：ウクライナ侵攻で全体主義に回帰

　ロシアのプーチン大統領は2022年2月24日、ウクライナへの「特別軍事作戦」を発動し、ロシア軍がウクライナ各地への攻撃を開始した。国連安保理常任理事国が主権国家を攻撃する侵略戦争で、国際社会に重大な衝撃を与えた。ロシア軍はウクライナ軍の徹底抗戦に遭い、苦戦する中で、民間施設への無差別攻撃に着手した。ウクライナはほぼ全土が戦場と化し、開戦2カ月で500万人以上の難民が近隣諸国に脱出した。欧米諸国や日本は厳しい対露経済制裁を発動し、ロシアはすっかり孤立した。

　こうした中で、プーチン政権は国内では徹底した情報統制を敷き、政権に不都合な情報を流した者に最高15年の刑を科す法律を大急ぎで制定した。反戦運動を徹底して統制し、愛国主義を全面に出す国威発揚政策を続けている。

　ここでは、ロシア軍のウクライナ攻撃を挟んで過去1年の内政状況を概観する。

下院選で「不正」勝利

　プーチン政権がウクライナ国境地帯に兵力増強を開始したのは21年3月で、その頃からウクライナ侵攻がシナリオとして挙がっていたはずだ。戦争に向けた国内基盤強化の一環として重視したのが、21年9月19日までの3日間実施された下院選（定数450）だった。

　事前の世論調査では、経済低迷や長期政権への不満から、大統領与党・統一ロシアの支持率は20％台に落ち込んでいた。政権側は21年1月、反政府指導者のナワリヌイを収監して支援組織を壊滅させたほか、独立系メディアやインターネットの言論規制を強化した。貧困家庭に一時支援金を支給するなど、なりふり構わぬ選挙対策を行った。ナワリヌイの拘束後、抗議デモが全土に広がったが、政権側は力で弾圧した。

　下院選は225議席ずつが割り当てられた小選挙区と比例代表の並立制となっている選挙では、政権側のなりふり構わぬ不正行為が暴露され、投票用紙の束を投票箱に入れる動画が流出した。新型コロナウイルス対策と称して初めて導入

した電子投票も新たな不正の温床になったといわれ、電子投票の集計が上乗せされると、苦戦していた与党候補が次々にトップに躍り出た。

　中央選管によれば、最終結果は統一ロシアが第一党で324議席である以下、共産党57、左派・公正ロシア27、極右・自由民主党21、新党・新しい人々13で、投票率は51.72％だった。統一ロシアは改選前の334から議席を減らしたものの、約7割を制した。比例区での与党得票率は49.8％だった。

　プーチン大統領は「わが国の民主主義の発展が示された」と称えた。政権側は、ウクライナ侵攻を想定し、圧勝を演出したとみられ、24年3月の次回大統領選でのプーチンの5選に向け、政権基盤を強化した。

　一方、過激な愛国主義発言で知られ、自民党を創設したジリノフスキー党首が22年4月、新型コロナウイルスにより死去した。

ドンバス地方に派兵し全面侵攻

　ウクライナ侵攻に先立ち、プーチン大統領は22年2月21日、最高意思決定機関、安全保障会議を公開で主宰し、東部ドンバス地方の独立承認問題を討議した。

　ドネツク、ルガンスク両州に親露派勢力が設立した二つの人民共和国の独立承認を大統領に求める下院決議を審議したもので、全会一致で承認された。これを受けて大統領は、両人民共和国の独立を承認し、二人の共和国代表と友好協力・相互援助条約を結び、ロシア軍の駐留を命じた。

　大統領は3日後の24日、東部ロシア系住民をキエフの政権によるジェノサイド（大量虐殺）から守るとし、ウクライナへの「特別軍事作戦」を発動するよう軍に命令し、ロシア軍がウクライナの北部、東部、南部の3方面から全面侵攻した。大統領は攻撃の目的として、ウクライナの非軍事化、中立化、非ナチ化の3点を挙げた。

　プーチン政権は短期決戦を想定し、短期間でのウクライナ制圧、ゼレンスキー政権の降伏による親露派政権樹立を目論んだようだが、ウクライナ軍は徹底抗戦で臨み、欧米から提供された兵器や軍事技術を駆使して反撃し、ロシア軍に多大な犠牲者が出た。

　ロシア軍はいったん首都攻略を図ったが、難航の末に撤退し、東部の攻略を重

視した。14年に併合したクリミアからも部隊を北上させ、南部を部分的に制圧した。南東部のマリウポリでは激戦が行われ、多数の民間人の死者が出た。キーウ郊外のブチャでは、ロシア軍による市民大量虐殺があり、凄惨な市街戦に発展した。

偽情報に15年の刑

　開戦後、ロシア各地の50都市で、兄弟国・ウクライナへの攻撃中止を求める反戦運動が起きた。プーチン政権は反戦機運を抑えるため、情報統制を強化した、ラジオ局「モスクワのこだま」や反政府系紙「ノバヤ・ガゼータ」、独立系テレビ局「ドシチ」などが活動を中止した。欧米の主要メディアもロシア国内での活動を一時停止した。

　下院は3月、ロシア軍に関する偽情報を広めた場合、最長で禁錮15年の刑を科すとした法案を採択した。プーチン大統領が署名し、成立した。これを受けて、通信監督機関はフェイスブックやツイッターを遮断し、海外メディアへのアクセスも制限した。

　欧米諸国が最大級の対露経済制裁を発動する中、「アルミ王」のデリバスカ、アルファ銀行のフリードマン会長らオリガルヒが反戦を表明した。チュバイス大統領特別代表やドボルコビッチ元副首相らが戦争に反対し、要職を辞任した。戦争に反対する若者や知識層の出国が進み、開戦から2カ月で約30万人が脱出したとの情報もある。

　一方、禁錮2年6月の罪で服役中のナワリヌイは獄中から、SNSを通じて、「独裁者の蛮行を座視してはならない」と、反戦デモへの結集を呼び掛けた。しかし、裁判所は3月、詐欺や法廷侮辱の罪で、禁錮九年を言い渡し、同氏の刑期を加算した。

大統領支持率、一時83％に

　プーチン大統領は侵攻開始直後の2月27日、欧米諸国の経済制裁を受けて、核抑止部隊の警戒態勢を引き上げるよう国防相と参謀総長に命令した。欧米の介入に対して「歴史に例のない結果をみることになる」と核攻撃の可能性を警告した。

　プーチンは3月15日、ウクライナ侵攻に反対する富裕層らを「裏切者」と決めつ

け、欧米がロシアに送り込んだ「第五列」との認識を示して国内の締め付けを強化した。プーチンは、裏切り者の排除は「社会の自浄作用」であり、「あらゆる挑戦に立ち向かう覚悟を強化する」と強調し、国内で全体主義体制への回帰を煽った。

　また、4月13日には、極東アムール州をベラルーシのルカシェンコ大統領と訪れ、開戦後初の記者会見を行い、ウクライナとの停戦交渉が「再び行き詰まった」と表明、「最初に設定された目的が完遂されるまで軍事作戦を継続する」と述べた。また、民間人殺害については、「フェイク（偽情報）だ」と反発した。

　世論調査では、大統領支持率は軒並み上昇し、独立系レバダ・センターの調査によれば、3月には83%に達した。しかし、5月には74%と低下傾向も出ている。また、「ウクライナ情勢を懸念している」との声も82%に上った。

　独立系メディアによれば、政権は高支持率を維持したまま戦闘を終結させることも一時検討したが、出口戦略で有効なシナリオは見いだせず、成り行き任せの状態になったという。国内では、戦闘長期化で厭戦気分が広がる可能性もある。

制裁が経済に打撃

　欧米の経済制裁で、ロシア経済の苦境も長期化しそうだ。通貨ルーブルは侵攻直後暴落したものの、政府が輸出企業に対し、外貨収入の8割をルーブルに両替するよう義務付けたため、持ち直した。政府は外国人投資家に対し、資産の売却や国外への持ち出しを禁止し、市場経済が機能しなくなった。

　プーチン大統領は、「西側諸国の経済的な『電撃戦』は効果がなかった」と強調し、インフレやエネルギー不足で苦境に陥ったのは西側経済だと皮肉った。

　しかし、制裁が経済に落とす影響は大きく、3月の物価指数は17%上昇した。モスクワのソビャーニン市長は、首都で20万人の失業者を出す恐れがあると警告した。

　米英に続いて、欧州連合（EU）は5月、ロシアへの追加制裁として、ロシア産原油の輸入を22年内に禁止することを決めた。また、エネルギー関連取引が多い最大手銀行、ズベルバンクに対し、異なる通貨間の決済に用いられる国際的なメカニズム「国際銀行間通信協会（SWIFT）」から排除することも決めた。米英やEUによる石炭と石油の禁輸が、ロシア経済に大きな打撃を与えるのは必至だ。

　なお、2年以上に及ぶコロナ禍はロシア社会にも大きな打撃を与え、22年5月初め時点の感染者数は約1,800万人で、世界7位となっている。他国と違って閣僚らエリート層が多数感染したのが特徴で、プーチン大統領も厳格な隔離生活を送った。この間、大統領が周辺との接触を避け、歴史妄想を強めたことも、ウクライナ侵攻という蛮行を招いたとの指摘も欧米諸国から出た。

（拓殖大学特任教授　名越健郎）

経済

　21年のロシア経済は、20年コロナ禍によるGDP縮小から回復し、4.7%の成長を示した。国民の実質可処分所得も上昇を回復し、3.1%の上昇を示した（20年はコロナ禍でマイナス2.0%）。とはいえ、21年のGDPは、コロナ禍前の19年GDPを実質で1.9%上回るのみであり、停滞のトレンドは不変である。インフレが年率8.1%にも達したことも、国民の実質可処分所得の伸びを下押ししている。他方、原油、天然ガス価格の上昇を受けて、財政黒字額はGDPの0.4%相当に達し、外貨準備も6,000億ドルを超えた。

　しかし、22年2月24日のロシア軍によるウクライナ侵攻に対する西側の制裁は、ロシアを世界経済から実質的に締め出すものとなりつつあり、ロシア経済を数十年後戻りさせかねない。プーチン大統領は00年の就任以来、石油部門の国営化推進と海外からの直接投資拡大で経済成長と近代化を演出してきたが、今やEUはロシアの原油・天然ガスへの依存を断ち切ろうとし始め（ロシアにとって、EUに代わる上得意は世界に存在しない）、外資は軒並みロシアから撤退している。プーチンは20年余にわたる自らの業績を破壊したといえよう。

マクロの数字

　21年のGDPは4.7%成長した（ルーブル、実質ベース）。20年はコロナ禍でマイナス2.7%であった状態から回復した。これには、コロナ禍で国民が消費を控えていた反動、そしてインフレ亢進を予期しての買いだめで、消費が大きく増大したことに多くを負っている。卸売り・小売り部門の収益は8.0%伸びているのである。

一方、世界でのインフレ傾向がロシア国内に波及し、21年のインフレ率は当初の中銀予測4.0%台をはるかに上回る8.1%となり、実質可処分所得の伸びを3.1%に押し留めた。14年クリミア「併合」を受けての西側制裁をきっかけに、実質可処分所得は17年まで低下を続け、13年から20年にかけて10%の低下を招いている。

　なお、「エコノミスト」誌のビックマック指数によれば、21年7月時点でルーブルは対ドルで60%過少評価されている。ドル換算のロシアGDPは60%上積みして考えるべきものかもしれない。

　一方、原油生産は20年マイナス8.6%の減少を見せていたが（OPECの減産合意に従ったもの）、21年は2.2%の増加となった。それでも20年以前の水準には達していないが、天然ガスとともに世界価格の急上昇を受けて、経常収支に1,203億ドルもの記録的な黒字をもたらした。これは、20年の3.3倍に相当する。20年に世界一になった小麦輸出も好調を続け、21年には農産物輸出で377億ドルを稼ぎ出している。これは、20年を23.6%上回るものである。

　以上を受けて、21年の財政黒字は、GDPの0.4%分の5,148億ルーブルに及んでいる。企業は第3四半期までで19.6兆ルーブル（約2,700億ドル相当）の記録的な利潤をあげているが、これもウクライナ戦争を受けての西側制裁措置がもたらす衝撃を緩和する一助となろう。

ロシアのウクライナ侵攻と西側による制裁の衝撃

　22年2月24日ロシア軍はウクライナに大々的な侵攻を開始したが、トランプ時代とは打って変わって米国が同盟諸国と制裁措置を事前に調整しており、侵攻から間髪を入れず、本格的な制裁第1弾を打ち出した。これによりロシアは、外貨準備のうち外国の中央銀行に預託しておいたもの、推定約3,000億ドル分を凍結され、一時、ルーブル下落を止めるための外貨売り介入ができないこととなった。ルーブルはウクライナ戦争前2月10日の1ドル74.7ルーブルから、3月10日には135.8ルーブルの水準にまで暴落した。

　さらに西側は、SWIFTからロシアを追放するとともに、ロシアが外貨決済のために米国の銀行を利用すること（つまりドルを使って決済すること）を禁じた。ロシアは外貨準備におけるドルの比率を一貫して削減してきたが、対外決済・取

引ではその大半がドルによっているので、その効果は大きい。

　これによってロシアは、天然ガス取引を除き外貨決済をする可能性を奪われ、ロシアで操業していた外資系企業はほぼ軒並み撤退することとなった。これは、石油・天然ガス関連分野にも及んでおり、シェル、エクソン、トタール等のエネルギー大手は、ロシアでの合弁・出資等から相次いで撤退の意向を表明した。ただし、実際に撤退するまでは紆余曲折が予想されている。またEUは、ロシアの貨物船・タンカー等に港湾を使用させないこととしたため、タンカーによるロシア産原油の対欧輸出も大きく阻害されるようになった。

　これらの措置は、ロシアの商店で紙製品、薬品等の不足をもたらした。外国のブティックは軒並み閉店した。しかしロシア政府、中銀は素早くルーブル防衛措置を取る。22年2月28日には政策金利を8.5％から20％に引き上げ、企業には輸出収入の80％をルーブルに転換するよう命じた。これらの措置によって、ルーブルは4月下旬、1ドル70ルーブル台と、戦争開始前の水準を回復し、さらに上昇の勢いを示した。

　またロシア最大手の銀行ズベルバンクはSWIFTから当初追放されなかったため、ロシア企業はズベルバンクを通じて対外決済を行うことができた。ただし22年5月には、ズベルバンクもSWIFTの利用を禁じられた。

　対外決済にSWIFTを使うことができなくとも、メール等で代替することは可能だし、ロシアは14年、SWIFTの代用としてSPFS（金融メッセージ転送システム）を立ち上げている。ただしこれには西側金融機関はほとんど入っていないし、操業時間が限られている等、使い勝手が悪い。

　一方、原油・天然ガスは当初、禁輸の対象とならなかったため、ウクライナ侵攻が始まったあとも、ロシアは日に7.2億ドルの収入を得ていた。前出のように、タンカーを使っての対EU原油輸出は激減しているが、ウクライナ領を通るパイプライン等を使っての輸出は続いている。ただしEUは5月、22年年内のロシア原油禁輸を発表した。

　これらの措置がロシア経済に如何なる衝撃を与えるかは原油価格動向等によるので、確かなことはいえないが、財政がひっ迫するのはほぼ確かだろう。またルーブルは下落が必至で、ロシア国内のインフレは一層亢進するだろうし、西側

からの耐久消費財輸入も激減するだろう。参考までにイランの例をいうと、12年SWIFTから追放された際、GDPは7.4％縮小している。18年トランプ政権による対イラン制裁再開では、通貨リアルが6分の1に下落し、原油を中心とした輸出額も3分の1に下落している。

ソ連時代の後進経済に逆戻り

　世界で進む化石燃料の使用削減、二酸化炭素排出実質ゼロ化の中で、ロシアの石油・ガス収入が減少することは、以前から予測されていた。30年までに石油・ガス収入の40％がこれによって失われるとの予測が出されている。ロシア政府もこれに気が付いており、水素生産への転換にも言及するようになっていたが、ウクライナ侵攻はロシアの石油・ガス依存経済の寿命を10年ほど縮める結果となろう。

　ナビウリナ中央銀行総裁は22年4月議会で、ロシア経済は当面、これまでの蓄積でしのいでいるが、第3四半期のあたりからは本格的な構造改革が必要になると警告している。世界では、ロシアが先頭を切って金本位制復活が実現するという論調も見られるが、ロシアの金保有量は現在の価格で2,000億ドル相当しかない。これを現金化できる市場は世界に限られ、現金化すれば値崩れを招く。またナビウリナもいうように、ルーブル防衛のために金を売ろうとしても、金をドルに替えられないので、どうしようもない。

　前出のように、ロシアに直接投資をしてきた外資系企業は、軒並み撤退を始めている。その中には、西側の損保等の保険企業も含まれる。ロシアの保険企業では補償規模が限られるため、外資系企業のロシア再進出は容易ではなくなる。航空機リース大手もロシアから撤退するし、部品の供給も断絶するため、ロシアの航空会社は国際線用の機材を失う。

　外資という、進んだ技術、経営手法、高賃金をもたらす存在を失ったロシアは、40年ほど前のソ連時代への逆行を始めるだろう。先端技術の禁輸が強化されたことで、ロシアはAI、あるいは無人運転自動車の時代にも入れないこととなる。中国も先端技術へのアクセスが限定されているので、中国からの輸入に期待することもできない。

　ロシアはソ連時代のように、物質的には西側に数周回後れの文明を生きること

となるかもしれない。

（Japan-World Trends代表　河東哲夫）

対外政策

　22年2月24日のロシアの隣国ウクライナへの軍事侵攻は、第二次大戦後の国際政治を判断する基本的パラダイムを根底から覆し、歴史のフィルムを100年以上巻き戻したような衝撃を世界に与えた。国際政治のあらゆる問題は、今年2月以前の問題でも、このパラダイム転換との関係で考察せざるを得ない。ここでは、「近い外国（旧ソ連諸国）」と「欧米その他の地域」に分けてロシアの外交政策を説明する。最近、ロシアは政策的に中東やアフリカに深入りする余裕はなかったので、そこは簡略にする。

　22年5月9日の赤の広場の軍事パレードが注目された。プーチン大統領は演説で軍事侵攻を正当化したが、むしろウクライナ侵攻の戦死者・負傷者や家族たちへの哀悼の意と気配りが目立った。予想外のロシア軍の苦戦と多い犠牲者による国内での不満を抑えるためだろう。例年と異なり出席者に国外首脳の顔がなかったことも、今のロシアの状況を反映している。対露制裁への対抗措置として、22年4月、5月にロシアが入国禁止者リストを公表した。米国29名、英国17名に対しカナダ69名、日本63名だった。カナダや日本が多いのは、カナダはウクライナ系移民が多く、厳しい対露批判故だろう。日本は、岸田首相の、従来より厳しい対露政策と、北方領土問題関係の政府、国会、民間の諸組織関係者が多数いるためだが、杜撰なリスト作りも指摘される。多くの国がロシア外交官を追放し、ロシアも対抗した。

「近い外国（旧ソ連諸国）」との関係

　まずウクライナ問題だが、NATO東方拡大を最も恐れるプーチンの最重要目的は、この隣国を「非武装中立」化して緩衝地帯にすることだ。しかし非武装中立は現実的には有り得ないので、実際の目的は19年5月に就任した「ネオナチ」ゼレンスキー政権に代る親露政権、すなわちロシアの傀儡政権を樹立することだ

が、5月現在ロシアは予想外に苦戦し、今後の目途が立たない。21年春にロシアはウクライナ国境付近に演習のためと称して大規模な軍隊を結集した。これは一旦引いたが、同年11月以後、十数万の軍隊を再び結集した。また、22年の2月には、合同演習を装い、約3万のロシア軍をベラルーシに送った。

　22年2月21日にロシアはウクライナ東部（ドネツク）地方の、親露派の二つの自称「人民共和国」（ドネツク、ルハンスク）を承認した。これまで承認しなかったのは、「トロイの木馬」として「連邦制ウクライナ」内に残し、同国のNATO加盟を阻止するためだった。しかしミンスク合意１（14年9月）、同2（15年2月）の破綻ゆえにこの目論見は崩れ、軍事侵攻のため両国を承認して、その3日後に「特別軍事作戦」を開始した。名目は「ネオナチ」軍による「親露派住民の大量虐殺」だった。ロシア軍は緒戦で首都キーウ制圧を狙ったが失敗し、目的を東南部地域支配に移した。プーチンには次の三つの誤算があった。①クリミア併合時の経験から、ほぼ抵抗はないと見誤った。②政治経験のない元コメディアンの大統領は戦争事態には無力と軽視した。③「クリミア併合」後のウクライナ国民の愛国心高揚と、国外支援も受けたウクライナ軍の力を軽視し、自国の軍事力を過大視した。

　次にカザフスタンの政変と、それと密接な関係があるとされるロシアの関係について述べたい。カザフスタンではソ連時代から19年までナザルバエフ大統領が独裁権力を握っていた。石油やウランなど豊かな資源ゆえに西側や中国の資本も入り、旧ソ連諸国ではロシアに次ぐ経済大国になった。しかしナザルバエフの長期独裁、彼の親族や彼の取り巻きに高い地位や富が集中したこと、西側の景気後退や14年の国際市場での油価下落がカザフ経済に影響して国民の間に不満が独裁政権にも向けられた。それを察知したナザルバエフは19年3月に大統領のポストを側近のトカエフに譲り、後者は同年6月の選挙で正式に大統領となったが、実際にはナザルバエフの「院政」ともいわれた。最近の西側のエネルギー価格急上昇に連動して、今年正月に国内の燃料価格が自由化され一挙に2倍になり、国民の政権批判のデモ活動が活発化した。トカエフは自らデモ隊に軍事弾圧を加えるとともに、プーチンに独立集団安全保障条約機構（CSTO）軍の出動を依頼した。CSTO軍、事実上ロシアの特務機関軍が短期間であるが初めて旧ソ連諸国に出動した。今回初めてCSTO軍が出動した背景として、プーチン

自身が、ソ連時代以来の長老で操りにくいナザルバエフを無力化させて、プーチンにより忠実なトカエフ政権を強化しようとしたとの説が強い。

　多くの旧ソ連国家の首脳は、ロシア主導のCSTO軍の介入に警戒心を抱いた。独裁者が支配する中央アジア諸国は、ロシアが各国をウクライナ化することも、カザフ化することも警戒している。トルクメニスタンでは、今年3月12日に行われた大統領選で、グルバングル・ベルディムハメドフ大統領の長男のセルダル・ベルディムハメドフ（40歳）が大統領になった。独裁者だった前大統領が、カザフを教訓にロシア支配や国民の長期政権への反発を懸念して、事実上世襲制の政権移譲を急いだとみられる。

欧米その他の地域との関係

　まず米露関係を考えたい。現在のロシアの対ウクライナ政策の責任はもちろん全面的にプーチン政権自体にあるが、見方によっては米バイデン政権もロシアを自己過信に陥らせた。1994年のブダペスト覚書で、米・英・露がウクライナに核兵器廃棄および核不拡散条約加盟と引き換えに、同国の独立、主権、領土保全を保証したことに深刻な問題があるが、プーチン政権以前のことはここでは除外しておく。最近まで、プーチンが本気で脅威と見ているのは、分裂状況の欧州ではなくやはり米国である。

　その米国で、バイデン政権成立後の21年だけでも3度、軍事問題でプーチンを増長させて米国を見くびらせるという失策をし、それが間接的にプーチンの対ウクライナ軍事侵略を後押しした。第1回は、21年1月就任直後にバイデンが新START（戦略兵器削減交渉）の無条件5年延長を発表した。経済力で十数倍勝る米国との軍拡競争を最も恐れていたプーチンは、一方ではまったく予想外の米国の譲歩に大いに驚き喜ぶとともに、他方ではバイデン与し易しとの確信を抱いた。第2回は、同年8月31日に、予定を繰り上げてアフガニスタンから拙速に米軍撤退を実行したことだ。その状況はベトナム戦争でのサイゴン陥落時の米軍撤退を想起させるもので、やはりプーチン政権を強気にした。第3回は、ウクライナ国境でのロシア軍部隊の異例の集中をめぐり世界が騒然としていた12月8日に、バイデンはロシアとウクライナの間で軍事衝突が起きても、「ウクライナへの

軍事介入はしない」と声明したことである。平和主義者として米露戦争や第三次世界大戦を恐れての発言だが、軍事介入に関してはそれを明言しないことが抑止力になり、ロシアの軍事侵攻の可能性を下げるという現実主義的な認識が欠けていた。これらバイデン政権の政策がプーチンに、ウクライナを軍事侵攻しても短期間に目的を達成できる、つまり首都キーウを陥落させてウクライナをロシアの影響下に置けるとの確信を抱かせた。

　ただ、プーチン政権は米国だけでなく分裂状態のEU諸国も見下してウクライナ侵攻に出たがゆえに、バイデン政権やEU、それに日本などからの強い反撃に面した。まず、世界が驚いたことだが、バイデン政権の諜報機関は、一般には公開しないロシア政権のウクライナへの軍事侵攻情報を、侵攻の直近になってその時期もほぼ特定して公開した。にわかには信じなかった世界も、直ぐにバイデン政権の機密情報の正確さに驚かされた。その結果、プーチンが分裂状況と見ていた欧州内だけでなく欧米間でもロシアへの対抗で連帯し、これら諸国の対露経済制裁やウクライナに対する軍事その他の支援を一挙に強化した。また、ロシアが望む事態とは正反対に、22年4月には、スウェーデンとフィンランドがNATO加盟の可能性を表明し、NATO側も受け入れ可能と発言した。つまり、バイデンと欧州を軽視してウクライナのNATO加盟阻止の挙に出たプーチン政権だが、結果的に欧米だけでなく日本の岸田政権も加わった対露制裁の格段の強化と、バルト海周囲がすべてNATO加盟国になる可能性が生じ、ロシアにとって悪夢の事態となった。

　欧米日はSWIFTからのロシア主要銀行排除、ロシアの主要人物の資産の差し押さえ、完成した直後のガスパイプライン「ノルドストリーム（NS）2」の稼働禁止、ロシアのエネルギー資源の禁輸など強力な対露制裁を発動した。ロシアがウクライナに軍事侵攻しても、米国やNATO諸国はNATO加盟国でないウクライナに派兵はしていないが、巨額の人道的および軍事用の支援金と、重火器を含む様々な武器も供与している。

　G7やEUの委員会、議会などは連帯して従来の対露制裁を大幅に強化した。特に目立つのはドイツのショルツ政権の対露政策転換である。メルケル前政権はNS2に前向きの姿勢を示していた。21年12月に社会民主党、緑の党、自由民

主党の連立政権が発足し、社会民主党のショルツ首相、緑の党のベーアボック が外相になった。社会民主党は伝統的に親露的で、NS1、2に対しても、推進派 だった。一方緑の党はNS2に反対していたが、平和主義の伝統があり当初は親 露的だった。ウクライナに対しては、ショルツ首相は2月に軍事費をGDPの2%を 目標に大幅増加を目指すとし、4月にはドイツの米軍基地で対ウクライナ軍事支 援国際会議が米国主導で行われた後、ウクライナへの重火器の供与を決定し た。本来は平和主義の外相も、軍事支援を積極的に支持した。

　ただ、対露制裁、ロシアエネルギーの禁輸、ウクライナへの武器供与などに関 しては、欧米各国の立場や政策は必ずしも一致していない。スウェーデン、フィン ランドのNATO加盟もまだ（5月半ば段階では）決定していない。したがって、今 後のプーチン政権の対欧米政策は、エネルギー資源やその他の資源などを使っ て、あるいは核の脅しも使い、各国の分断やNATO加盟国の増加阻止に全力を 投入することになる。これは基本的には従来も続けてきた政策だが、西側諸国 が対露で結束を強化した状況下では、より重要だがより困難な課題となった。

　3月2日には、国連緊急特別総会決議でロシアのウクライナ侵攻の非難決議に 対して193カ国中141カ国が賛成した。アフリカ諸国54カ国の内、ロシア批判に賛 成しなかった国（反対、棄権、無投票）が約半数あり、近年の軍事支援による露 のアフリカ浸透が注目される。

（袴田茂樹）

北東アジア政策

日露関係

　ロシアの隣国ウクライナへの侵攻は、北方領土問題を抱える日本にとっても衝 撃的な事態であり、日露関係にとっても決定的な転換点となるとみられる。侵攻 が開始された2月24日から2日後の26日、日本政府は欧州連合（EU）などと協調 して対露制裁を発動した。岸田首相は対露関係を見直す考えを表明した。日本 政府が数次にわたって発動している対露制裁は、①金融制裁、②輸出入規制、 ③最恵国待遇の取り消し、④プーチン政権や大富豪オリガルヒに対する資産凍

結、⑤政府関係者らの入国禁止措置などだ。金融制裁では、SWIFTの国際決済ネットワークからロシアの一部の銀行を排除した。輸出規制では、半導体や、軍事用途の230余りの品目に民生品も加えた約300品目を輸出禁止にした点も注目すべきである。特徴的なのは、ロシアのウクライナ侵攻に対する日本国民の反発が高まっており、対露制裁に対する国民の支持が高いことである。共同通信の4月の全国電話世論調査では日本経済や暮らしに影響が出ても「続けるべきだ」との回答が約74％だった。

ロシア政府は対抗措置として、日本との平和条約締結交渉を中断する方針を表明した。ロシア外務省声明では「現在の諸条件下ではロシア側は日本との平和条約に関する交渉を継続するつもりはない」としている。北方四島での日露共同経済活動の協議からの離脱も発表した。

この点で日本国内では誤解が生じている。ほとんどの日本メディアは、ロシア側の発表について「北方領土問題を含む平和条約交渉」と言葉を付け加え、北方領土交渉が中断されたと報じていることだ。

実際には、日本との領土問題の存在そのものを否定しているプーチン政権は、領土問題を盛り込まない「平和条約」の締結を提案してきた。日本政府は交渉の破綻を懸念して、日本国内向けにロシアと北方領土交渉を行っていると説明をしていたに過ぎない。ロシア側が「同床異夢」の交渉を継続してきたのは、日本側に領土返還への幻想を維持させ、安倍・プーチン交渉の「成果」である「8項目の経済協力」や北方領土での「共同経済活動」など、ロシアが望む経済協力の推進が可能になるからである。

日本はウクライナ南部クリミア半島の違法な併合後も、G7などの対露制裁に形式的に参加しつつ、ロシアの望む経済協力を進めながら北方領土交渉の進展を図るという、本来矛盾をはらんだ宥和的な対露外交を進めてきた。ところがウクライナ侵攻という暴挙によって、そうした擬態的な交渉が継続される余地はなくなった。ロシア側はソ連崩壊後の1992年4月に始まった北方領土へのビザなし交流や、1998年から行われている自由訪問も停止した。日本側に責任を転嫁する不当な対応である。

攻撃的な対外行動を強め、国内では専制主義を強めるロシアに対して、宥和

外交はいずれ破綻する可能性が高いとの懸念が一部の専門家に共有されていたが、不幸にもそうした予測は最悪の形で的中してしまったと言わざるを得ない。

　プーチン政権が早期に瓦解する兆候は乏しく、日露関係は、再び中長期にわたる冬の時代に入った可能性が高い。日本国内では荒唐無稽な口実で隣国領土を侵略するロシアに対する脅威認識も高まりそうだ。

中露関係

　ロシアのウクライナ侵攻は中露関係にも重大な影響を及ぼしている。中国は表向き、ロシアを批判せず、支持も表明しない中立的な姿勢を示している。二次制裁を回避しつつ、実質的には苦境にある戦略的パートナーであるロシアを擁護する方針であることは明白といってよいだろう。

　ウクライナ侵攻の20日前となる2月4日、中露は蜜月ぶりを国際社会に誇示していた。プーチン大統領は北京冬季オリンピックの開会式に合わせて訪中し、習近平国家主席と、2年ぶりに対面で首脳会談を行った。北京オリンピックでは、人権侵害を理由に米英豪などが外交ボイコットをしていた。ドーピング問題でロシア政府関係者はオリンピックに原則的に出席できないにもかかわらず習は、プーチンをあえて特別扱いで招待し、さらにはコロナ感染が続く中で、あえてマスクを着用せず会談を行うなどロシア重視の姿勢が目立っていた。

　両首脳は共同声明で、「両国の協力に限界はない」として、無制限の戦略パートナーシップを宣言した。北大西洋条約機構（NATO）の東方拡大に反対を表明し、旧ソ連諸国を「親米欧化」する試みを中止するよう要求した。ロシア側は「一つの中国」の原則を順守することを再確認し、「いかなる形でも台湾が独立することに反対する」立場を示した。

　ロシアがウクライナ侵攻を開始した2月24日、ラブロフ外相は王毅国務委員兼外交部長と電話協議し、「米国とNATO（北大西洋条約機構）が約束に背いて東へ拡大しミンスク合意の実行を拒否しロシアはやむを得ず必要な措置を講じた」と説明した。王毅は、「ウクライナ問題は複雑な歴史的経緯があり、ロシアの安全保障上の合理的な懸念を理解する」と一定の理解を示す一方で、「各国の主権と領土の一体性を一貫して尊重する」として自制を求めた。中国外交部の華

春瑩報道官は同日、「侵攻」ではないとの認識を示した。

　習近平指導部にとりウクライナに対する全面侵攻は想定外だったとみられる。習がプーチンから「特別軍事作戦」について何らかの説明を受け、事態を読み誤った可能性がある。

　米欧日などの国際社会が対露制裁を次々に発動したのに対して習近平国家主席は3月18日のバイデン米大統領とのオンラインでの会談で「無差別の制裁を実施すれば一般市民が苦しむ」などと述べるなど、中国は、制裁に強く反対し、ウクライナに対するNATO諸国による武器供与の拡大にも反対する姿勢を示している。一方、3月2日の国連総会の特別会議では、ロシアに対し軍事行動即時停止を求める決議案を圧倒的な賛成多数で採択したが、中国は採決を棄権した。ロシアのG20からの排除にも反対している。

　3月中旬、欧米有力メディアは、ロシアが中国に対して5種類の軍事装備品の提供を要請したと報じ、ロイター通信は米情報当局が同14日、同盟国に、中国がロシアに軍事的、経済的な支援を行う意思を示したと伝えた。ただ5月3日、バイデン政権当局者は、中国はこれまで軍事、経済支援を行っていないと指摘した。中国は二次制裁の恐れがある直接支援には二の足を踏んでいるとみられる。

　一方で、中国は「正常な経済貿易活動は継続する」との立場をとっており、経済協力、貿易関係は拡大している。すでに21年の中露の貿易総額は前年より約36％増加、過去最高の1,469億ドルを記録した。3月の貿易統計（ドル建て）によると、ロシアからの輸入額は前年同月比で26％増え、3月の中露の貿易総額は前年同月比12.76％増の116億7,000万ドルとなっている。欧米がロシア産の石油、天然ガスの輸入禁止に向かう中、中国は、石油、天然ガスの買い増しを進めるだろう。

　王毅外相は3月7日の記者会見で、対露関係は「国際情勢がどれほど悪化しても協力を前進させる」と明言した。中国は、米国を中心とするリベラルな国際秩序に対抗して、新たな国際秩序を形成するという長期的な戦略があり、ロシアとの戦略的パートナーシップを維持しつつ、米欧とも関係をこれ以上悪化させないために腐心することになろう。中国にとって、専制体制のロシアは重要な存在であるからだ。中国の「ジュニアパートナー化」は回避したいロシアだが、国際的孤立が深まるばかりの状況にあって経済、科学技術など各分野で中国への依存

がますます進みそうだ。

朝鮮半島

　ロシアのウクライナ侵攻を受け、韓国の文在寅大統領は2月24日、「罪のない人命に被害を引き起こす武力の使用は、いかなる場合も正当化できない」と批判し、対露経済制裁に同調する方針を表明した。韓国政府は28日、戦略物資の対露輸出中断や、ロシアの一部の銀行のSWIFTからの排除に参加することなどを盛り込んだ対露制裁の内容を発表した。3月7日にも追加金融制裁を発表した。また韓国は3月2日の国連総会での対露非難決議にも賛成し、ロシア政府は韓国を「非友好国」に指定した。

　一方、ロシアと友好関係にある北朝鮮は、侵攻から4日後の2月28日、「米国と西側による覇権主義政策に根源がある」と米欧を批判し、ロシア支持を表明した。3月2日の国連総会での対露非難決議に反対票を投じたほか、4月7日、国連総会がロシアを人権理事会から追放する決議にも反対した。双方の高官レベルの相次ぐ協議が伝えられ、ロシアが北朝鮮に何らかの軍事的な支援を要請しているとの観測が出ている。

　4月9日、朝鮮中央通信の論評として、ウクライナでのロシア軍などによる多数の民間人殺害は「陰謀の産物」だとして、ロシアの主張に同調し対露制裁を主導するロシアを非難した。

（東京新聞編集委員　常盤伸）

軍事

軍事態勢全般

　ロシア軍は陸軍、海軍、航空宇宙軍の3軍種ならびに空挺部隊および戦略ロケット部隊の2独立兵科で構成され、地理的には西部、南部、中央、東部、北方艦隊の5個管区に分かれて配備されている。各軍管区は平時から統合戦略コマンド（OSK）としての資格を有し、域内の一般任務戦力（SON）を統合指揮するが、戦略ロケット部隊や海・空軍の戦略核部隊、空挺部隊は最高司令部直轄兵力と

してOSKの指揮を受けない。こうした態勢はおおむね2010年代と同様であり、21年1月1日を持って北方艦隊が軍管区に昇格したことが唯一の例外である。

　兵力の定数も17年11月17日付大統領令第555号で規定された190万2,758人（うち、軍人101万3,628人）のままとされている。正確な実勢は明らかにされていないが、21年12月に開催された国防省拡大幹部評議会では全軍の充足率が久しぶりに明らかにされ、「92%」とされた。単純計算するとロシア軍の実際の兵力は93万人強と見積もられるが、『ミリタリーバランス』2022年度版は前年に引き続き、約90万人という推計を維持した。以下の表-1は『ミリタリーバランス』に基づいて各軍種・独立兵科・その他の人員配分を示したものである。

表-1 ロシア軍の構成と人員配分（推定）

軍種	陸軍	28万人
	海軍	15万人
	航空宇宙軍	16万5,000人
独立兵科	戦略ロケット部隊	5万人
	空挺部隊	4万5,000人
その他	特殊作戦軍	1,000人
	鉄道部隊	2万9,000人
	指揮・支援要員	18万人

（出典）*The Military Balance 2022*, The International Institute for Strategic Studies, 2022, p. 192.

　その他、ロシアには大統領直轄の重武装治安部隊である国家親衛軍（34万人）、連邦保安庁の国境警備隊（16万人）と特殊作戦部隊（4,000人）、連邦警護庁（4-5万人）などが存在するが、これらの組織的構成や要員数にも大きな変化は見られない。

軍事・安全保障政策

　21年7月2日、プーチン大統領は、国家安全保障政策の基本文書である『ロシア連邦国家安全保障戦略』の新バージョンを承認した。15年に承認された旧バージョンから数えて6年振りの改定であるが、この改定周期は旧バージョンに

盛り込まれていたものであり、予定通りといえる。内容面では、米国中心の国際秩序やNATO拡大に対する反発、外国勢力による国内不安定化への懸念、経済・社会・科学技術の発展といった基調は旧バージョンから引き継がれた（第2章）。軍事政策に関する言及（第3章中の「国防」の項目）もおおむね旧バージョンと同様であった。

　一方、『国家安全保障戦略』の下位文書として軍事政策の詳細を定める『ロシア連邦軍事ドクトリン』（現行バージョンは14年に承認）については、改定に関する観測がたびたび浮上しながら、現在に至るも実現していない。22年2月にウクライナへの侵攻が開始され、本稿執筆時点でも継続中であることを考えると、改訂作業は事態が収束してからになると思われる。

人員充足態勢・人事

　ロシア軍の軍人は、徴兵（勤務期間1年、無給）と契約軍人（最低勤務期間2年、有給）、そして職業軍人である将校から成る。徴兵については、21年を通じて26万1,500人（春季徴兵13万4,000人、秋季徴兵12万7,500人）とおおむね平年並みであり、このうち25万人前後がロシア軍に配属されたと見られる（残りは国家親衛軍等に配属）。

　契約軍人の数は20年に40万5,000人に達したことが報告されて以来、具体的な数字が明らかにされていない。ただし、21年12月の国防省拡大幹部評議会において、ショイグ国防相は、契約軍人の数が徴兵の「2倍以上」に達したと述べており、これを信じるならば50万人程度と見積もることができよう。また、同評議会では、将校団の充足率が96％とされたから、過去に決定された将校定数（22万人）に変更がなければおおむね21万人程度であると見られる。

　以上の常備兵力に加え、戦時動員を想定した予備役制度がロシアにはある。さらに15年には、予備役の一部に平時から定期的に軍事訓練を受けさせ、即時に兵力増強を可能とする「人的動員予備」制度が発足した。人的動員予備の正確な規模は明らかにされていないが、21年夏は5万人を招集する過去最大規模の予備役動員訓練が行われたと報じられている。

　人事に関しては、公的には目立った変化は見られない。しかし、ロシアのウクラ

イナ侵攻開始後には、作戦失敗の責任を取らされて軍・艦隊司令官級の高級軍人が拘束されたとの報道が相次いだほか、ゲラシモフ参謀総長以下の参謀本部高官も罷免ないしそれに準ずる処分を受けたという説がある。また、今回の戦争では将官を含めて多数の将校が戦死していることから、今後の軍内人事には大きな変動が予想されよう。

軍事支出

　21年度連邦予算において大項目02「国防」に割り当てられた金額は、公表分で1兆8,000億ルーブル強に過ぎない。しかし、これは機密指定分を除いた数字であって、連邦予算法の審議過程で下院国防委員会が作成した文書を見ると、実際には3兆3,814億ルーブル（対GDP比2.7%、対連邦予算比14.4%）であったことがわかる。

　これに続いて策定された22年度連邦予算および23-24年度連邦予算計画を見ると、国防費は3兆5,000億-8,000億ルーブル程度まで増額される計画であるが、これは一定程度の経済成長が確保されるという見通しに立ったものであろう（絶対額が増加するにもかかわらず、対GDP比は2.5-2.7%とされている）。したがって、ウクライナ侵攻後の対西側関係悪化がロシアの経済状態にどの程度の影響を及ぼすかは、軍事力を下支えする国防費の額を大きく左右し、結果的にロシアが維持可能な軍事力の規模をも規定すると見込まれる。

　なお、各年度の国防費の額およびその内訳等については表2および表3に示したが、いずれも法案審議過程における暫定的な数字であることを諒解されたい。

表-2　2020-24年のロシアの国防費（案）

	2021年	2022年	2023年	2024年
総額（100万ルーブル）	3,381,400.1	3,510,419.6	3,557,223.3	3,811,775.5
対GDP比（%）	2.7	2.6	2.5	2.5
対連邦予算比（%）	14.4	14.8	14.5	15.2

（出典）2022-24年度連邦予算法の策定過程における下院国防委員会決議

表-3　2020-24年のロシアの国防費（案）の内訳

大項目	中項目	2021年	2022年	2023年	2024年
国防 (02)	ロシア連邦軍 (02-01)	2,471,765.9	2,592,845.8	2,613,274.9	2,671,401.3
	動員および部隊 外訓練 (02-03)	7,378.2	16,339.0	16,742.8	17,193.4
	経済の動員準備 (02-04)	2,944.1	2,920.7	2,897.9	2,897.9
	核兵器コンプレックス (02-06)	45,451.4	49,765.7	49,265.7	56,169.8
	軍事技術協力の分野における国際的義務の履行 (02-07)	18,377.5	14,831.3	15,138.1	15,414.9
	国防の分野における応用科学研究 (02-08)	415,949.8	404,540.5	354,885.3	336,868.2
	国防の分野におけるその他の諸問題 (02-09)	411,121.1	429,176.7	505,018.6	711,832.0

（出典）2022-24年度連邦予算法の策定過程における下院国防委員会決議

装備調達

　ロシア軍向けの国家国防発注（GOZ）費は年間1兆5,000億ルーブル前後で推移していると見られ、2010年代後半からおおむね変化していない。この間のインフレ率を考慮すると実質的な購買力は低下していると考えられ、特に第5世代戦闘機や新型装甲戦闘車両等の高価な装備品の配備ペースは非常に薄い。

　こうしたなかで、ロシア軍は、既存の装備品に対する近代化改修や、その改設計型の調達等を装備更新の中心に据えるようになった。ウクライナ侵攻ではロシア軍の装備が膨大な損失を出したことから、今後はより高性能な新型兵器の需要が高まろうが、それだけの調達能力があるかどうかはかなり政治的な影響を受けよう。また、民生産業の弱いロシアは、半導体等の電子部品、ソフトウェア、工作機械等を西側諸国にかなり依存している。この意味ではロシアの軍需産業

も国際的なサプライチェーンの上に成立してきたのであって、今回の戦争はその繋がりを自ら断ち切るものであったといえよう。

訓練・軍事活動

　21年初頭、ウクライナ国境周辺ではロシア軍の大規模な兵力集結が観察され、軍事的緊張が高まった。4月に入るとショイグ国防相が部隊の撤退を命じ、政治的には緊張緩和へと向かったものの、ウクライナ国境周辺に集積された装備品や物資の多くはそのまま残置されたと見られる。

　さらに同年夏から秋にかけてはロシア軍が再びウクライナ周辺に集結し始めた。これについては、西部軍管区大演習「ザーパド2021」に関連した動きであるとの見方もあったが、実際には演習終了後もロシア軍は撤退せず、むしろ中央軍管区や東部軍管区といったシベリア・極東の部隊が続々とウクライナ国境付近に展開した。このようにして集結した兵力は、22年2月の開戦時点でおよそ15万人（約125個大隊戦術グループ基幹）とされ、このほかに2-4万人程度の国家親衛軍部隊や親露派武装勢力が動員されたと見られている。

　ただし、対するウクライナ軍は同時点で19万6,000人の兵力を有する旧ソ連第2位の軍事力であり、このほかに国家親衛軍6万人を擁する。また、ゼレンスキー政権は開戦と同時に総動員令を発令したため、相当数の民間人が予備役として軍務に召集された可能性が高い。当初の予想に反してウクライナ軍が頑強な抵抗力を示し、ロシアの侵攻計画を大きく狂わせ得た大きな理由の一つがこの兵力比であろう。

　他方、ロシア側は22年5月までに2,000発以上の長距離精密誘導兵器を発射し、都市部に対する無差別砲爆撃も併用してウクライナ側の戦意喪失を図ったが、これは成功しなかった。偽情報を用いた認知領域作戦、サイバー攻撃によるインフラ破壊といった闘争手段も今回の戦争ではあまり大きな効果を挙げていないように見受けられる。無人航空機（UAV）はロシア、ウクライナ双方ともに大々的に実戦投入し、成果を挙げているが、同時に対UAV用攻撃・妨害手段も多数実戦投入された。

　ロシアのウクライナ侵攻がいつまで続くのか、どのような形で終結するのは見

通し難い。ただ、ロシア軍はこの戦争で2万人以上ともいわれる戦死者を出すとともに、戦車をはじめとする膨大な重装備を喪失しており、これだけの損害から回復するには少なくとも数年を要しよう。ただ、諸外国から厳しい経済制裁や技術移転制限を受けている中で、軍事力を再建するための資金やデュアルユース技術の調達にはかなりの制約がつきまとうと予想される。特に豊富な資金力と幅広い工業・化学技術力を持った中国がどこまでロシアとの関係を深化させるかがひとつの鍵になると思われる。

　なお、22年秋には東部軍管区で大演習「ヴォストーク2022」が開催予定であるが、戦時下においてどの程度の規模の演習を行えるのか、中国が人民解放軍を派遣するのかどうかなどが焦点となろう。

（東京大学先端科学技術研究センター専任講師／
平和・安全保障研究所研究委員　小泉悠）

第5章　朝鮮半島

概　観

　韓国では、2022年3月に大統領選挙が実施され、保守系最大野党「国民の力」の尹錫悦候補が勝利した。しかし、勝利は僅差であり、少数与党の状態が続くため、対日関係における譲歩など、世論の反発が予想される政策の推進は難しいとみられている。

　米韓首脳会談等の共同声明には、対中国を意味する「インド太平洋」や「台湾海峡」が入るようになってきた。ただし、文在寅政権は、米国のインド太平洋戦略への協力をあくまでも「模索」するものに留めており、日米とは温度差がある。

　日韓関係は文在寅政権の5年間で、慰安婦、旧朝鮮半島出身労働者、竹島に加え、韓国向け輸出管理の強化、GSOMIA、自衛艦旗、レーダー照射事案等をめぐる新たな問題が生じ、「戦後最悪」といわれるほど悪化した。

　韓国軍は、「全方位の安保脅威」に対応するため、ミサイル攻撃および防衛力強化に加え、それらを支える偵察・監視能力の確保を推進している。米韓連合軍は、18年以降の米朝・南北対話、新型コロナウイルスの状況から、訓練を中止または縮小する状態が続いている。尹次期大統領は米軍との実動演習の再開を考えていることを明らかにした。

　北朝鮮では、金正恩体制が発足してから10年が経過した。金正恩総書記は体制発足に際し、人民が「富貴栄華」を享受できるようにすると宣言したが、10年後の記念行事に際して提示した成果は、功労者に下賜する「豪華住宅」800世帯と首都市民に供給する1万世帯の住宅という、可視的ではあるが、部分的なものに留まった。

　第8回党大会で改正された党規約では、金日成・金正日とともに金正恩の氏名が削除され、個人崇拝を脱して組織決定による政治運営を志向していることが窺われた。また、党中央軍事委員会が軍を指揮することを明記し、党の軍に対する優位が明確になった。

　対米関係では、北朝鮮は米国の対朝鮮敵対視政策の転換を要求して米国の対話再開の呼び掛けに応じず、その一方で新型短距離弾道ミサイルなどの発射を活発化させた。また、18年の初の米朝首脳会談に際して決定した核実験とICBM発射実験のモラトリアムの再検討を表明し、22年3月には、新型ICBMの発射実験を敢行した。

　南北関係では、残り任期1年となった韓国の文在寅大統領が金正恩総書記に親書を送って南北対話の再開を模索したのに対し、北朝鮮は、20年に断絶した南北通信連絡線を再開することで応えたが、朝鮮戦争の終戦宣言の採択を呼び掛けた文大統領の米国に対する説得を見守ることに終始し、対話の再開に応じることはなかった。

　北朝鮮は、韓国における近年の軍事力の増大に加え、米韓同盟と対北抑止を重視する保守派の尹新政権に対し、有事における核兵器の使用を示唆して牽制するなど、警戒を強めている。

（東京国際大学特命教授／平和・安全保障研究所研究委員　伊豆見元）

韓国（大韓民国）

内政

　文在寅大統領の支持率は、2021年4月第5週の調査で29％まで低下していたが、徐々に回復し、22年4月までの1年間、おおむね40％前後で推移した。支持率は政権末期に向けて低下する傾向にあるが、歴代大統領（金大中、盧武鉉、李明博）に比べ、文大統領はおおむね10-15％高い水準を維持した（韓国ギャラップによる）。

　その背景には、19年末の新型コロナウイルスの発生以降、反政府集会が感染拡大への懸念から禁止・批判の対象となり続けたことと、新型コロナウイルスへの対策に成功する中、20年4月の総選挙で与党が大勝利したことがある。これらにより、安定的な政権運営が可能になった。新型コロナウイルス発生前の19年後半、文大統領側近の不正や経済・社会問題への不満から数万人規模の反文在寅集会がソウル市中心部で開かれるようになり、政権運営が難しくなると予想されていたが、新型コロナウイルスが状況を変えたのである。

　その後も文政権は、外交や新型コロナウイルスへの対応が評価された。21年5月、米韓首脳会談で、バイデン大統領は、半導体、バッテリー、5Gなど経済分野における韓国政府・企業の役割に大きな期待と感謝を表明した。安定的なサプライチェーンの維持に世界の関心が高まる中、韓国が経済分野で非常に高く評価されるようになったことが明らかになった。また、文大統領は21年6月のG7首脳会談（英国）にゲストとして招待された。9月には人気アイドルグループ「BTS」と国連総会に出席し、10月にはG20首脳会談（イタリア）に参加した。韓国政府は、世界が韓国の経済力、コロナ対策、韓流文化コンテンツを称賛しているとして、貧しかった韓国が主要国と肩を並べるようになったと国民にアピールした。他方、国内からの反発の恐れがある対日関係改善に動くことはなく、むしろ日本の韓国向け輸出管理の運用見直しに対して、国産化により危機を克服し、購買力平価基準での国内総生産では日本を追い越したとアピールした。

　新型コロナウイルス感染者数は、低調に推移した。保健福祉部は、ワクチン接種率の向上とそれによる死亡率の低下、自営業者をはじめとする経済への打撃、

学習機会の損失、医療機関への負担など社会的な疲労感を考慮して、「ウィズコロナ」に向けた「段階的日常回復移行計画」を21年10月29日に発表し、11月より防疫措置を緩和した。しかし、オミクロン株の流行により、22年1月には1日の新規感染者数が1万人を、2月の旧正月連休後には5万人を超え、3月には20万人以上を記録するようになった。3月は大統領選挙に向けて選挙集会が各地で行われ、3月17日午前0時時点で約62万人を記録した。

　しかし、患者数の増加が大きな政権批判に繋がることはなかった。韓国ギャラップが22年4月に行った調査によると、20年に比べ、行事などを自粛していると答えた人がおおむね半減しており、新型コロナウイルスに対する韓国国民の恐怖心や警戒心は低下していることがわかった。国民の関心は、対策強化よりも、日常生活の回復や大統領選挙・次期政権に移っていたとみられる。

　大統領選挙は22年3月9日に実施され、保守系最大野党「国民の力」の尹錫悦（ユン・ソンニョル）候補が与党「共に民主党」の李在明（イ・ジェミョン）候補に勝利した。尹は、検察総長を務め、権力者の報復を恐れず、歴代政権の不正を追及してきた。その姿が称賛され、文政権との対立の末、政治経験はないものの、最大野党の大統領候補となった。文政権の5年間で若者を中心とした生活・雇用問題は解消されず、不動産価格も高騰し、政権交代を求める声が高まっていた。尹候補は、文政権の失政、政権交代を訴え、夫人の学歴詐称等のスキャンダルや党内対立、中道野党「国民の党」安哲秀（アン・チョルス）候補との一本化をめぐる対立で苦戦しつつも、最終的には安候補との一本化に成功し、勝利した。

　ただし、勝利は僅差であり、国会も少数与党の状態が次の総選挙がある24年まで少なくとも続くために、厳しい政権運営になるとの見方が多い。対日関係における譲歩など、世論の反発が予想される政策を進めるのは、難しいとの指摘がある。

　22年3月20日、尹次期大統領は、5月10日の就任式までに大統領執務室を現在の青瓦台から龍山の国防部庁舎に移転すると発表した。国防部は隣の合同参謀本部の庁舎に移る。合同参謀本部の庁舎は米韓連合司令部が移転してくる計画があったが、同司令部は最終的に平澤（ピョンテク）に移転することになったため、空間に余裕があるという。合同参謀本部は戦争指揮本部があるソウル市南部の南泰嶺（ナムテリョン）に移動する計画である。

　尹次期大統領は、青瓦台は「帝王的権力の象徴」であり、「本館と秘書棟が離れており、大統領と参謀のコミュニケーションが円滑に行えない」と説明した。また、青瓦台はソウル北部の市民と離れた場所にあるが、龍山はソウル市中心部にあり、国民とのコミュニケーションを取りやすいという。

　もともと、大統領執務室の移転は、文大統領が17年5月の大統領選挙で公約に掲げ、警備上の問題で断念したものである。尹次期大統領は、文大統領ができなかったことを国防部に移転するという方法で実現しようとした。

　22年3月21日、韓国大統領府は、「朝鮮半島の安保危機が高まっており」「安全保障に空白と混乱をもたらす恐れがある」として反対的立場を表明した。北朝鮮がミサイル発射を繰り返し、核実験場の再整備の動きをみせる中、4月は金日成生誕110年を祝う北朝鮮のイベント、大規模な米韓連合演習などが予定されていた。与党も安保不安を増幅し、予算を浪費するとして反対した。

　また、22年5月3日、文大統領は、国会で可決された検察の捜査権を縮小する検察改革関連法案の公布を政権最後の閣議で決定した。文大統領は、政権発足当初から、検察の大きすぎる権力を分散することで権力の均衡を保つべきとして、権力機関の制度改革を続けてきていた。韓国では、歴代大統領が政権交代後に検察の捜査によって逮捕されることが繰り返されてきた。また、文大統領が恩師とする盧武鉉元大統領も検察の捜査に追われ自殺したといわれている。そのため、強行採決に世論の批判があろうとも、最後に推進したとみられる。

米韓関係

　米韓両国の国防長官は、21年12月2日、第53回米韓安保協議会議（SCM）を開催した。共同声明において、米韓同盟は、前年の「朝鮮半島と北東アジアの平和と安定の核心軸」から「インド太平洋地域の平和と安定の核心軸」に同盟の範囲が、表現上、拡大した。21年5月の米韓首脳会談の共同声明に反映された「台湾海峡における平和と安定維持の重要性」も再確認された。このように、米韓の声明には、対中国を意味する「インド太平洋」や「台湾海峡」が入るようになってきている。

　ただし、中国に対して、韓国は報復を恐れて消極的といわれることが多い。米

韓首脳会談の共同声明にも、SCM共同声明にも、日米首脳共同声明に見られるような中国に対する名指し、南シナ海、人権状況に関する懸念表明は一切ない。徐旭（ソ・ウク）国防長官は共同記者会見で米韓同盟を「インド太平洋」と表現せず、「朝鮮半島と北東アジアの平和と安定の核心軸」と発言しており、同時期に安倍元首相が、中国が台湾を攻撃すれば日本は台湾を支援する旨述べたことについて韓国も同じかと記者に問われ、主に北朝鮮の脅威について協議したのであり、特定の国の脅威を協議したというより、韓国の新南方政策と米国のインド太平洋戦略の間の協力を「模索」していると述べた。あくまでも「模索」に留めており、「インド太平洋」の平和と安定にともに協力することを強調する日米とは温度差があることがわかる。

　他方、21年12月のSCM会議で、米韓両国の国防長官は新たな戦略企画指針（SPG）を承認した。徐国防長官によると、同指針は、「変化した戦略環境により効果的に対応するための作戦計画の発展に必要な指針」を国防長官から軍に示す文書である。現在の指針は2010年のものであるため、それ以降の北朝鮮の脅威の変化等に合わせる必要がある。『朝鮮日報』によると、米韓両軍は、北朝鮮の核兵器、新型ミサイル、SLBM、極超音速兵器等の新たな脅威を1-2年かけて分析・評価し、それに対応するための作戦計画を作成する。また、米韓連合軍司令部が22年末までにソウルから平澤に移転することが決定された。これにより、在韓米軍のソウルからの移転は完了となる。

　22年4月28日、バイデン大統領と尹大統領の首脳会談が5月21日に韓国で開かれることが発表された。尹政権は、米国との関係強化に積極的であり、朴振（パク・ジン）外相候補者が4月上旬にワシントンを訪問し、大統領の訪韓を要請していた。大統領就任式から11日目の首脳会談となり、歴代で最も早く、また、韓国大統領が訪米するよりも先に米大統領が韓国を訪問するのは1993年以来である。日米豪印首脳会談が5月24日に日本で開催されるためであるが、それに先駆けた韓国訪問となる。

日韓関係

　文政権の5年間、日韓関係は、慰安婦、旧朝鮮半島出身労働者、竹島に加え、韓国向け輸出管理の強化、GSOMIA、自衛艦旗、レーダー照射事案等をめぐる

新たな問題が生じ、対立が歴史・領土問題から経済・人的交流・防衛まで拡大した。根底にある歴史認識の違いから感情的対立が深まり、歩み寄りが困難になった。文政権最後の1年間も、日韓関係は大きく改善することはなく、佐渡金山の世界文化遺産登録をめぐる新たな対立も生じた。

日韓両首脳は21年6月12日、G7サミットの際に挨拶のみを交わし、会談が行われることはなかった。また、文大統領の東京オリンピックに合わせた訪日もなかった。韓国大統領府は7月19日、「東京オリンピックを契機とした日韓の首脳会談を念頭」に「歴史懸案に対する進展と未来志向的協力の方向」について協議してきたが、「首脳会談の成果にするには依然として不十分」であるなどとして訪日しないことを決定したと発表した。

旧朝鮮半島出身労働者問題に関しては、21年9月27日および12月30日、韓国の裁判所が、日本企業の資産に対する売却命令を決定した。同決定は、第二次世界大戦中に日本企業で労働していた韓国人に対する賠償を命じた18年の韓国大法院（最高裁）判決を受けた決定である。日韓は、1965年の日韓請求権・経済協力協定で日本から韓国への無償3億米ドル、有償2億米ドルの経済協力とともに完全かつ最終的に解決したことで合意している。そのため、日本政府は、国際法違反であり、日本企業に不当かつ不利益を負わせ、日韓の友好協力関係を覆すものとして受け入れられないとしてきた。実際の売却は行われていないものの、日本企業の資産の現金化に向けた手続きが進められた。

21年11月16日、韓国警察庁長官が竹島に上陸し、日本政府はこれに強く抗議した。日米韓は、ほぼ同時期の11月17日にワシントンで行われていた次官級協議で北朝鮮や中国に対する3カ国の緊密な協力について議論したが、会談後に予定されていた共同記者会見は中止となった。単独記者会見をしたシャーマン国務副長官はその理由について「日韓の間で相違点があった」と説明した。松野官房長官は、竹島上陸に対して「韓国側に強く抗議をしている中」、「実施することは不適当と判断」して中止したと述べた。

他方、世界遺産をめぐる対立もみられた。22年1月28日、岸田首相は佐渡金山の世界文化遺産登録に向けての検討した結果、ユネスコに申請することを発表した。これに対して、韓国外交部は同日、「第二次世界大戦時の韓国人強制労役

被害の現場」であるとして「強い遺憾」を表明し、「中断を厳しく求める」とする報道官声明を発表するとともに、在韓日本大使を召致し、抗議した。また、15年に世界遺産登録された長崎県の端島（軍艦島）を含む明治日本の産業革命遺産について、日本政府は「意思に反して連れて来られ、厳しい環境のもとで働かされた多くの朝鮮半島出身者等がいた」ことなどが理解できるようにすることを表明し、履行したが、韓国側は不十分であるとし、「忠実に履行することが先行しなくてはならない」として、佐渡金山の世界文化遺産登録に反対の立場を表明した。対立がみられた佐渡金山の世界文化遺産登録の審議・決議は、文化庁によると、23年6-7月頃になる予定である。

韓国軍

　韓国軍は、北朝鮮の核・ミサイルの脅威をはじめとする「全方位の安保脅威」に対応するため、ミサイル攻撃および防衛の能力強化に加え、それらを支える偵察・監視能力の確保を推進している。

　ミサイル攻撃能力については、すでに弾道ミサイルに加え、巡航ミサイル等の各種ミサイルを保有している（表参照）。

表　韓国が保有する主なミサイル

玄武1（ヒョンム）		180km	弾道ミサイル
玄武2	a	300km	弾道ミサイル
	b	500km	
	c	800km	
玄武3	a	500km	巡航ミサイル（地対地）
	b	1,000km	
	c	1,500km	
玄武4		800km 弾頭2トン以上	弾道ミサイル
KTSSM		120km-290km	弾道ミサイル
海星2（ヘソン）		1,000km	巡航ミサイル（艦対地）
海星3		1,000km	巡航ミサイル（潜対地）
タウルス		500km	巡航ミサイル（空対地）

※ KTSSM:韓国型戦術地対地ミサイル
※ 聯合ニュース等による

　さらに、21年9月15日、韓国は、独自開発した潜水艦発射弾道ミサイル（SLBM）の潜水艦からの発射に成功した。また、「長距離空対地ミサイル」、「超音速巡航ミサイル」、「高威力弾道ミサイル」の試験発射映像も公開された。文大統領は、同潜水艦の名前の由来である独立運動家の島山安昌浩（トサン・アン・チャンホ）が1921年に「われわれが信じて願うのは、われわれの力のみ」と述べたことを紹介しつつ、その「100年後の今日、誰も揺るがすことができない自主国防の力量をさらに固めた」「ミサイル戦力増強こそが北朝鮮の挑発への確実な抑止力」であるとして、軍事力を重視する姿勢を新ためて強調した。

　22年4月1日、韓国軍は「陸軍ミサイル司令部」を「陸軍ミサイル戦略司令部」に改編した。韓国政府は改編理由について、「米韓ミサイル指針」の終了（21年5月22日）にともない、韓国軍が開発・運用するミサイルの射程と弾頭重量などの制限が解除されることを受けて、より向上したミサイル能力を実効的に運用するためとした。また、名称に「戦略」を入れることにより、その任務を現在の地域的意味が強調された「敵地縦深作戦地域での打撃作戦」に限定された任務から、国家安全保障を脅かす敵の戦略的中心などに対する打撃を包括する「戦略的・作戦的標的打撃任務」に拡大・発展させると説明した（大統領令第32560号2022年4月1日制定・改定理由参照）。

　徐国防部長官は改編式で、「（北朝鮮の）ミサイル発射の兆候が明確な場合は、発射地点と指揮・支援施設を精密打撃できる能力と態勢も備えている」と述べた。韓国メディアは、北朝鮮に対して「先制攻撃」の可能性を警告したなどと報じた。「先制攻撃」については尹次期大統領も22年1月17日、「キルチェーンと呼ばれる先制打撃能力を確保する」と言及した。これらの言葉は文政権が北朝鮮への配慮から可能な限り言及を回避してきたものである。

　同時に、韓国軍は「空軍防空誘導弾司令部」を「空軍ミサイル防衛司令部」に改編した。名称に「ミサイル防衛」を入れることにより、ミサイルの迎撃を重視し、現在、「領空および軍事主要施設に対する地対空防御」に限定されている任務を「戦略的・作戦的空中脅威の監視と複合・広域多層ミサイル防衛および地域防空」に拡大・発展させると説明している（大統領令第32561号2022年4月1日制定・改定理由参照）。

韓国軍は、弾道ミサイル迎撃のため、すでに米国製ペトリオットミサイルのほか、独自に開発した中高度の迎撃ミサイル「中距離地対空誘導兵器（M-SAM、天弓）」を保有している。22年2月28日、国防部は、開発中の高高度の迎撃ミサイル「長距離地対空誘導兵器（L-SAM）」および低高度を飛翔する北朝鮮の長射程ロケットを迎撃するミサイル「長射程砲迎撃システム」（「韓国型アイアンドーム」とも呼ばれる）の飛行試験映像を公開した。尹次期大統領は、選挙期間中、米国の終末高度防衛ミサイル（THAAD）の追加配備必要性に言及した。同ミサイルは現在、在韓米軍に導入されており、中国が強く反発したものである。

　他方、偵察・通信衛星等の打ち上げに必要な運搬ロケットの開発も進んでいる。21年10月21日、韓国は、大型衛星の打ち上げに有利とされる液体燃料を利用した初の国産ロケット「ヌリ号」を打ち上げた。打ち上げは順調に進んだが、最後の模擬衛星の軌道投入には失敗した。

　韓国国防部は22年3月30日、小型の衛星打ち上げに有利とされる固体燃料を利用した初の国産ロケットの発射試験に成功した。国防部は「宇宙領域が国家安保に重大な影響を与える革新領域である」として「宇宙戦力の早期確保を進める」と発表した。

　22年2月のロシアのウクライナ侵略について、韓国は対露制裁に同調したが、武器以外の支援を行った。ウクライナのゼレンスキー大統領が韓国国会で行った演説では空席が目立った。ウクライナ支援に消極的な背景について、世界の平和と安定に対する韓国の低い関心、ロシアで活動する韓国企業への影響、ロシアからのエネルギー輸入、北朝鮮問題におけるロシアの協力の必要性が指摘された。

　22年国防予算は、前年度比3.4％増の54兆6112億ウォンとなった。

韓国の国防予算

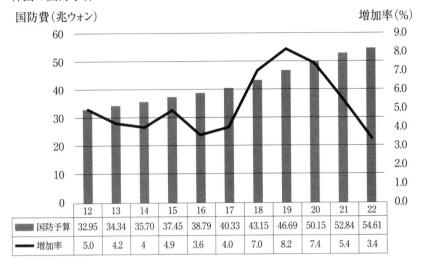

	12	13	14	15	16	17	18	19	20	21	22
国防予算	32.95	34.34	35.70	37.45	38.79	40.33	43.15	46.69	50.15	52.84	54.61
増加率	5.0	4.2	4	4.9	3.6	4.0	7.0	8.2	7.4	5.4	3.4

資料源：韓国国防部HP

米韓連合軍

　米韓連合軍は、18年以降の米朝・南北対話、新型コロナウイルスの状況から、訓練を中止または縮小する状態が続いている。21年、米韓連合軍は、新型コロナウイルスの影響によって縮小された上半期の訓練よりもさらに縮小して下半期連合指揮所訓練を8月16日から9日間（土日を除き26日まで）実施した。米軍が現在保有する韓国軍の戦時作戦統制権の韓国への移管に必要な韓国軍司令官による米韓連合軍の完全運用能力（FOC）の検証は実施できなかった。文大統領は任期内に移管を実現するとしていたが、断念せざるを得なくなった。

　他方、北朝鮮によるミサイル発射を受けて、米空母による演習が実施された。米第7艦隊は、北朝鮮による21年9月以降に繰り返されたミサイル発射、特に22年の2月27日と3月5日のICBM発射に対して「同盟国に対する米国の決意と確約を示す」ため、米インド太平洋軍が22年3月15日、黄海において軍事演習を実施したと発表した。演習には、フィリピン海にいた空母「エイブラハム・リンカーン」から飛び立った第5世代のステルス戦闘機F-35や第4世代の戦闘機FA-18のほか、周辺地域に展開している空軍機が参加した。米第7艦隊は、「韓国と日本の

防衛に対する確約は揺るぎないもの」であると説明した。

　また、同空母は、22年4月12日、日本海で自衛隊と共同訓練を実施した。韓国聯合ニュースは、米空母が日本海に入るのは、北朝鮮による核実験とミサイル発射によって緊張が高まっていた17年以来であり、核・ミサイル活動を再開した北朝鮮への警告であると報じたほか、韓国軍合同参謀本部議長および在韓米軍司令官が4月14日に同空母に乗船したと報じた。

　韓国軍合同参謀本部は22年4月17日、毎年定例の指揮所演習である上半期米韓指揮所訓練を18日から9日間（土日を除き28日まで）実施し、実動訓練はないと発表した。

　文政権で訓練が十分に行われてこなかったことについて、『中央日報』は22年4月12日、次期政権では「正常化」しなくてはならないとの軍高位関係者の言葉を報じた。また、李鐘燮次期国防部長官も「訓練しない軍隊は存在意味がない」と述べた。さらに尹次期大統領も 『ウォールストリート・ジャーナル』とのインタビュー（4月24日）で米軍との合同実動演習の再開を考えていることを明らかにした。

（防衛省　平田悟）

北朝鮮（朝鮮民主主義人民共和国）

金正恩執権10年、「核抑止力」強化を誇示も「人民生活向上」は未達成

　22年4月、北朝鮮は、金正恩が党と国家の最高職位である党第一書記（党総書記）と国防委員会第一委員長（国務委員長）に就任してから10年を迎えた。

　10年前の12年4月、就任直後の金正恩は、金日成生誕100周年慶祝閲兵式で初の公開演説を行い、「軍事技術的優勢はこれ以上帝国主義者らの独占物ではなく、敵が原子爆弾で我々を威嚇恐喝した時代は永遠に過ぎ去った」と述べて核開発の成果を強調するとともに、「我が人民が再びベルトを締め上げず、社会主義富貴栄華を思う存分享受するようにしようというのが我が党の確固たる決心」と述べて人民生活の向上に注力することを表明した。それから10年、北朝鮮は22年3月、新型ICBM（大陸間弾道ミサイル）発射実験を実施し、金正恩総書

記は「共和国の新たな戦略武器の出現は、全世界に我が戦略武力の威力を今一度認識」させ、「我が自立的国防工業の威力に対する一大誇示となる」と強調し、この10年間で核抑止力を備えるに至ったことをアピールした。一方で人民の「富貴栄華」は実現しておらず、金日成生誕110周年に際して示したのは、平壌市内の1万戸の集合住宅と金日成邸宅跡地の「功労者」向け高級住宅800戸のみで、可視的ながらも局地的な成果に止まった。10年前と異なり、閲兵式の開催を金日成生誕日の4月15日から25日の「朝鮮人民革命軍」創建90周年に移したのは、金正恩の演説から経済面の内容を回避する思惑があったと考えられる。

　経済については、国連制裁と新型コロナウイルスによる国境封鎖、自然災害のいわゆる「三重苦」が続いており、21年6月には20年の台風被害による食糧生産計画の未達成を自認し、備蓄食糧を緊急放出する金正恩の「特別命令」を出して端境期の食糧不足への対応に追われた。金正恩は、9月の施政演説で主食作物の構成を「コメとトウモロコシ」から「コメと麦」に転換する構想を表明し、続く12月の党中央委第8期第4回会議で農村建設の振興策を打ち出し、食糧問題の解決に力を入れる姿勢を示した。また、22年1月から北朝鮮の新義州と中国の丹東の間の貨物列車の運行を部分的に再開し、物資輸入の拡大を図ったが、丹東で新型コロナウイルス感染が拡大し、4月末に運行が中断した。国境封鎖による北朝鮮版「ゼロコロナ」政策を改める様子は見られず、制裁緩和の見通しも立たないなか、北朝鮮は「自力更生・自給自足」の経済運営を継続することとなる。

党意思決定機構の運営正常化

　金正恩執権10年で起きた変化の一つとして、朝鮮労働党の意思決定機構の運営が正常化され、党決定の執行が強調されるようになったことが挙げられる。

　朝鮮労働党は、21年1月の第8回党大会における規約改正で「5年に1回」の大会開催規定を復活させ、これを契機に「5年を周期として1回ずつ大きく跳躍する」（5月、金正恩）などと「5年」の時間枠を強調するようになった。また、6月と12月に党中央委員会議を開催し、「半年」「1年」の周期で活動を総括し、次期の計画や方針を立てることを定例化させつつある。これらの会議では、決定書の

採択に先立って出席者による協議会や分科会を開催して草案に対する検討を行うなど、組織的意思決定の形を取るようになり、会議後には「党決定」の執行が強調された。元日恒例の金正恩総書記の「新年の辞」が22年で3年連続行われず、年初の政策方針が党大会や党中央委員会の決定発表の形で行われたことは、こうした文脈の延長線上にあるとみられる。

　党の意思決定機構の正常化とともに、金正恩が占める「党総書記」の位置付けにも変化が現れた。改正された党規約によれば、第7期の「党委員長」は「最高領導者」と規定していたが、「党総書記」は「首班」と規定され、個人独裁より集団の代表という位置付けが濃くなった。21年6月に韓国で公開された改正党規約については、金日成と金正日の氏名と業績に関する記述がすべて削除され、「金日成・金正日主義」というイデオロギー名にその名が残るのみとなったことが注目されたが、さらに重要なことは、金正恩の氏名もまた削除され、「首班」に置き換えられたことである。その結果、党の性格を示す序文の記述が「朝鮮労働党は、偉大な首領たちを永遠に高く奉じ、首班を中心として組織思想的に強固に結合した労働階級と勤労人民大衆の核心部隊、前衛部隊である」と改められたが、これは、「首領」である金日成の血統を奉じる限り、「首班」である党総書記は血統以外の人物にも開かれているとの解釈を可能にしたといえる。また、党中央委員会に新たに「第一書記」を設置し、「第一書記は朝鮮労働党総書記の代理人である」と規定したことが判明したが、これもまた血統以外の人物に統治を委任する道を開くものといえよう。ただし、「第一書記」に特定の人物が就任していることは、今のところ確認されていない。

　朝鮮労働党のこうした変化は、表舞台における金正恩の権威の強調の影に隠れて見えづらいが、「首領」のカリスマと無謬性を前提とした硬直した党運営を脱却し、他の社会主義政党と同様の社会主義システムに依拠した統治への移行を企図している可能性がある。労働党あるいは金正恩が堅実な体制運営のために専門官僚の動員をより強化することを志向するならば、将来的には企業における所有と経営の分離のように、金日成の血統の権威のもとに専門官僚が集団的に統治するような形態を模索する可能性も否定できないであろう。

党と軍の関係の変化

　金正恩執権10年におけるもう一つの変化は、「先軍政治」が終わり、軍に対する朝鮮労働党の優位が強化されたことである。「先軍政治」の終焉については、すでに統治の談論から「先軍」という用語が無くなっていたことから窺われるところであったが、党規約の改正により、党の基本政治方式を「先軍政治」から「人民大衆第一主義」に置き換えたことで確認された。

　また、新たな党規約では、党中央軍事委員会に「武力を指揮する」権限を付与する一方、朝鮮人民軍について、「金正恩同志が導く革命的武装力」を「朝鮮労働党の革命的武装力」に改めるとともに、軍は政治活動のみならず、「軍事活動」も「党の領導のもとで行う」と規定することによって、党の軍に対する優位を明確にした。22年4月の閲兵式を含め、ここ3回の正規軍が参加した閲兵式では、総参謀長や人民武力相（国防相）に代わり、党中央軍事委副委員長が閲兵縦隊の査閲を行っており、これは党中央軍事委員会の指揮権を象徴するものと考えられる。

　さらに、21年6月、コロナ防疫をめぐる「重大事件」に関連して、李炳鉄党軍需工業担当書記が党政治局常務委員と党中央軍事委副委員長を解任され（政治局常務委員については22年4月に復権が判明）、朴正天軍総参謀長が後任の政治局常務委員と中央軍事委副委員長に就任したが、その際、朴正天は総参謀長職を解かれ、軍担当の党書記に就任した。これにより、政治局常務委員と中央軍事委副委員長には総参謀長ら軍の現職幹部を兼任させないことが原則となっていることが示された。

　なお、金正恩総書記は、21年12月末に朝鮮人民軍最高司令官就任10周年を迎えたが、党・国家の最高首位10周年とは異なり、祝賀行事は行われず、当時開催中であった党中央委員会全員会議の報道に埋もれる形となった。金正恩は19年4月から「共和国武力最高司令官」と呼ばれるようになっており、現在も朝鮮人民軍最高司令官の職位にあるのかは不明である。いずれにせよ、近年、金正恩と朝鮮人民軍の間に一定の距離が見受けられ、金正恩政権下の党軍関係を見る上で注目されよう。

軍事

極超音速ミサイル、新型ICBMを試験発射

　北朝鮮は、米大統領選が行われた20年は、3月を最後に弾道ミサイルの発射を控えていたが、21年に入ると再び頻繁に発射を繰り返し、22年5月初めまでの間に弾道ミサイルを18回、長距離巡航ミサイルを2回発射した（表参照）。ミサイルの多くは、変則機動を特徴とし、核弾頭搭載が可能とされるロシアの短距離弾道ミサイル「イスカンデル」の形状に似た西側名称KN 23と呼ばれるミサイルで、北朝鮮は19年以降発射を繰り返しているが、21年9月に車両型の移動式発射台ではなく、鉄道車両を改造した発射台から発射したほか、同10月には潜水艦からKN23の改良型とみられるミサイルを発射し、KN23型の発射形態の多様化に取り組んでいることを示した。

表：北朝鮮のミサイル発射動向
※[日]は日本、[韓]は韓国、[北]は北朝鮮発表の数値
【2021年】

	日付	北朝鮮発表［弾種×数］	場所	飛翔距離／最高高度／最高速度
1	03.25	新型戦術誘導弾 ［新型弾道ミサイル×2］	宣徳	[日]450km[北]600km／[韓]60km／
2	09.11.12	新型長距離巡航ミサイル ［CM］		[北]1,500km
3	09.15	鉄道機動ミサイル ［SRBM×2］	陽徳	[日]750km[北・韓]800km／[韓]60km）／
4	09.28	極超音速ミサイル「火星8」 ［弾道ミサイル×1］	龍林	[韓]200km未満／[韓]30km／
5	10.19	新型潜水艦発射弾道弾 ［新型SLBM×1］	新浦	[日]600km[韓]590km／[日]50km[韓]60km／

【2022年】

	日付	北朝鮮発表［弾種×数］	場所	飛翔距離／最高高度／最高速度
1	01.05	極超音速ミサイル ［弾道ミサイル×1］	慈江道	［日］500km［北］700km／［日］50km／［韓］マッハ6
2	01.11	極超音速ミサイル ［弾道ミサイル×1］	慈江道	［日］700km［北］1,000km／［韓］60km／［韓］マッハ10
3	01.14	鉄道機動ミサイル ［SRBM×2］	ピヒョン	［日］400km［韓］430km／［日］50km［韓］36km
4	01.17	戦術誘導弾［SRBM×2］	順安	［日］300km［韓］380km／［日］50km［韓］42km／
5	01.25	長距離巡航ミサイル［CM×2］		［北］1,800km
6	01.27	地対地戦術誘導弾 ［SRBM×2］	咸興	［韓］190km／［韓］20km／
7	01.30	地対地中長距離弾道ミサイル 「火星12」型［IRBM×1］	慈江道	［日］800km／［日］2,000km／
8	02.27	偵察衛星開発重要実験 ［ICBM「火星17」×1］	順安	［日］300km／［日］600km ［韓］620km／
9	03.05	偵察衛星開発重要実験 ［ICBM「火星17」×1］	順安	［日］300km［韓］270km／［日］550km［韓］560km／
10	03.16	発表なし［ICBM×1］	順安	［韓］高度20km未満で空中爆発と推定
11	03.24	新型ICBM「火星砲17」型 ［ICBM×1］	順安	［日］1,100km［北］1,090km／［日］6,000km［北］6,248.5km／［韓］ICBMと「火星15」の発射と推定
12	04.16	新型戦術誘導武器 ［SRBM×2］	咸興	［韓］110km／［韓］25km／［韓］マッハ4
13	05.04	発表なし［弾道ミサイル×1］	順安	［日］500km［韓］470km／［日］800km［韓］780km／［韓］マッハ11
14	05.07	発表なし［SLBM×1］	新浦	［日］600km／［日］50km［韓］60km／
15	05.12	発表なし［SRBM×3］	順安	［日］350km［韓］360km／［日］100km［韓］90km

（出典）防衛省発表、各種報道を基に筆者作成

また、北朝鮮は、第8回党大会で極超音速兵器の開発が滑空飛行弾頭の試作準備段階にあると表明していたが、この間に発射実験を3回実施し、開発が進展していることを示した。このうち、22年1月11日に行われた円錐形の弾頭形状のミサイルが韓国軍の推定でマッハ10の速度を記録し、北朝鮮側発表で約1,000km飛行して「滑空再跳躍」と「強い旋回軌道」を実現したとしていることなどから見て、実用段階に近づいた可能性が考えられる。一方、ウェーブライダーと呼ばれる、より先進的な滑空体形状の「火星8」は十分な飛行距離を出しておらず、今後も発射実験を繰り返すものと見られる。

　さらに、北朝鮮は、22年3月24日、約4年4カ月ぶりにICBM級弾道ミサイルを発射し、防衛省発表によれば、朝鮮半島西岸付近から東方向に約71分間飛翔し、北海道渡島半島西方の日本の排他的経済水域内に落下した。飛翔距離は約1,100km、最高高度は約6,000kmを超えるとされ、通常軌道で発射した場合の射程距離は1万5,000kmに達すると推定される。これはワシントンやニューヨークを確実に射程圏内に収める距離となる。北朝鮮は、これを新型ICBM「火星砲17」の試験発射として発表した。「火星砲17」は、20年10月の軍事パレードで初めて登場し、当時、全長25-26mの「超大型ICBM」として注目されたミサイルである。同発射は、2月末から3回の予備的な発射を経て実施されたが、3回目の3月16日の発射は高度20kmに満たない段階で爆発したとされ、性能に不安定さを抱えていることを窺わせた。また、韓国軍は、24日の発射は「火星砲17」ではなく、既存の「火星15」の発射であり、弾頭重量を減らすなどして高度を出したものとの見方を示しており、発射の実相は必ずしも明らかでない。

　北朝鮮がICBMを発射したことを受けて、5月中にも核実験を実施するのではないかとの観測が出ることになった。21年7月以降、寧辺核施設でプルトニウムの抽出に使われる黒鉛減速炉が再稼働の兆候を示しているほか、22年3月頃から豊渓里（プンゲリ）の核実験場で18年5月に爆破した坑道の一つを復旧する動きが見られており、ロシアのウクライナ侵攻で国連安保理の一致した対応が困難ななか、北朝鮮が核実験に踏み切る可能性は否定できない。

核兵器使用の可能性に言及

　22年4月、北朝鮮は韓国国防長官の「先制攻撃」発言を非難する金与正党副部長の談話の中で、「戦争初期に主導権を掌握して他方の戦争意志を焼き払い、長期戦を防ぎ、自己の軍事力を保存するために核戦闘武力が動員されることになる」と述べた。その上で、4月中旬に「新型戦術誘導兵器」の試験発射を行い、これが戦術核の運用で大きな意義を有するものと指摘した。

　このような中、金正恩総書記は、4月25日の朝鮮人民革命軍創建90周年慶祝閲兵式で行った演説において、「激変する政治軍事情勢と今後のあらゆる危機に備え、核武力を最大の急速度で一層強化、発展させるための措置を引き続き講じていく」と表明した。また、「我が核武力の基本使命は戦争を抑止することにあるが、この地で我々が決して望まない状況が作り出された場合にまで戦争防止という一つの使命にのみ束縛されることはできない」とし、「いかなる勢力であれ、わが国家の根本利益を侵奪しようとするなら、我が核武力は第2の使命を断じて決行せざるを得ない」と強調した。

　金正恩総書記は、「（米国は）核のボタンが常に私の事務室の机の上に置かれているということを知るべきだ」（18年）、「我々を標的に軍事力を使用しようとするなら、最も強力な攻撃的力を先制して総動員し、膺懲する」（20年）など、これまでにも核の先制使用の可能性に言及したことがあり、必ずしも初めてのことではないが、一連の発言の背景には、韓国で米韓同盟を重視する尹政権が発足し、米韓合同軍事演習の強化など、北朝鮮の安全保障環境が厳しくなる可能性を念頭に、牽制の水準を一段引き上げる狙いがあるとみられる。北朝鮮は、23年春の米韓合同軍事演習における野外機動演習の再開如何を注視するものとみられる。

外交

「核実験・ICBM発射実験モラトリアム」の見直しを示唆

　21年6月、朝鮮労働党は、中央委員会第8期第3回全員会議において、4月末に対北政策の見直しを終えたバイデン政権への対応について討議し、金正恩総書記が「対話にも対決にもすべて準備されていなければならない」と表明した。

「対話」に言及したこの発言に対し、外交的解決を模索するバイデン政権側からは「興味深いシグナル」（サリバン大統領補佐官）との反応が示されたが、北朝鮮側は直ちに「誤った期待」（金与正朝鮮労働党副部長）、「米国とのいかなる接触や可能性も考えていない」（李善権外相）と打ち返し、対話開始のボールは米側にあるとの姿勢を示した。北朝鮮は、米国の「対朝鮮敵対視政策の撤回」を「新たな朝米関係樹立の鍵」（第8回党大会）と見ており、米朝関係の改善に対するバイデン政権の本気度を見定めようとしているといってよい。北朝鮮としては、18年の米朝共同声明に非核化とともに「新たな朝米関係」の樹立を明記したにも関わらず、その後の交渉が非核化一辺倒となったことが「教訓」となっており、交渉入りに慎重になっていると考えられる。

しかし、米国側が対話の扉は開いており、ボールは北朝鮮側にあるとの立場を維持すると、金正恩は、21年9月の施政演説で「新たな米行政府の出現以降、去る8カ月の行跡が明確に示した通り、わが方に対する米国の軍事的威嚇と敵対視政策には少しも変わったところがなく」、「『外交的関与』と『前提条件のない対話』を主張しているが、それはあくまでも国際社会を欺瞞し、自らの敵対行為を隠すためのベールに過ぎず、歴代米行政府が追求してきた敵対視政策の延長に過ぎない」と主張した。また、10月の国防発展展覧会の開幕演説では「米国は最近になってわが国家に敵対的でないというシグナルを頻繁に発しているが、敵対的でないと信じられる行動的根拠は一つもない」と主張し、「今我々が国防力の強化で収めた成果に慢心、陶酔すれば、地域の軍事的均衡が危うくなり、わが国家はさらに好ましくない安全上の不安と威嚇的な状況に直面しかねない」として、更なる軍事力の強化に取り組むことを強調した。

さらに22年1月に入ると、ミサイル発射を活発化させるとともに、朝鮮労働党が政治局会議を開催して対米政策を討議し、「シンガポール朝米首脳会談以降、我々が朝鮮半島情勢緩和の大局面を維持するために傾けた誠意ある努力にも関わらず、米国の敵対視政策と軍事的脅威がもはや黙過できない危険なラインに至った」として、「米国の対朝鮮敵対行為を確固と制圧できるより強力な物理的手段を遅滞なく強化、発展させるための国防政策課題」を提示し、「我々が先決的、主導的に講じた信頼構築措置を全面的に再考した上で、暫定的に中止し

ていたすべての活動を再稼働する問題を速やかに検討すること」を関係部署に指示した。これは、18年6月の米朝首脳会談を前に決定した核実験とICBM発射実験のモラトリアムの見直しを指すとみられ、北朝鮮が3月にICBM級弾道ミサイルを発射したことにより、事実上モラトリアムを破棄したとの受け止めが広がった。ただし、同発射については、対米威嚇よりも4月の金正恩就任10周年や金日成生誕110周年で示す成果物とすることに重きを置いていた可能性がある。北朝鮮が同発射を西側の娯楽映画風の演出を施した動画で公表したことは内部向けの宣伝を重視していたことを窺わせる。また、ロシアのウクライナ侵攻で米国が対応に忙殺され、国連安保理の制裁決議に対するロシアの反対が見込めることや、韓国も保守政権の発足前で文在寅政権が強く反発しないなどの条件が揃ったことが発射を許した側面もある。いずれにせよ、北朝鮮はこれまでのところ、モラトリアムの破棄を明言しておらず、対米外交に含みを残している可能性に留意すべきである。

中朝友好協力相互援助条約60周年

　21年7月、北朝鮮と中国は、1961年の中朝友好協力相互援助条約締結から60周年を迎えた。同条約は、一方が武力攻撃を受けて戦争状態に陥った場合に他方が「直ちに全力をあげて軍事上その他の援助を与える」と規定しており、北朝鮮にとって、中国からの軍事支援を担保するものとなる。

　同記念日に際し、北朝鮮は、金正恩総書記と習近平国家主席との間で祝電を交換したほか、国務委員会が李進軍駐朝中国大使を招いて祝宴を開催した。ただし、北朝鮮がコロナ禍で人的往来を閉ざしていることもあって高官の往来は行われなかったが、要人間のオンライン会談も行われなかった模様である。同条約は、双方が改正または終了について合意しない限り「引き続き効力を有する」ことになっているが、両者の間では、20年ごとに更新する運用となっているとされ、今回で3回目の更新がなされたものとみられる。

　同条約については、北朝鮮が核実験やミサイル発射で米朝間の緊張を高めるたびに中国の出方を見る上で注目されている。16年から17年にかけて北朝鮮が相次いで核実験や長距離弾道ミサイルの発射を繰り返した際、中国は、人民日

報系の国際紙『環球時報』が「中朝友好互助条約、維持されるべきか？」と題する社説（17年5月4日付）を掲げて非難し、その後の安保理制裁決議に賛同した。これに対し、北朝鮮は、18年5月、南北・米朝首脳会談の道筋を付けた上で金正恩総書記が訪中して中国側に金日成・金正日の遺訓に基づいて朝鮮半島の非核化に力を尽くすことは一貫した立場だと説明し、関係改善を図った。北朝鮮がICBM発射を再開し、核実験に踏み切るとの観測が広がるなか、中国の劉暁明・朝鮮半島問題特別代表が3月下旬からロシア、米国などの安保理常任理事国や韓国を歴訪しており、中国の出方と、それに対する北朝鮮側の判断が再び注目されるところである。

ロシアのウクライナ侵攻めぐりロシア擁護の立場を堅持

　22年3月、国連総会でロシアのウクライナ侵攻を非難する決議案が採択され、141カ国が決議に賛成したのに対し、北朝鮮は、ロシア、ベラルーシ、シリア、エリトリアとともに反対票を投じた。さらに4月、国連人権理事会におけるロシアのメンバー資格を停止する総会決議の採択でも、北朝鮮は中国、シリアなど反対票を投じた24カ国に加わった。露朝間では、コロナ禍以降、高官の往来や接触が停滞していたが、22年2月に入り、双方の外務次官と駐在大使が相次いで会談して「国際情勢問題」について討議し、「戦略的協力」の強化を確認したことが伝えられ、開戦前からロシアとの間で意思疎通が図られていたことを窺わせている。

　北朝鮮がロシア擁護の立場を堅持する背景には、米国と対峙する上での後ろ盾、中国とのカウンターバランスとしてのロシアの重要性があるほか、小麦などの食糧支援の取り付けや、軍事面でロシアに接近を強め、老朽化した通常兵器の更新や戦略SLBM（潜水艦発射型弾道ミサイル）開発の隘路となる原子力潜水艦技術の協力を取り付ける思惑も考えられよう。

岸田政権発足も拉致問題「解決済み」を主張

　21年10月、北朝鮮外務省は、岸田文雄首相が就任し、直後のバイデン米大統領との電話会談で拉致問題の即時解決に協力を求めたことに対し、「拉致問題は02年9月と04年5月の当時の日本首相の平壌訪問を契機に、そしてその後の

我々の誠意と努力によって、すでにすべて解決され、これで完全に終わった問題である」と、改めて従前の立場を主張した。また、岸田首相が11月、就任後初の自衛隊観閲式で「敵基地攻撃能力の保有も含めてあらゆる選択肢を排除せず検討」する旨表明すると、「日本が騒ぐ『敵基地攻撃能力』保有とは、明らかに他国に対する先制攻撃を目的とした侵略戦争教理である」と決め付け、その後も敵基地攻撃能力をめぐる議論に対して論難を繰り返し、強い警戒心を示している。

　日本海大和堆周辺水域における北朝鮮漁船の排他的経済水域（EEZ）への進入については、21年中の水産庁による退去警告は0件で、20年に引き続き低調に推移した。他方で、6月に北朝鮮当局の小型船舶1隻が携帯型の対空ミサイルを装備して大和堆周辺海域を航行したと報じられたほか、8月には、朝鮮人民軍総参謀部を含む関係機関が協議会を開き、日本海で「我が方経済水域に対する日本の不法侵入が露骨化している」として「海洋権を固守するための対策的問題」を討議した。北朝鮮は今後とも同海域における管轄権を主張する活動を継続するものとみられる。

南北朝鮮関係

南北通信連絡ルートの再開に合意

　21年7月27日、北朝鮮と韓国は、20年6月に北朝鮮が南北共同連絡事務所の爆破とともに断絶した南北通信連絡ルートの再開に合意し、同日から連絡業務を再開すると発表した。韓国側の発表によれば、韓国の文在寅大統領が4月から数回にわたり、金正恩総書記と親書を交換して「南北関係の回復問題」について意思疎通を図り、その過程で優先的に連絡ルートの復元に合意したとされる。

　南北通信連絡線の再開により、韓国では南北対話再開への期待が高まったが、北朝鮮は、連絡再開後も文政権との対話には応じなかった、むしろ韓国が8月に米韓合同軍事演習を開始すると、これを非難して再び通信を中断した。一方で、文大統領が9月の国連総会で朝鮮戦争の終戦宣言の採択を提案すると、北朝鮮は、「興味ある提案であり、良い発想」、「公正性と相互尊重があれば、終戦宣言はもちろん、北南共同連絡事務所の再設置、北南首脳会談の問題も解決

されうる」（金与正）と評価したのに続き、金総書記が10月初めに通信を再開すると表明し、その結果、南北通信連絡ルートは10月4日から再稼働した。北朝鮮としては、米国のバイデン政権との対話開始に向けた韓国の働きを促す狙いがあったとみられる。

文大統領、朝鮮戦争「終戦宣言」採択を再提案も実現ならず

21年9月、韓国の文大統領は、国連総会一般討論演説で、南北米3者または南北米中4者による朝鮮戦争の「終戦宣言」の採択を提案し、これによって「非核化の不可逆的な進展」が遂げられると信じると表明した。同提案については、前年（20年）の国連総会でも呼び掛けたが米国から賛同が得られなかったことや、演説直前に韓国が行ったSLBM発射実験に北朝鮮側が厳しい非難を加えていたことなどから、韓国側としてはそれほど大きな期待はしていなかった可能性がある。ところが、前述のように北朝鮮側が文大統領の提案を肯定的に評価したことから、韓国は、北朝鮮側から原則的な同意を得たと見て、バイデン政権の説得に力を入れた。また、文大統領が10月にバチカンを訪問し、ローマ教皇に北朝鮮訪問を提案するなど、雰囲気の醸成を図った。

しかし、北朝鮮側は必ずしも現時点での「終戦宣言」採択に積極的だった訳ではなかった。北朝鮮は、米韓が北朝鮮のミサイル発射を「挑発」と非難し、米韓の軍備増強を「抑止力の確保」として正当化するのは「不公正な二重基準」であり、こうした対北敵対視政策の撤回が「終戦宣言」の先決条件であると主張した。金総書記も9月29日の施政演説において、南北間の「不審と対決の火種となっている諸要因をそのままにしていては、終戦を宣言したとしても敵対的な行為が続くであろう」とした上で、「終戦宣言」に先立ち、相互尊重の保障、北朝鮮に対する偏見や二重的態度、敵対視政策の撤回が「先決すべき重大課題」であると強調し、現状況下で「終戦宣言」は時期尚早との立場を示した。

米国もまた「米韓に観点の違いがあり得る」（10月、サリバン大統領補佐官）と表明するなど、非核化に先行する「終戦宣言」に慎重な構えを崩さなかった。22年に入ると北朝鮮がミサイル発射を繰り返し、また、北朝鮮が東京オリンピック不参加で北京冬季オリンピック参加の資格を喪失したために、北京オリンピック

での南北対話のシナリオが崩れたことなどもあり、文大統領任期末の「終戦宣言」採択は実現を見ることができなかった。22年に入ってからの北朝鮮の態度変化は、3月の韓国大統領選に向けた選挙戦で、文政権を継承する進歩派の李在明候補が苦戦し、野党候補一本化のカードを残した保守派の尹錫悦候補が有利と判断したこともあるとみられる。

　文大統領は、退任前の4月、金総書記と親書を交換し、「南北の対話が希望したところまで実現できなかった」と無念をにじませた。これに対し、金総書記もまた「文大統領の苦悩と労苦を高く評価する」とする一方、「今になって思うと残念なことが多い」と述べ、米朝関係改善の支援に積極姿勢を示した文在寅政権下においても、米朝関係がまったく進展しなかったことに対する失望感を窺わせた。

韓国の軍事力増大を警戒する北朝鮮

　21年9月、韓国は独自に開発したSLBMの潜水艦発射実験に成功したと発表した。実験を参観した文大統領が「北朝鮮の挑発に対する確実な抑止力となる」と述べたと伝えられ、北朝鮮は、この発言に「きわめて大きな遺憾」を表明する（金与正）とともに、韓国のミサイルはいまだSLBMではないと決め付けつつも「我が方を再覚醒させるもの」（張昌河国防科学院長）と主張し、10月に新型SLBMの発射実験を行って対抗姿勢を示した。

　北朝鮮のこうした反応の背景には、文政権が急速な軍事力の強化を図っていることに対する強い警戒心がある。10月の国防発展展覧会で演説した金総書記は、近年における韓国のステルス戦闘機や高高度無人偵察機の導入、そして5月の米韓首脳会談で韓国のミサイル開発を規制してきた米韓ミサイル指針が撤廃されて以降、韓国がミサイル開発を積極的に進めていることを取り上げ、韓国が「多方面な攻撃用軍事装備の近代化の企図に狂奔している」との認識を示した。また、こうした軍備増強が北朝鮮の脅威に対処する目的で行われていることに対し、「南朝鮮（韓国）が言い掛かりを付けなければ、我が方の主権行使に手出ししなければ、朝鮮半島の緊張が誘発されることは決してない」「南朝鮮は我が武力が相手にする対象ではない」と述べて、韓国を牽制した。北朝鮮側には、核抑止力を手にしたにもかかわらず、韓国にはその抑止力が効いていないので

はないかという懸念があるものとみられる。

　北朝鮮側の懸念は、22年3月の韓国大統領選挙で保守派の尹候補が勝利したことによって、さらに高まったものとみられる。北朝鮮の目には、尹次期政権は、北朝鮮の急変事態時に軍事介入する計画を立てた李明博政権と核兵器使用の兆候が現れた際に最高承認権者を除去する、いわゆる「斬首作戦」を立てた朴槿恵政権の流れを汲むものであり、何らかの「口実」のもとに先制攻撃を仕掛けかねないと映っているであろう。北朝鮮は、韓国の徐旭国防部長官が4月、「（韓国に対する）北朝鮮のミサイル発射の兆候が明確な場合には、発射地点や指揮・支援施設を精密に打撃できる能力と態勢を整えている」と述べたことに対し、これを「核保有国に対する先制攻撃発言」として驚きを示しつつ、「先制攻撃のような危険な軍事的行動を敢行するなら、我が軍隊は容赦無く強力な軍事力をソウルの主要な標的と南朝鮮軍の壊滅に総集中させる」（朴正天党軍担当書記）、「我が方と軍事的対決を選択する状況が来るなら、やむを得ず我が方の核戦闘武力は自らの任務を遂行せざるを得なくなる」（金与正）などと強く非難した。退任前の国防長官の発言に対する非難であるが、メッセージの対象は尹次期政権であったといってよい。

（公安調査庁　瀬下政行）

第6章　東南アジア

概　観

　2008年に制定された「ASEAN憲章」は、加盟国の内政問題への不干渉、法の支配、グッド・ガバナンス、民主主義の原則などをうたっている。ASEANの特徴は、内政不干渉と「ASEANの一体性」を前面に掲げ、10カ国の全会一致方式をとり、域外大国からの干渉を回避しようとする点にある。

　21年の東南アジアは、南シナ海における中国の挑戦的な行動への対応をめぐる域内諸国の立場の不一致という、従来からの足並みの乱れに加え、ミャンマー問題という新たな課題に直面した。21年2月のクーデターと、ミャンマー軍政による一般市民への度重なる人権侵害に対し、地域機構である東南アジア諸国連合（ASEAN）は有効な解決の糸口を見いだせずにいる。ASEANは議長国ブルネイのもと、3月に特別外相会議、4月に特別首脳会議を開催し、ミャンマーに対して5項目の合意事項をすみやかに履行するよう要求した。しかし合意事項は履行されず、ASEANは10月の首脳会議にミャンマー軍政の指導者を招かないとの方針をとり、ミャンマー代表者が欠席するという異例の事態となった。

　ASEANとして何らかの取り組みが必要だとの大枠合意はあるものの、そのトーンは加盟国によって異なる。ASEANとしてより強い圧力をかけるべきであると主張する国々と、不干渉を貫きたい国々、ミャンマーに二国間で個別交渉を行おうとする国々など、加盟国間にかなりの温度差が見られる。

　ASEAN加盟国内の不一致は、22年のロシアのウクライナ侵攻においても露呈した。ASEANは同年2月と3月に声明を発出したが、ロシアを名指ししての批判は避け、平和的解決を呼びかけるに留まった。3月2日の国連総会でのロシア非難決議では、8カ国は賛同したが、ラオスとベトナムが棄権した。22年は、ロシアをメンバーとする東アジアサミット（EAS）の中心となるASEANの議長国がカンボジア、G20の議長国はインドネシア、アジア太平洋経済協力（APEC）の議長国はタイと、すべて東南アジアに集中している。この3カ国は22年5月時点で、秋の首脳会議にロシアの参加を認めると表明している。

　そうした中、東南アジア諸国と西側諸国との接触の機会が増加しつつある。21年には、英国、ドイツ、フランスなどが相次いで艦船をインド太平洋地域に派遣し、航行の自由を呼び掛けた。また、3年ぶりのアジア欧州会合（ASEM）首脳会議、初のG7・ASEAN拡大外相会議も開催された。

　米中によって分断されることを懸念する東南アジア諸国は、欧州との関係強化やG7との対話に関心を持ちつつも、日本や米国が推進する「自由で開かれたインド太平洋（FOIP）」や、日米豪印にも、そして、米国、英国、オーストラリアによる安全保障枠組みAUKUSに対しても、警戒心を抱いたままである。

安全保障環境：米中対立の先鋭化

南シナ海における中国の活動と米欧の関与

　南シナ海では従来、中国が、公海、領有権係争中の海洋および岩礁の上に建造物を作ったり、埋め立てによって拠点を構築したりといった活動を繰り返してきた。2013年、中国と領有権を主張して中国と争う係争国の一つであるフィリピンは、中国をオランダ・ハーグの国際仲裁裁判所に提訴し、16年にはフィリピンの主張がほぼ全面的に認められる判決が下った。しかしその後も、中国は全面的にこれを無視し、海警局の艦船に加えて調査船、海軍艦艇などを駆使した活動を実施している。21年も、フィリピンやマレーシアの排他的経済水域（EEZ）での中国船舶の活動は続き、各国外務省が非難声明を出す事態に至った。

南シナ海における主な動き（2021年以降）

21年1月	●米国が空母「テオドア・ルーズベルト」を旗艦とする打撃群による哨戒活動を南シナ海で開始。
21年2月	●中国が海警法を施行。フィリピンとベトナムが外交ルートで抗議。 ●米国が南シナ海に空母「ニミッツ」と空母「ロナルド・レーガン」を派遣して演習。 ●米国が南シナ海の南沙諸島で「航行の自由」作戦実施。 ●中国が南シナ海で10機以上の爆撃機による演習。 ●フランスが、攻撃型原潜「エメロード」と支援船「セーヌ」を南シナ海に航行させていたと発表。
21年3月	●フィリピン国防相が、フィリピンが排他的経済水域と主張する南沙諸島の周辺海域に約220隻の中国船舶が集結しているとして、中国に撤退を要求。
21年5月	●中国の空母山東の部隊が南シナ海で訓練を実施。 ●フィリピン外務省が、南シナ海を哨戒中のフィリピン沿岸警備隊の警備艇に対する中国海警局艦の威圧行為に強く抗議。

21年6月	●マレーシア外務省が、中国軍機16機が5月末にボルネオ島沖の領空に侵入したとして抗議声明を発出。
21年7月	●米国が西沙諸島海域で「航行の自由」作戦を実施。2016年のハーグ仲裁裁判所の判決からの5周年を記念。
21年9月	●米国が南沙諸島海域で「航行の自由」作戦を実施。（2021年に入り5回目）。
21年10月	●マレーシア外務省が、中国の調査船が南シナ海のボルネオ島沖のマレーシアのEEZに侵入したとして、在マレーシア中国大使を呼び抗議。中国の調査船は9月下旬にマレーシアのサバ州の海岸から約140キロメートルの地点に侵入、中国海警局の船の護衛を受け、マレーシアのペトロナス社の石油探査船に接近。
21年11月	●フィリピン外務省が、南沙諸島のアユンギン礁へ食品を輸送していた船舶2隻が海警局により放水を受け妨害されたとして、中国を非難。
22年1月	●米国が西沙諸島海域で「航行の自由」作戦を実施。
22年3月	●中国海警局の艦艇が、フィリピンのEEZ内にあるスカボロー礁周辺でフィリピン沿岸警備隊の巡視船に威嚇行動。フィリピン外務省が中国に抗議声明を発出。

米国は、南シナ海に海軍艦艇などを航海させる「航行の自由」作戦を、15年に2回、16年に3回、17年に6回、18年に5回、19年に8回、20年に8回、21年に5回実施してきた。

近年では米国に加え、西欧諸国によるこの海域への軍事的関与の度合いが強まっている。21年2月、フランスの攻撃型原子力潜水艦「エメロード」と支援船「セーヌ」は前年に引き続いてインド太平洋で活動し、南シナ海も航行した。

英国も、同年3月に公表した「外交・安全保障の基本方針」において、EU離脱後の戦略として、インド太平洋地域への関与を謳い、空母「クイーン・エリザベス」率いる艦隊を半年近く、インド太平洋地域に派遣した。艦隊は5月に英国を出発し、地中海からスエズ運河を抜け、インド洋や南シナ海を経て米軍横須賀基地にも寄港した。日米やアジア各国との共同軍事訓練を実施しながら、台湾海峡を含むインド太平洋地域を航行し、12月に英国に帰還した。7月に岸防衛相

と会談したウォレス英国防相は、これら空母打撃群とは別に、インド太平洋地域に2隻の哨戒艦を常駐させる構想も示した。

ドイツは20年9月に「インド太平洋外交の指針」を策定し、法の支配や航行の自由といった共通の価値観を共有する日米豪印と連携する姿勢を鮮明にしており、フリゲート艦をインド太平洋地域に派遣した際、南シナ海に派遣してマラッカ海峡などを航行させた。

中・ASEANによる「南シナ海における行動規範（COC）」策定見通し

ASEAN と中国との間では、南シナ海での紛争を防止するために当事国の行動を法的に規制する「南シナ海における行動規範（COC）」の策定交渉が13年から続けられているが、調整は長期化している。協議内容は非公開とされているものの、19年の中ASEAN首脳会議では第二読会の開始が伝えられた。中国の王毅外相、李克強首相はともに、「2021年までにCOC交渉を終結できることを期待する」と述べてきた。

21年8月、中・ASEAN外相会議（オンライン）の折に、王毅外相は「序文についての暫定合意に達した」と述べた。しかし詳細は明らかになっておらず、数日後に控えたASEAN地域フォーラム（ARF）に向けて、中国とASEAN以外の国々の干渉を牽制する意図があったと思われる。ARFでは王毅外相が、「域外国の介入は南シナ海の平和と安定を損なう最大の脅威となっている」と発言し、西欧諸国の関与を牽制した。

11月の中ASEAN首脳会議（オンライン）では、李克強首相に代わって特別に議長を務めた習近平国家主席が、COCの成文化交渉を迅速に行うように呼びかけ、共同声明にもCOCの早期策定が盛り込まれた。しかし、フィリピンのドゥテルテ大統領は、同首脳会議の直前にも、南沙諸島で物資輸送中のフィリピン船舶が中国海警局の船から放水銃で妨害されたとして、中国に対して懸念を示した。また、マレーシアのサブリ首相も、「すべての関係国は、挑発的とみなされる行為を避けるべきだ」と発言したと報じられている。

中国は、中・ASEAN以外の域外国を、南シナ海での軍事演習や資源開発から締め出す条項をCOCに盛りこむ方針であるとも報道されている。22年以降、

COCの策定交渉が本格化するとしても、フィリピンやマレーシアのような国々は、中国のペースで交渉が進むことを強く警戒しており、策定にはなお時間がかかる見込みである。

米・フィリピン関係の修復

　フィリピンのドゥテルテ大統領による、自国の政策を欧米諸国に批判されるとすぐにその国を罵倒するといった予測不可能な外交姿勢は、16年の政権発足から6年にわたって、米・フィリピン同盟を揺るがしてきた。しかし21年には、ようやく二国間関係が元の軌道に戻ったといえよう。

　ドゥテルテ大統領は20年2月、自国の外務省に対し、米・フィリピン間の訪問軍協定（VFA）の破棄を指示した。直接的な理由は、米国の上院が、ドゥテルテ政権の違法薬物取締政策に伴う超法規的殺人や人権侵害を批判する決議を採択し、それに伴って米国政府が、ドゥテルテ政権発足当初に警察長官として薬物取締を指揮したデラ・ロサ上院議員の米国査証を取り消したことであった。

　この意向は外交ルートで米国に通告され、VFAは通告から180日後に失効することとなっていたが、フィリピン外務省は期限よりも前に、決定を保留することを米国に伝達した。VFAは1992年の米軍基地撤退後、98年に締結されたものであり、米・フィリピン間の合同演習や2014年に当時の米国のオバマ大統領のフィリピン訪問時に締結された防衛協力強化協定（EDCA）に基づく米軍のフィリピン国内の軍事基地の使用などの活動の基盤となってきた。フィリピン憲法は、条約や協定の締結には上院議員の3分の2以上の賛同が必要であると定めているが、破棄についての規定はなく、今回の件で、大統領の一存で破棄することが可能であることが明らかになった。

　20年は大きな決定事項はなされないままに過ぎたが、21年7月にオースティン米国防長官がフィリピンを訪問し、ドゥテルテ大統領、ロレンザーナ国防相と会談した。大統領はその直後の会見で、VFA破棄の撤回を認めた。これによってVFAは従来のまま維持されることとなった。

　まるで何事もなかったかのように、22年3月には、例年フィリピンで開催されてきた米・フィリピン合同軍事演習「バリカタン」が、豪軍も含め、過去最大の9,000

人規模で開催された。さらに4月には、フィリピンのロレンザーナ国防相が米国を訪問してオースティン米国防長官と会談し、南シナ海への海洋進出を強める中国を念頭に、海上での連携強化など両国の防衛協力を進めることを確認した。米国側は、米・フィリピン相互防衛条約は、南シナ海上のフィリピン軍や公船に加えて一般の航空機にも適用されると改めて説明した。

フィリピン新政権発足後の見通し

　22年5月のフィリピン大統領選の結果を受けて、6月30日にはフェルディナンド・"ボンボン"・マルコス・ジュニアを大統領とする新政権が発足することになる。新政権も中国に対してはある程度、宥和的な姿勢をとるであろうと報じられてはいる。華人系財閥が新政権のクローニー（取り巻き）となって、中国政府からの経済的誘導を加速する可能性もある。

　しかし、マルコス新大統領は、前任者のドゥテルテ大統領とは異なり、自分の個人的な主張に頑なにこだわったり、放言したりするタイプではない。自らの人望で当選したわけではなく、ペアを組み、副大統領に立候補して当選したサラ・ドゥテルテ（ドゥテルテ大統領の長女）の威光を借りての圧勝であったことは本人も認識している。この6年間でフィリピン市民の対中脅威認識は確実に高まっており、それは世論調査にも見て取れる。

　米国とフィリピンの識者らは、ドゥテルテ政権の6年間ほどの米・フィリピン同盟の混乱は、二度と起こらないであろうと想定している。新政権は、外務省と国防省の主要ポストにはテクノクラート（技術官僚）を起用し、専門家らの意見を尊重するであろう。

　次期政権では、米フィリピン関係、中フィリピン関係のバランスというよりもむしろ、フィリピンと米国が、14年に合意したもののまだ実質的に施行されていないEDCAをどう具現化していくかが注目される。南西諸島に位置するパラワン島のアントニオ・バウティスタ空軍基地と、スカボロー礁に近いルソン島パンパンガ州のセサール・バサ空軍基地は、米国からみて、ローテーション利用の優先順位の高い基地であるが、16年のドゥテルテ政権発足以来、これら基地での共同利用に関する協議は棚上げとなっている。マルコス新政権がこれを軌道に戻すかど

うかが注目される。

ASEANを中心とした地域協力枠組み

米中対立の中でのASEANの基本的な立場

　2008年に制定された「ASEAN憲章」は、加盟国の内政問題への不干渉と、法の支配、グッドガバナンス、民主主義の原則などを謳っている。内政不干渉と「ASEANの一体性」を前面に掲げ、域外大国からの干渉を拒むのは、ASEANの特徴の一つである。

　しかしこの10年間、ASEANは政治・安全保障上の二つの問題をめぐって、一致した見解を表明できずにいる。

　第1は、南シナ海問題である。どの国が議長国に就任するかによって、南シナ海における中国の行為についての首脳会議や外相会議での声明のトーンが微妙に異なり、ASEAN加盟国の間での意見の不一致が目立つ。

　第2は、この地域をめぐる米中の対立である。米中対立の激化は近年、ASEANを巻き込もうとしており、例年、秋のASEAN関連会合、東アジア首脳会議（EAS）では、米国、中国、ロシアといった域外大国がASEANに選択を迫ったり、「インド太平洋」という語を使わないよう、議長国などに圧力をかけたりといった交渉が展開されてきた。こうした中、東南アジアの国々も、そして地域機構としてのASEANも、米国、中国、日本、ロシア、インドなどの域外国との「対話」関係を築きながらも、米中の板挟みになりたくないとの意向を年々、強くしている。

　そのことは、「自由で開かれたインド太平洋（FOIP）」に対するASEANの消極的な姿勢にも表れている。中国のアジアインフラ投資銀行（AIIB）が、構想当初からすべてのASEAN加盟国に支持されたのに対し、日米が推進してきたFOIPに対しては、東南アジア諸国は賛同を示していない。FOIPは、太平洋からインド洋にまたがる地域で、法の支配や市場経済といった価値を共有する国々が協力する構想である。日米は、当初「戦略」としていたFOIPをのちに「構想」と言い換えたが、ASEANはFOIPを受け入れれば中国を刺激することになるとして、警戒を緩めていない。

19年のASEAN首脳会議で採択された「インド太平洋に関するASEANアウトルック（AOIP）」という文書は、FOIPを肯定も否定もせず、「ASEANは、利害が競合する環境の中で、中心的で戦略的な役割を担う」と表明している。

　日本も米国も、外交的には、同文書への歓迎を表明している一方、こうしたASEANの優柔不断な姿勢を歯がゆく批判する論調も見られる。ただ、この数年間にわたってASEANが繰り返してきた「（米か中かの）選択を迫らないでくれ（Don't Make Us Choose）」という主張は、国際社会の実務家、研究者の間でも広く知られ、一定の理解を得ているように見える。1984年のASEANの発足当初、東南アジアは冷戦の主戦場の一つであった。第二次世界大戦前はこの地域は列強諸国によって分断され、日本と連合国との戦場ともされてきた。米中対立に巻き込まれたくない、再び分断されたくないとのASEAN諸国の意志は固い。

　同様の理由で、米国、日本、オーストラリア、インドによる日米豪印についても、また、米国、英国、オーストラリアによる安全保障枠組みAUKUSについても、ASEAN加盟国政府の間にかなりの温度差があり、ASEANは統一見解を示していない。このことは、21年9月にワシントンDCで開催された日米豪印首脳会合の共同声明が真っ先にASEANに言及し、「ASEANの一体性と中心性、AOIPへの強い支持を再確認し、インド太平洋地域の中心であるASEANおよびASEAN諸国と実践的かつ包摂的な方法で協力することに力を尽くす意思を強調する」と述べ、ASEANに期待を寄せているのとは対照的である。

2021年のASEAN外相・首脳会議

　新型コロナウイルス感染症の世界的な感染拡大を受け、前年に引き続き、外相会議、首脳会議はオンラインで実施された。

　21年1月の、ブルネイを議長国とした初の外相会議の声明には「米国との戦略的なパートナーシップをさらに強化するため、バイデン新政権と協働する」との表現が盛り込まれた。また、新型コロナウイルス感染症のワクチンがASEAN各国に平等に配分されるよう協力することでも一致した。声明では、南シナ海問題に関して、「信用および信頼を損ね、緊張を高め、平和・安全保障・安定を損なうような、地域における埋め立てや活動、深刻な事案についての懸念が示された」

と表記された。このトーンは10月のASEAN首脳会議にも引き継がれた。

　22年には議長国がカンボジアに引き継がれ、2月にASEAN外相会議が開催された。当初は1月に開催予定であったが、カンボジアのフン・セン首相が、ミャンマー国軍の任命した「外相」の出席を認めるとしたことに対し、マレーシアやシンガポールなどが反対して出席を拒んだため、延期されたものである。

東アジア首脳会議（EAS）：米中対立の先鋭化

　EASは地域および国際社会の重要な問題について首脳間で率直な対話を行うことを目的に05年に発足した会議体であり、ASEANの10カ国に加え、日本、米国、中国、韓国、オーストラリア、ニュージーランド、インド、ロシアが参加している。

　トランプ大統領は4年連続でEASを欠席したため、21年10月のEASには、バイデン大統領が米国首脳として5年ぶりに参加した。バイデン大統領は、「米国はインド太平洋に永続的に関わる」と述べ、同盟国とともに民主主義や航行の自由を守ると強調した。また、大統領は、「国際秩序への脅威に対する懸念」を表明した。さらには、台湾問題に対して米国は「きわめて強固に」関与すると強調し、「中国の強圧的行動が地域の平和と安定を脅かしている」と深い懸念を述べた。

　これに対し、中国の李克強首相は、「中国とASEANの努力によって、南シナ海における航行の自由は守られている」と主張し、COCの策定作業も進んでいるとして、米国の介入を退けようとした。

　こうした応酬に対し、ASEAN加盟国からは、米中対立を批判する発言もあった。シンガポールのリー・シェンロン首相は「ASEAN各国は米中のどちらかを選ぶことを望んでいない」と述べたうえで、米中は気候変動問題などの共通の課題をめぐって協力すべきであると述べた。

　EAS議長声明では、「（南シナ海における）埋め立てやさまざまな活動、深刻な事案に関して、何人かの首脳が懸念を表明した」と明記された。

米・ASEAN関係

　4年連続でEASを欠席するなどしたトランプ政権の米国の対アジア外交の遅

れを取り戻すべく、バイデン政権は21年8月、オースティン国防長官をシンガポール、ベトナム、フィリピンに、ハリス副大統領をシンガポールとベトナムに派遣するなどして、東南アジアを重視する姿勢をアピールしてきた。ブリンケン国務長官は12月にマレーシアとインドネシアを訪問した。

　10月のEASに先立ってオンラインで開催された米・ASEAN首脳会議では、バイデン大統領は22年に1月にワシントンにて、米・ASEAN特別首脳会議を対面形式で開催し、経済や安全保障面での関係を深めたいと述べ、歓迎された。

　米・ASEAN特別首脳会議は、新型コロナウイルスの感染拡大を受けて3月に延期されたが、ロシアのウクライナ侵攻を受けて再度延期となり、5月12、13日に開催された。米国の大統領がホワイトハウスにASEAN首脳らを招くのは初めてとなる。ミャンマーは招かれなかった。また、大統領選挙直後であるフィリピンは欠席した。

　共同声明では、米・ASEANの協力関係を「包括的戦略パートナーシップ」に格上げすることが謳われ、ロシアのウクライナ侵攻に関しては、「戦闘の即時停止と平和的解決のための環境づくりの重要性を強調する」と明記した。また米国は、ASEAN諸国での海洋の法執行機関向けの訓練の提供、クリーンエネルギー開発分野への支援、持続可能なインフラ整備を議論する対話の場の創設などを提案した。

　さらにバイデン大統領は、首脳会合の中で、17年以来空席だった米国のASEAN常駐代表に、オバマ政権を支えた国家安全保障担当のヨハネス・エイブラハムを指名すると発表した。

中・ASEAN関係

　ASEANと中国は21年10月、中・ASEAN首脳会議の議長声明で「包括的戦略パートナーシップ」を構築したと発表した。さらに11月には再び、両者の対話関係が始まって30周年を記念する形で、2カ月連続となる中・ASEAN首脳会議を開催し、習近平国家主席が特別に議長を務めた。従来、中・ASEAN首脳会議には李克強首相が出席しており、国家主席の出席は異例である。首脳会議では改めて、両者の外交関係を、従来の「戦略的パートナーシップ」から「包括的戦

略パートナーシップ」に格上げすることが宣言された。

ASEANとAUKUS

　21年に米英豪が立ち上げた新たな安全保障枠組み「AUKUS」については、南シナ海などに軍事進出する中国を抑止し、インド太平洋地域の安定を狙うものである。しかし、東南アジア諸国はこれに対して警戒心を強めている。インドネシア外務省は9月に声明を発出し、「AUKUSは地域の軍拡競争を引き起こす恐れがある」とした。10月のEASの議長声明でも、AUKUSについては「いくつかの国から見解表明があった」と言及されている。主にマレーシアとインドネシアが懸念を表明したとみられる。

　EASに先立って開催された豪・ASEAN首脳会議で、オーストラリアのモリソン首相は、AUKUSについて「地域の安定と安全のための協力関係を強化するものだ」と説明し、ASEAN各国の理解を求め、核不拡散に対するオーストラリアの取り組みは変化しないと強調し、ASEANに対する約105億円の支援も表明した。しかし、AUKUSを通じたオーストラリアの原子力潜水艦の導入などをめぐり、ASEAN各国からは「軍拡や地域の緊張の高まりを招く恐れがある」として懸念する発言があったと報じられている。

ミャンマー問題とASEAN

　21年2月1日にミャンマー国軍が全権を掌握したことに対し、ASEAN外相は3月、非公式の特別会合をオンラインで開催した。ミャンマーからは、軍政によって外相に任命されたワナ・マウン・ルウィンが出席し、議長国ブルネイは議長声明で、ミャンマー情勢に関して「懸念」を表明し、「平和的、建設的な方法で支援する用意がある」と述べた。

　内政不干渉を掲げるASEANが、加盟国の国内問題を論じるために会議を開催するのは異例のことであった。同会合の開催には、インドネシアが主導的な役割を果たしたと報じられている。域内最大のイスラム人口を抱え、ロヒンギャ問題の動向も注視するインドネシアのジョコ大統領は、ASEANの盟主として存在感を示したいとの思惑も抱いており、マレーシアのムヒディン首相（当時）に特

別会合の開催を提案、さらに、インドネシアのルトノ外相がブルネイ、シンガポール、タイを訪問して各国に根回しを行い、タイの空港でワナ・マウン・ルウィンとの会談を経て、開催にこぎつけた。

4月にはインドネシアのジャカルタで、ミャンマー問題に関するASEAN指導者会合が開催され、ミャンマーからはクーデターの首謀者であるミン・アウン・フライン国軍総司令官が出席し、国軍の立場を説明した。ASEANは同会議の呼称を、首脳会議（summit）ではなく、指導者会合（Leaders' Meeting）としており、ミン・アウン・フライン総司令官を正式に首脳とは認めない配慮が見受けられる。なお、同会合もインドネシアが提案したものであった。ジョコ大統領はブルネイのボルキア国王に働きかけを行い、マレーシアのムヒディン首相、シンガポールのリー・シェンロン首相が相次いで開催を支持した。

議長声明で、加盟国はミャンマーに、国軍による抗議デモへの武力行使の即時停止、ASEAN特使の受け入れなどの5項目を要請し、ミン・アウン・フライン国軍総司令官は「状況が安定した時に、慎重に考慮する」としながらも、基本的には合意した。ミャンマーの民主化勢力による「挙国一致政府（NUG）」は当初、ASEANがミン・アウン・フライン国軍総司令官を招待した一方でNUGの代表を受け入れなかったことを批判していたが、議長声明の内容については一定の評価をしている。なお、国連のブルゲナー事務総長特使（ミャンマー担当）は、同特別会合の折にジャカルタでミン・アウン・フライン国軍総司令官と面会し、国連特使のミャンマー訪問を受け入れるように申し入れたという。

特別首脳会談における5項目の合意事項

> 1. ミャンマーにおける暴力の即時停止と、すべての関係者による最大限の自粛
> 2. すべての関係者による建設的な対話による、人々の利益となる平和的解決の模索
> 3. 議長国ブルネイが任命するASEAN特使とASEAN事務局長による仲介
> 4. ASEANによるAHAセンターを通じての人道支援の提供
> 5. 特使はミャンマーであらゆる利害関係者と会談すること

しかし、ASEANにはこれらの合意事項の実現を担保する措置についての規

定はなく、5項目を履行しないミャンマーに対し、ASEANは対応に苦慮してきた。第3項目の「議長国が任命する特使の選定」においては、特使の形式や候補に関して、ASEAN加盟国内で異なる意見が提示された。ようやくブルネイ第二外相が特使に任命されたが、拘束中のアウンサン・スーチー元国家顧問を含む全勢力との対話がミャンマー訪問の条件であるとする特使側に対し、ミャンマー軍政は、スーチー元国家顧問との対話を認めず、特使の訪問を拒み続けた。

　「5項目の合意事項」の不履行を理由に、10月の首脳会談では、ASEANはミン・アウン・フライン国軍総司令官を招かないことを決断した。ミャンマー外務省は当初、閣僚級の代表者の代理参加も模索したが、非政治的な代表しか認めないと主張するASEAN側と調整がつかず、ASEAN加盟国が主要会議への参加を事実上拒否する、初の事例となった。

　22年の議長国カンボジアのフン・セン首相は、他の加盟国への相談なく、みずからミャンマーを訪問し、ミン・アウン・フライン国軍総司令官と会談した。ミャンマーを外国の首脳が訪問するのは、21年2月1日のミャンマー国軍による権力掌握以降では初となった。両者の会談の後に発表された声明では、「5項目の合意事項」に盛り込まれた暴力の即時停止や利害関係者との協議についてはなにも言及されなかった。

　ASEAN非公式外相会議は1月にカンボジアで予定されていたが、フン・セン首相の独断でのミャンマー訪問と、非公式外相会議にミャンマー外相を招待するか否かをめぐって議長国カンボジアと他の加盟国との調整が難航し、2月に延期となった。その会議でも、議長声明は、「5項目の合意事項」の効果的かつ完全な履行を求め、「すべての関係者と対話する」とする文言を再度提示しただけで、ミャンマー問題解決の糸口は見いだせなかった。

　新たなASEAN特使として、カンボジアのプラク・ソコン副首相兼外相が3月にミャンマーを訪問したが、スーチー元国家顧問との面会もかなわなかった。

　その後も、4月下旬にはカンボジア外務省の高官がミャンマーの首都ネピドーを訪問し、国軍が任命した閣僚と人道支援の実施について協議した。5月にはフン・セン首相がミン・アウン・フライン国軍総司令官とオンラインで協議し、ソコン特使の2度目のミャンマー訪問について打診している。

このように、フン・セン首相はミャンマー国軍に圧力をかけるよりもまず対話を優先しているが、ASEAN加盟国の間では、こうしたミャンマー国軍に対する宥和的な態度に対する批判は根強い。

ロシアのウクライナ侵攻とASEAN

22年2月のロシアのウクライナ侵攻に対し、ASEANは2月と3月に声明を発出したが、ロシアを名指ししての批判は避け、平和的解決を呼びかけるに留まった。3月2日の国連総会でのロシア非難決議では、8カ国は賛同したが、ラオスとベトナムが棄権した。ロシアに経済制裁を課しているのはシンガポールのみである。

ロシアは米国に次ぐ世界第2の武器輸出国であるが、東南アジアだけで見ると第1位である。ベトナム、ミャンマー、マレーシア、インドネシアはロシアの防衛装備品の重要な顧客であり、欧米の装備品よりも安い価格で、戦闘機や潜水艦、戦車、小型武器などを輸入してきた。16年までのベトナム、ミャンマー、カンボジア、ラオスなどは、西側からの制裁措置を受けた折に、武器調達をロシアや中国に依存してきた背景がある。ベトナムの武器輸入の8割はロシアが占める。ベトナムはロシア主導の貿易圏「ユーラシア経済連合（EAEU）」と自由貿易協定（FTA）も締結している。また、それ以外の東南アジア諸国も、ロシアを批判すると、中国から「西側民主主義国側」または「米国側」についたとみなされるとの懸念があり、中国を刺激することは得策でないとして明言を避けている面もある。

ロシアをメンバーとするEASの中心となるASEAN議長国はカンボジア、G20の議長国はインドネシア、APECの議長国はタイと、22年はすべて東南アジアに集中しているが、この3カ国は22年5月時点で、秋の首脳会議にロシアの参加を認めると表明している。

東南アジアの国々の中には、ロシアのウクライナ侵攻そのものだけでなく、それが地域の防衛戦略に長期的にもたらす影響を懸念する向きがある。ロシアの戦闘での装備品損失に加えて、西側諸国からの厳しい経済制裁により、ロシアの防衛産業の金融取引が制限され、また、輸出規制によってハイテク部品へのアクセスが制限されると、今後、ロシアの対東南アジア武器輸出は、減少する可能性がある。ロシアからの調達が困難となれば、ミャンマーのような国はますます中国

に装備品調達を依存することになる。あるいは、中国がロシアに対し、東南アジアの国々への特定の武器の販売を減らすように圧力をかけ、ますます対中依存を強化するリスクもある。東南アジア諸国は、ユーラシアでの防衛装備品市場の変化を見据えた長期的な戦略を迫られている。

ASEAN地域フォーラム（ARF）

　ASEAN地域フォーラム（ARF）は、1994年に開始されたアジア太平洋地域における政治・安全保障分野を対象とする全域的な対話のフォーラムであり、ASEANを中心に、北朝鮮を含む26カ国とEUが参加している。毎年1回の外相会合をはじめ、外交当局と国防・軍事当局の双方の代表による対話と協力を通じ、地域の安全保障環境を向上させることが目的である。ARFは、北朝鮮が参加する数少ない多国間協議の枠組みであり、毎年、北朝鮮への各国の動向が注目されている。とはいえ、北朝鮮は19年以降、米国大統領と直接の対話を模索したい考えもあって、ARF閣僚会議を欠席し続けている。

アジア太平洋経済協力会議（APEC）

　APECは、米国、中国、日本、ロシア、カナダ、オーストラリア、メキシコなどを含む21の国と地域で構成されていている。18年は米中の対立、19年は主催国チリの開催断念によって共同声明を出すことができなかった。

　21年のAPEC首脳会議はニュージーランドが議長国となって11月にオンラインで開催され、アジア太平洋地域の経済統合を推進することや新型コロナウイルスワクチンの平等な分配、ルールに基づく多角的な貿易体制の重要性などを謳った宣言をまとめた。

　会議では、環太平洋経済連携協定（TPP）をめぐり、中国と台湾が加盟への支持を訴えた。TPPへの新規加盟には既存の加盟国による全会一致の承認が必要である。TPPの全加盟国が参加するAPECは、新規加盟を希望する場合に重要なアピールの場となっている。習近平国家主席は「中国は揺るぎなく対外開放を拡大する」と強調した。台湾からは、中国の反対によって出席できない蔡英文総統の代理として、半導体大手の台湾積体電路製造（TSMC）の創業者である

張忠謀が参加した。

議長国であるニュージーランドのアーダーン首相は閉幕後の記者会見で、「高い基準を満たそうと望む、いかなる国も加盟に向けたプロセスに入ることを歓迎する」と述べたが、日本やオーストラリアは中国の加盟に慎重な姿勢を示した。マレーシアやシンガポールは、台湾の加盟申請前、中国の加盟を支持する姿勢を示している。

22年のAPEC議長国はタイであり、11月にバンコクで対面式の首脳会議を開催すると発表している。

東アジア地域包括的経済連携（RCEP）

20年11月15日、ASEAN10カ国を含む15カ国は、東アジア地域包括的経済連携（RCEP）の協定にオンライン署名式で合意した。RCEPは関税削減や統一的ルールによって自由貿易を推進する枠組みであり、人口と域内総生産（GDP）がいずれも世界の3割を占める巨大経済圏が誕生する。

RCEPは、ASEAN10カ国と他の5カ国のそれぞれ過半数が国内手続きを終えてから60日後の22年1月に、10カ国について発効した。

各国で国内批准手続きが進められてきたが、22年4月現在、インドネシア、ミャンマー、フィリピンの3カ国は未批准である。フィリピンはドゥテルテ大統領が昨年9月に批准書に署名したが、上院での承認が得られていない。

日本にとってRCEPは、貿易額が最大の中国、3位の韓国が含まれる初の経済連携協定となる。また、日本とRCEP参加国との貿易額は、貿易総額の半分を占める。

RCEP成立により、日中韓と東南アジアとが経済的な相互依存関係を深め、中国が東南アジアへの経済的影響力をより強めることになるのは必然である。中国によるエコノミック・ステイトクラフト（経済的な手段を用いた他国に対する影響力の行使や、それによる地政学的・戦略的目標の追求）に対し、各国が経済と安全保障とのバランスをどのように維持していくのかが問われることになろう。

RCEP参加国

ASEAN	インドネシア、マレーシア、フィリピン、タイ、ベトナム、シンガポール、カンボジア、ラオス、ブルネイ、ミャンマー（10カ国）
非ASEAN	日本、中国、韓国、オーストラリア、ニュージーランド

インド太平洋経済枠組み（IPEF）

　TPPから離脱し、5年にわたってアジア圏内の経済戦略を持たなかった米国は、22年5月に、新経済圏構想「インド太平洋経済枠組み（IPEF）」の発足を表明した。初期参加国は、米国、日本、韓国、インド、オーストラリア、ブルネイ、インドネシア、マレーシア、ニュージーランド、フィリピン、シンガポール、タイ、ベトナムの13カ国である。議会承認を必要とする関税交渉は含まれず、貿易、サプライチェーン、インフラ、脱炭素、税制と汚職撲滅などの分野で協議を行う枠組みとされる。新型コロナウイルス感染症やロシアのウクライナ侵攻で、半導体などを特定の国に頼るサプライチェーンのリスクが鮮明になったことを受け、サプライチェーンの再構築やデジタル貿易のルールづくりなどで各国と連携することが狙いとされている。

アジア欧州会合（ASEM）首脳会議

　アジアと欧州の53カ国・機関が参加するオンラインのアジア欧州会合（ASEM）首脳会議は、カンボジアを議長国として、21年11月に、3年ぶりにオンラインで開催された。ASEMはアジアと欧州で交互に隔年開催されるが、20年は新型コロナウイルス感染症の感染状況に鑑みて延期された。なお、ミャンマー代表は招かれていない。

　19年のASEMからは、欧州諸国の中国に対する姿勢が大きく変化している。以前は対中融和が目立った欧州でも、中国の新型コロナウイルスへの対応や香港への統制強化への不信と警戒が急速に拡大している。21年には、欧州議会がウイグル族弾圧に抗議し中国との投資協定の批准を停止することを決定し、EUは9月に「インド太平洋戦略」を策定した。英国、ドイツ、フランスはインド太平洋に艦艇を派遣し日米などと共同で訓練しており、インド太平洋地域への関与を明

確にしている。

　議長声明では、「航行と上空飛行の自由を確保し、国際法の完全な順守を再確認した」、「緊張を高めるような動きについては、首脳らが懸念を表明した」と強調した。ミャンマー情勢についても「深い懸念」を表明し、民政復帰を呼び掛けた。北朝鮮に対しては、すべての核兵器や大量破壊兵器、弾道ミサイルや関連施設などについて「完全かつ検証可能で不可逆的な非核化」を求めた。

　次回のASEM首脳会議は23年に欧州で開催される。

G7・ASEAN外相会合

　21年12月、ASEANの外相らは、英国を議長国とするG7の会合にオンラインで初めて参加した。ASEMに続き、欧州とアジアが、中国への対応策を直接に協議する場となった。

　会合には韓国やオーストラリア、インドも招かれており、G7がインド太平洋において、東南アジア諸国を抱き込みながら中国と対峙したい意図が鮮明となった。

　他方、G7との対話は、ASEAN加盟国にも利益となる。南シナ海問題においては、国際法の順守を訴えるG7から後ろ盾を得ることで、中国の一方的な主張を牽制することができる。また、ミャンマー問題でも、ミャンマー国軍側に特使の受け入れや「5項目の合意事項」の履行を要求する際に、G7からの支援を足がかりとして、国軍関係者や企業へ制裁を科す欧米諸国とASEANが役割を分担しつつ、事態の打開を模索することが可能となる。

　議長のトラス英外相は、G7単体の議長声明と、G7・ASEANの議長声明を別々に発出した。前者は、中国の「威圧的な経済政策に対する懸念」を表明した。後者では、南シナ海について「土地の埋め立てなどの重大な活動に懸念が示されている」とし、国際法に沿った行動を訴えた。そのうえで、G7とASEAN加盟国の間で、海洋安全保障、航行・上空飛行の自由の促進などの協力を強化するとも述べた。

　ASEAN側は、G7からの招待を歓迎しつつも、ASEANが主導的な役割を発揮し続けることにこだわっており、今後、G7・ASEAN協力が発展していくかどうかは未知数である。

日本の対東南アジア安全保障協力

ビエンチャン・ビジョン2.0

　日本は、16年にラオスのビエンチャンにて開催された第2回日・ASEAN防衛相会合において、各国に加えてASEAN全体の能力向上に資する防衛協力を推進する「ビエンチャン・ビジョン」を発表した。同ビジョンは、日本が、法の支配の定着や海洋・上空の情報収集・警戒監視、捜索・救難といった分野で国際法の実施に向けた認識の共有をはじめとした能力構築支援、防衛装備品移転と技術協力、多国間共同訓練、オピニオンリーダーの招聘などを二国間、多国間で実施していくことを謳っている。これを受け、日・ASEANの間では、海軍種間の「乗艦協力プログラム」、陸軍種を中心とした「人道支援・災害救援招聘プログラム」、空軍種間の「プロフェッショナル・エアマンシップ・プログラム」を含む、多様な事業が実施されてきた。18年に決定された新たな防衛力整備の指針「防衛計画の大綱」にも、ASEAN諸国との関係について「共同訓練・演習、防衛装備・技術協力、能力構築支援等の具体的な二国間・多国間協力を推進する」ことを明記している。

　19年、日本は「ビエンチャン・ビジョン」のアップデート版として、「ビエンチャン・ビジョン2.0」を発表し、二国間の能力構築支援事業や防衛装備品・技術協力、訓練・演習などが深化してきたことを評価した上で、従来構想をアップデートした。そこでは、「心と心の協力」、「きめ細やかで息の長い協力」、「対等で開かれた協力」という実施3原則が新たに盛り込まれている。これは、1977年に当時の福田赳夫首相が東南アジアを歴訪した際にフィリピンで表明した、日本の対東南アジア外交3原則「福田ドクトリン」に通じるものである。

ハイレベルの安全保障対話

　21-22年度の日本と東南アジアとの間のハイレベル防衛対話は、表のとおりである。特に、ベトナムおよびフィリピンとの防衛協力が促進された。

表：日本と東南アジアとの間のハイレベル防衛対話（2021年以降）

年月日	
21年1月24日	フィリピン防衛次官級協議（テレビ協議）
21年3月28日	日・インドネシア防衛相会談
21年3月30日	第2回 日・インドネシア外務・防衛閣僚会合（「2プラス2」）
21年4月15日	日・マレーシア防衛相テレビ会談
21年5月20日	日・ブルネイ防衛相テレビ会談
21年5月25日	日・タイ防衛相テレビ会談
21年6月2日	日・フィリピン防衛相テレビ会談
21年6月16日	第8回ADMMプラス（オンライン）に岸防衛相が出席
21年6月23日	日・ラオス防衛相テレビ会談
21年6月25日	日・カンボジア防衛相テレビ会談
21年9月11日	日・ベトナム防衛相会談
21年9月12日	ベトナム国防省における岸防衛大臣基調講演
21年11月17日	日・フィリピン首脳電話協議
21年11月22日	日・タイ、日シンガポール首脳電話協議
21年11月23日	日・ベトナム首脳会談
21年11月24日	日・ベトナム防衛相会談
21年12月28日	日・ブルネイ防衛相テレビ会談
22年3月20日	日・カンボジア首脳会談
22年4月7日	日・フィリピン防衛相会談
22年4月9日	第1回日・フィリピン外務・防衛閣僚会合（「2プラス2」）
22年4月29日	日・インドネシア首脳会談
22年5月1日	日・ベトナム首脳会談
22年5月2日	日・タイ首脳会談
22年5月16・17日	ASEAN国防高官会議（ADSON）プラス（カンボジア）に槌道防衛議官が出席

【ベトナム】

　岸防衛相は9月にベトナムを訪問し、「ベトナムは『自由で開かれたインド太平

洋』を実現する上で重要なパートナーだ」と述べた。共同声明では、東・南シナ海の権益をめぐって現状変更の動きを強める中国への「深刻な懸念」を表明し、「日・ベトナム防衛装備品・技術移転協定」の署名も行った。

　その後11月には、岸田政権発足後、海外首脳として初めての賓客として、ベトナムのファム・ミン・チン首相が日本を訪問し、対面での首脳会談を実施した。そこでは、両国の安全保障協力を深め、艦艇など防衛装備品を日本から輸出する方針が確認され。また、中国が加盟申請したTPPでは高水準の加盟要件の維持で一致した。

【フィリピン】

　フィリピンとの間では、21年11月に岸田首相がフィリピンのドゥテルテ大統領と電話で協議を行い、外務・防衛閣僚協議（2プラス2）の開催に向けて検討を進めることを確認した。そして22年4月、東南アジア地域ではインドネシアに次ぐ第2の事例となる2プラス2が、東京で開催された。協議では、中国の海洋進出やロシアによるウクライナ侵攻を念頭に「力による一方的な現状変更に反対する」ことが確認され、自衛隊とフィリピン軍の共同訓練を円滑にするための「円滑化協定」や、物資や役務を融通し合う「ACSA」の締結を検討するとされた。

岸田首相の首脳外交と東南アジア歴訪

　1973年の日・ASEAN合成ゴムフォーラムから始まった日・ASEAN友好協力は、23年に50周年を迎える。岸田首相は21年10月末に開催された日・ASEAN首脳会議において、23年に日・ASEAN首脳会議を日本で開きたいと表明し、ASEAN加盟国からの賛同を得た。

　その後、岸田首相は22年3月、インド訪問の翌日にASEAN議長国のカンボジアを訪問し、フン・セン首相と会談した。共同声明では、ロシアのウクライナ侵攻について、ロシアを名指しせず「懸念」の表明に留めたものの、「侵略は国連憲章の重大な違反」であるとし、「武力行使の即時停止とウクライナ領土からの軍隊の撤退」を求めた。ロシアによる化学兵器の使用懸念を念頭に、大量破壊兵器による威嚇や使用は受け入れられないとも強調した。岸田首相は共同記者会

見で「国際秩序の根幹を守るべく、ASEAN議長国のカンボジアと緊密に連携すると確認できた」と強調した。

4月から5月にかけて、岸田首相は、G20の議長国であるインドネシア、ベトナム、APECの議長国であるタイの3カ国を歴訪し、各国首脳と会談した。岸田首相は、G7メンバーである日本がロシアに対して実施している経済制裁などについて説明し、理解を求めた。いずれの国も、記者会見でロシアを名指しで非難することはなかったが、停戦や人道支援の必要性の認識を共有した。ベトナムは日・ベトナム首脳会談の場でウクライナに対する50万ドルの人道支援を表明した。

すでに述べたように、ASEAN議長国カンボジア、G20の議長国インドネシア、APECの議長国タイは、岸田首相の東南アジア歴訪の直後に、秋の首脳会議にロシアの参加を認めることを表明している。インドネシアのジョコ大統領は、岸田首相との会談の当日に、プーチン大統領がG20首脳会議に出席する意向を伝えてきたと明らかにしている。

今後も、日本はアジア唯一のG7メンバー国として、対露世論の形成を急ぐ欧米諸国を側面支援するために、東南アジア諸国への説明を実施していくことになるだろう。

「防衛装備品・技術移転協定」の締結

14年に策定された「防衛装備移転三原則」では、日本が装備や技術を輸出できる条件が整理され、友好国の安全保障・防衛協力の強化に資するものであって、相手国の「監視」や「警戒」に係る能力の向上に寄与する装備については輸出が可能となった。16年、安倍首相（当時）とドゥテルテ大統領が、海上自衛隊練習機TC-90の貸与と、それに関係する技術情報などのフィリピンへの移転に合意したことは、日本の装備品協力の先行事例となった。その際、自衛隊によるフィリピン海軍のパイロットへの教育や整備要員に対する支援も開始された。

なお、従来は、装備品を含めた自国財産の他国への移転は売却か貸与に限定されていたが、17年の不用装備品等の無償譲渡等を可能とする自衛隊法改正により、無償譲渡が可能となった。同法改正に伴う初めての防衛装備品移転の事例もまたフィリピンであった。両国は、すでに貸与中であった5機のTC-90を無償

譲渡に変更することに合意し、同年中に2機、18年に残り3機がフィリピン海軍へ引き渡された。18年6月にはフィリピン国防省からの依頼を受けて、陸上自衛隊多用途ヘリコプターUH-1Hの不用となった部品などをフィリピン空軍へ無償譲渡することが防衛相間で確認され、11月に装備担当部局間で譲渡に係る取決めが署名された。これに従い、19年3月に引き渡しが行われた。また、フィリピン海軍パイロットに対する操縦訓練を日本の海上自衛隊の基地で実施する、フィリピンに日本の整備企業の要員を派遣し、維持整備を支援するといった事業も行われてきた。

20年8月、フィリピン国防省と三菱電機との間で、同社製警戒管制レーダー4基を約1億ドルで納入する契約が成立した。当該レーダーは、三菱電機がフィリピン空軍の要求に基づき、自衛隊向けのレーダーを製造した経験を踏まえて、新たに開発・製造するもので、日本から海外への完成装備品の移転としては初の案件となった。

22年5月現在、無償譲渡が実施された事例、完成品の売却事例はともにフィリピンのみであるが、日本は東南アジア5カ国を含む11カ国と「防衛装備品・技術移転協定」を締結している。

ロシアのウクライナ侵攻後のロシアが欧米からの経済制裁を受け、防衛企業の金融取引が困難になったり、ハイテク部品へのアクセスが制限されたりすることで、東南アジアの防衛装備品市場は長期的に変化する可能性がある。東南アジア諸国の側にも、装備品の輸入先をできるだけ単一国に依存せずに多様化しておきたいとの思惑があるものと考えられる。

東南アジアとの「防衛装備品・技術移転協定」および関連する覚書などの締結状況

インドネシア	2021年3月　防衛装備品・技術移転協定署名・発効
シンガポール	2009年12月　覚書署名
タイ	2022年5月　防衛装備品・技術移転協定署名・発効
フィリピン	2016年2月　防衛装備品・技術移転協定署名 2016年4月　防衛装備品・技術移転協定発効
ベトナム	2021年9月　防衛装備品・技術移転協定署名・発効
マレーシア	2018年4月　防衛装備品・技術移転協定署名・発効

（神戸市外国語大学准教授／平和・安全保障研究所研究委員　木場紗綾）

第7章　南アジア

概　観

　2021年4月以降、インドと周辺各国で感染が再拡大した新型コロナウイルスの第2波は、5月をピークに沈静化へと向かった。しかし長引く感染拡大の経済的損失は甚大なものとなり、ネパールではオリ政権が21年5月に、パキスタンではカーン政権が22年4月に与党の分裂と野党の結集によって不信任を突きつけられ、崩壊した。ネパールではデウバ首相、パキスタンではシャバーズ・シャリーフ首相率いる新政権が成立したものの、いずれも寄り合い所帯の感じは否めず、政権運営は容易ではない。

　政権のみならず、政治体制そのものが崩壊に追い込まれたのはアフガニスタンである。21年8月末の米軍撤退を前にタリバンが攻勢を強めるなか、ガニ大統領は国外に逃亡し、20年ぶりにタリバン体制が復活することになった。地域大国インドは、アフガニスタンがかつてのようなイスラム過激主義とテロの温床となりかねないこと、タリバンと繋がりの深いパキスタン、また中国の同地域における影響力が拡大することに強い警戒感を抱いている。この点で、コロナ禍にもかかわらず、21年9月、初の対面での首脳会談を開催するなど、近年連携強化の進んだ日米豪印の枠組みは「インド太平洋」での脅威に対処するものであるとしても、ユーラシア大陸におけるインドの懸念に応えるものとはみなされていない。

　そこでインドにとって重要性を帯びるのがロシアという伝統的パートナーである。しかしそのロシアが22年2月にウクライナ侵攻を開始したことでインドは厳しい選択を迫られた。米国をはじめ西側各国はロシアを強く非難し、ウクライナ支援を世界に呼び掛けた。しかしインドのモディ政権は西側の度重なる説得と圧力にもかかわらず、国連や日米豪印など多国間の場でも二国間の場でもロシアを名指しした非難は回避し、「中立」の立場を維持した。くわえてロシアに対する経済制裁に加わることも拒絶して、エネルギー価格が高騰するなかでロシア産の石油を割引価格で購入するなど、制裁体制の「抜け穴」作りに加担さえした。インドに対する失望の声が上がったのはいうまでもない。とはいえ、対中戦略上、インドを引き寄せておく必要性から、米国もインドの姿勢を厳しく糾弾するまでには至っていない。

　ウクライナ侵攻に伴う物価高騰が最も深刻化したのは、スリランカである。22年4月にはデフォルト（債務不履行）状態に陥るなか、政権中枢を握ってきたラージャパクサ一族の支配に対する抗議デモが激化し、政情が不安定化した。

（防衛大学校教授／平和・安全保障研究所研究委員　伊藤融）

インド

ロシアのウクライナ侵攻：中立対応でロシアに配慮も一定の距離

　ロシアのウクライナへの侵攻に際して、インド政府は対露制裁や名指しの非難には加わらず、ロシアへの支持もせず、外交による解決を求める中立姿勢をとった。「戦略的自律性（strategic autonomy）」重視の対外戦略を展開するインドにとって、損なうことのできないロシアとの協力関係に配慮した対応を選択することは、自然な帰結としてインド国内で受け止められている。

　侵攻開始当初、インド政府の課題となったのは、医学分野を中心とするインド人留学生約2万人の退避であった。インドからの医学生の留学先としてウクライナは、中国、ロシアに次いで3番目に人数が多く、ウクライナ側ではインドが留学生の最大の出身国であった。インド政府は「ガンガー作戦」と称して臨時便の運航や周辺国からの帰国支援などを行ったが、欧米各国に比べて退避勧告の発出が遅れるなどの慌てた対応ぶりが見られた。モディ首相はプーチン大統領との電話会談で、ロシア軍に包囲されたウクライナ北部のスムイの留学生の安全について懸念を伝えると、直後に同地でインド人や中国人の留学生を中心とした民間人の退避が実現した。

　侵攻開始直後の国連安保理における対露非難決議案の採決や、国連総会での同様の非難決議案、人権理事会の理事国としてのロシアの資格を停止する国連総会での採択のいずれもインドは棄権した。西側諸国が行う制裁にも加わらず、米ドルを介さないルピー＝ルーブル間の決済システムの構築に向けて動き、ロシアからの石油輸入を拡大させた。

　インドがこのようにロシアとの関係維持を重視する理由は、三つの観点から整理できる。第1に、インドにとってロシアは、1970-80年代には実質的な同盟関係にあったソ連時代からの頼りになる国であり、現在も「特別・特権的戦略パートナーシップ」を結ぶ緊密な協力関係にある。特にインドの兵器調達はかねてからソ連／ロシアに依存している。兵器の国産化や調達先の多元化を進める近年でも、2012-17年におけるインドの兵器輸入額の69%、2017-21年は46%をロシアが

占めていた（SIPRI年鑑より）。エネルギー分野ではかねてより原子力での協力が進んでおり、石油輸入は21年にインドの輸入の1-2％程度を占めるのみであったが、エネルギー危機にあるインドにとって潜在的重要性は高い。またインド国内で供給不足が社会問題化している肥料もロシアからの輸入に依存している。

21年12月にプーチン大統領がインドを訪問した際には、10年間の防衛技術協力（カラシニコフ社製自動小銃AK-203のインド国内生産など）、1年間の石油供給契約、肥料供給などで合意し、あわせて初となる外務・防衛閣僚協議（2プラス2）も実施された。22年3月末にもラブロフ外相がインドを訪問して協力の継続を確認した。

第2に、インド政府は主たる脅威である中国との関係の観点から、ロシアとの協力関係を不可欠と捉えている。90年代末にロシア主導で印中露3カ国の協力枠組みが発足し、世界秩序の「多極化」あるいは「民主化」に向けた協力を開始した。インドではロシアと連携して対中関係をコントロールする考えがある。ユーラシア三大国の関係において、インドがロシアと距離を取れば「中露vs.印」の構図を作り出すことになりかねないと考えられている。

インドは近年、中国の海洋進出への対抗を見据えて日米豪印やインド太平洋における協力を積極的に進めてきた。しかし海洋よりも大陸における脅威を重視する傾向があり、現状では日米豪印をロシアに代替しうるパートナーとは考えていない。22年3月の日米豪印首脳会合（オンライン）でもインドの意向によりロシアへの名指しの非難は避けられた。また21年7月にジャイシャンカル外相がロシアを訪問した際には、ロシアをインド太平洋の協力枠組みに引き入れる提案が行われていた。

第3に、インドでは、ロシアのウクライナ侵攻をロシアとNATO陣営の対立という構図で見る向きが強く、（ジャイシャンカル外相などは否定するものの）当事者意識が低い。責任の一端はロシアを追い詰めたNATO側にあり、インドが犠牲を強いられるいわれはないとの考えが滲んでいる。

日本など反露陣営ではインドの親露姿勢が注目されているが、インドがロシアとの関係を損ねない範囲内でウクライナへの侵略戦争に対する反対を示している側面もある。国連における投票への説明では、名指しは避けつつも遺憾の意

を示すなどの間接的なロシア非難を行っている。さらにロシア軍によるブチャでの虐殺が明らかになると、国連安保理においてインド代表がこれを糾弾して独立調査を要求した。

米国との関係：ウクライナ問題で温度差、人権問題への言及も

　米国との関係における21年の主要な議題は、二国間や日米豪印等を通じたコロナ対応への支援や協力であった。21年5月にジャイシャンカル外相が訪米、7月にブリンケン国務長官が訪印、9月には二国間ならびに日米豪印での首脳会談など、多様なチャンネルで両国は協議を重ねた。

　22年に入ると、印米間でもロシアのウクライナ侵攻への対応が主要テーマとなり、人道支援などの協力では合意しているものの、両国の対応は分かれた。22年4月に行われたオンライン首脳会談においてバイデン大統領がモディ首相に、ロシアとの協力関係はインドの利益にならないと訴えるなど、米国側はインドに対してこの問題でも自国の側につくことを求めたが、インド側は国益に基づいて独自の判断を行う姿勢を崩さなかった。米国側はインドの立場にも一定の理解を示し、インドの動きを制裁破りとは見なさないとしている。

　また首脳会談とあわせて行われた2プラス2後の記者会見で、ブリンケン国務長官はインド国内における「人権侵害の増加」への言及を行った。これはモディ政権によるイスラム教徒への抑圧的政策に釘を刺すものであり、ウクライナ問題で協力を拒むインドへの揺さぶりとも見られている。

中国との関係：国境問題の緊張緩和進まず、経済依存は深化

　20年6月に印中国境におけるガルワン紛争で双方に死者が出て以来、軍・外交ルート間での接触は維持されているものの、緊張緩和は進んでいない。

　21年9月にオンライン開催されたBRICS首脳会談ではインド政府も北京オリンピックへの支持を表明していたが、開会式には直前で外交ボイコットを決めた。ガルワン紛争で負傷した人民解放軍の兵士を「英雄」として聖火リレーに参加させたためであった。

　22年3月には王毅外相がインドを訪れた。ウクライナ問題で立場の近い両国の

関係改善に向けた動きとの見方もあったが、同年後半のBRICS首脳会談に向けた調整が主目的であり、懸案の国境問題での進展も見られず、インド側では関係改善には繋がらなかったとの冷めた受け止めが広がった。

　経済面では、20年に発表した「自立したインド（Self-reliant India）」政策により国内製造業の振興と中国からの輸入削減を図っており、これは「中国ボイコット」政策であるとの見方もされている。しかしコロナ禍で国際貿易が停滞するなか、21年の印中二国間の貿易額は過去最高の約1,250億ドルとなり、インド側の貿易赤字も過去最高の約770億ドルとなった。インドは電気製品、機械、医薬品原料などを中国から多く輸入しており特に医薬品関連の輸入が増加した。

日本との関係：自衛隊機の寄港拒否問題

　コロナ禍が吹き荒れた21年、日印関係では新型コロナウイルス対応での支援や協力が中心的議題となり、安全保障関連での動きは乏しかった。なお、19年に調印された物品役務相互提供協定（ACSA）は21年7月に発効している。

　22年3月、岸田首相としては就任後初の二国間訪問として、また日本の首相としては17年以来4年半ぶりに、インドを訪問した。日印間では隔年相互訪問が制度化されているが、19年末の訪印はインドにおける市民法改正による騒乱のため、以後はコロナ禍の影響で長らく実現していなかった。今回の首脳会談では、二国間、日米豪印、インド太平洋での安全保障協力のほか、クリーンエネルギー分野での協力強化や、日本からインドへ今後5年間で5兆円の投資を目標とすることなどに合意した。首脳会談の大部分の時間はウクライナ問題に充てられ、日本側は対露圧力での連携を求めたが、力による一方的な現状変更への反対と、紛争の平和的解決を求める方針、人道支援での連携を確認するに留まった。

　22年4月、日印関係に事件が起きた。日本政府は国連難民高等弁務官事務所（UNHCR）の要請に基づき、UNHCRの救援物資をムンバイ（インド）とドバイ（アラブ首長国連邦）でピックアップして、ウクライナからの避難者を多く受け入れているポーランドとルーマニアに自衛隊機で輸送する計画を立て、自民党の政調審議会に諮った。しかしインド側からストップがかかり、ドバイのみでピックアップを行うことになった。

自民党の高市政調会長や佐藤外交部会長は政府・外務省の根回し不足を批判し、インド外務省報道官はムンバイでのピックアップと自衛隊機の領空通過をそれぞれ認めたのであって自衛隊機の寄港は認めていなかったと釈明した。しかし最終的にインドでの積み込みが断念されていることからして、事務的な行き違いだけでなく、インド政府が自衛隊機の着陸を拒否したことは事実と見られる。また真相は不明だが、事務レベルでは合意していたものがインドの閣僚レベルで覆されたとの情報も自民党側から出ている。軍用機の着陸を認めればロシアとの関係を損ねかねないとの判断がインド側にあったものと見られる。

オーストラリアと初の2プラス2

20年に「包括的戦略パートナーシップ」樹立を宣言したオーストラリアとの関係強化は着実に進められている。インドの「インド太平洋海洋イニシアティヴ」に対してもオーストラリアが積極的な協力を行い、両国での共同事業が具体的に動き出している。

21年9月にはオーストラリアのペイン外相とダットン国防相がインドを訪れ、初となる2プラス2が行われ、同月にはモディ首相とモリソン豪首相の首脳会談も行われた。両国は日米豪印の枠組みでの協議のほか、日本を加えた3カ国での経済相会合（オンライン）も同年4月に行っていた。

アフガニスタン：タリバン政権には静観姿勢

アフガニスタンでは米国軍が撤退し、インドが支援してきたガニ政権が崩壊、タリバンが国土の大部分を支配下に収めた。ガニ政権に対して総額約30億ドルのインフラ投資や、さらには軍事支援も行ってきたインドにとって、自国が影響力を失い、敵対するパキスタンの影響力が強まるこの状況はアフガニスタン政策の失敗を意味した。

これまではガニ政権を全面支援してタリバンと関与しない姿勢であったが、タリバンの勢力伸長を受けて水面下では接触を行っており、21年3月に米国がアフガニスタンでの和平交渉の関係国にインドを加えていた。しかしインド政府も事態の急速な展開を予測できていなかったようである。

ロシアのウクライナ侵攻と同様に、インド政府には関係者等の国外退避が当面の課題となった。「デヴィ・シャクティ作戦」と称して、21年8月には空軍機、12月にはチャーター便を飛ばすなどして、インド国籍者だけでなくアフガニスタン国籍の宗教的マイノリティ（ヒンドゥー教徒、シク教徒）を含む669人をアフガニスタンから退避させた。

これまでもアフガニスタン国内でのインド大使館等の施設への攻撃は相次いでいたが、インド国内でのテロリズムの活発化への懸念も強まっている。パキスタンの支援を受けてインドに対するテロ攻撃を行うラシュカル＝エ＝タイバなどの過激派組織は、タリバンとも関係があるとされ、さらにはタリバンの一部と見られるハッカーニ・ネットワークとの間にも連携が見られる。

21年11月、インド政府は「アフガニスタン地域安全保障対話」を主催し、ロシアやイランなど7カ国から代表が参加して、すべての政治勢力が排除されない形での政権樹立やテロリストの取り締まりなどを求めた。この会合に中国やパキスタン、そしてタリバンは参加しなかった。

今後のインドのアフガニスタン戦略としては、タリバン政権との関与に踏み切る選択肢があり、タリバン幹部もインドとの協力に前向きな意向を示しているが、インド側は人道支援を行うなどの対応に留め、動向を静観する姿勢を示している。

パキスタンにブラモス巡航ミサイルを誤射

21年2月にカシミールでの停戦に合意したパキスタンとの二国間関係では、下記の事件を除き、大きな動きは見られなかった。

22年3月、インド領内から発射されたミサイル1発がパキスタン領内に着弾した。弾頭は搭載されておらず、人的被害は発生しなかったが、パキスタン政府がインド側に抗議した。インド政府はミサイルが不具合のために誤って発射されたことを認めて遺憾の意を表し、事態は収束した。着弾したミサイルはロシアとインドが共同開発したブラモス巡航ミサイルと見られている。

新型コロナウイルス：超過死亡は全世界の約3分の1との推計も

21年5月上旬をピークとする新型コロナウイルスの感染拡大第2波では、急速な

感染拡大に対応できず医療崩壊が発生し、臨時の火葬場となった空き地に死体が次々に運び込まれるなどの惨状がインド各地で繰り広げられた。こうした状況に、インド政府は輸出を計画していたワクチンを国内に急遽振り向けるなどの対応に追われ、また世界各国からも支援の手が差し伸べられた。22年1月にもオミクロン株による第3波が起きたものの、第2波のような混乱は起らず、その後は急速に沈静化した。

　新型コロナウイルスの感染拡大による間接的な影響も含めた超過死亡に関する世界保健機関（WHO）の推計によると、インドでは21年末までに累計で約470万人が命を落とした。同期間における超過死亡は国別で世界最多であり、全世界の3分の1近くを占める。インド政府が同期間の死者数として公表している数値とは約10倍の開きがあり、インド政府はWHOの推計に疑念を示しているが、BBCによるとインドでの超過死亡に関する他の研究もWHOの推計に近い結果を示している。

国内政治：最大の州議会選挙を乗り切りモディ政権安定

　国内政治においては、政権与党のインド人民党が最大州ウッタル・プラデーシュ（以下UP）州で勝利し、24年前半に予定される連邦下院議会選挙に向けて当面の政治権力基盤を固めた。インド人民党に対抗する野党側では、前政権与党のインド国民会議派の党勢が急激に衰退しており、野党間の連携も足並みが乱れている。

　コロナ禍の第2波にあった21年5月には、西ベンガル州、タミル・ナードゥ州などで州議会選挙の開票が行われ、インド人民党の勝利は4州のうちアッサム州のみに留まり、西ベンガル州での党勢拡大の試みも失敗に終わっていた。コロナ禍への対応をめぐる政権批判の声も出始めており、政権与党側では危機感を募らせた。同年11月には長らく抗議デモが続いていた農業関連法（20年成立）の撤廃が発表され、これはUP州等での選挙のための措置とみられた。

　そして22年3月、UP州、パンジャーブ州など5州の州議会選挙の開票が行われ、インド人民党はパンジャーブ州を除く4州で勝利した。UP州でインド人民党は、前回に比べて議席数を減らしたものの単独過半数を確保した。同州では直

近8回の州議会選挙すべてでその時点の州政権与党が敗北していたが、インド人民党は2回連続で第一党となり、モディ首相の後継候補の一人と目されるヨーギー州首相にとって政治的に大きな得点となった。上記農業関連法の廃止や、連邦政府による農家向けの現金給付政策、州政権による貧困層向けの現物支給政策などで有権者の支持引き留めに成功したものとみられている。

（中京大学准教授　溜和敏）

軍事情勢

①全般軍事情勢

　21年以降のインドをめぐる軍事情勢は、ロシアと中国に関連する問題に直面するようになった。ロシアに関しては、ロシアのウクライナ侵攻によって、インド軍への武器供給に問題が生じ始めていることが問題である。武器は、精密なものであるにもかかわらず乱暴に扱うため、専属の修理部隊がいて絶えず修理して使うものである。弾薬も使う。結果、修理部品と弾薬の供給に依存する。インドが保有する武器、特に戦闘機や戦車などの正面装備については旧ソ連製、ロシア製のものが多く、インドはロシアからの修理部品、弾薬の供給に依存する体制になっている。また、ロシアはインドに対して、他の国が供給してこなかった最新の武器の供給を行ってきた。例えば、超音速ミサイルや原潜などである。つまり、既存の武器から最新の武器まで、インドはロシアからの武器の供給体制に相当依存してきたのである。ロシアのウクライナ侵攻は、この供給体制に大きな打撃を与えた。例えば、ウクライナでの戦闘のために、ロシア自身が武器の修理部品や弾薬を必要とし、ロシアからインドへの輸出は滞る可能性が出始めた。さらに、欧米諸国などによるロシアへの経済制裁が始まり、半導体などの対露輸出が止まったため、ロシアにおいて修理部品や弾薬の生産ができなくなる可能性もでてきた。

　そのため、インドは急速な対応を迫られている。従来、インドの対策の中心は徐々に米英仏イスラエルなどからの輸入を増やし、その交渉の過程で技術提供を受けて国産能力を高め、ロシア依存を低下させるものである。実際、過去数年、金額ベースでみると、米英仏イスラエルから輸入する武器の合計額は、ロシアからの輸入を上回るようになっている。そして、ロシアのウクライナ侵攻は、こ

の動きを加速化させる必要性を示した。インドはロシア製の武器の部品の内、100以上の部品に関し、輸入を禁止し、技術提供を受けながら国産品へと転換することを決め、依存しない武器体系構築に向けて動いている。

　一方、中国に関しては、20年以降続く、印中国境におけるインド軍の大規模展開が継続しており、中国軍のインド側への侵入事件数も増加する傾向にある。これはインドにとって大きな圧力になっている。インド軍は中国に対する反撃能力向上を念頭に置いて、陸海空軍を組み合わせた7-8の統合部隊に再編する計画を進めている。しかし、21年12月、統合計画を主導していたビピン・ラワット国防参謀長が事故死し、軍の改革が停滞することが懸念されている。

②総兵力

　インドは、145万人の正規軍、ほぼ同規模の予備役や準軍隊を有する大規模な軍事力を有している。一方で将校不足、艦艇増加に伴う乗員不足、多額の人件費と年金など、多くの問題は、まだ解決していない。

③国防費

　22年初頭にインド政府から発表された22-23年度の国防費は約525,000クロー（1クロー＝1,000万インドルピー［約706億米ドル］）で、前年より10%の伸びである。内、新装備購入に充てる予算が国防費全体の約29%を占め、約44%が人件費や維持管理費、約23%が退役軍人の年金である。インドの国防費の近年の特徴は、国産技術の推進で、新装備購入に充てる予算の68%（昨年58%）が国産品の調達に充てられている。新装備購入費だけみると配分は陸23%、海35%、空41%であり、陸海空配分が2:3:4程度である。

④核戦力

　インドの核弾頭保有数は約160とみられ、パキスタンより5-10程度少ない。現在インド軍は射程5,500kmまでの弾道ミサイル、戦闘機、戦略ミサイル原潜を有する。インドからは700キロメートルでパキスタン全土、3,500キロメートルで北京、5,000キロメートルで中国全土が射程に収まり、射程はこれを念頭に置いたものとみられる。指揮は戦略軍コマンドでとるが、指揮下にあるのは弾道ミサイルだけで、戦闘機は空軍、原潜は海軍の指揮下にある。ミサイル防衛として国産のPAD、AADを配備しており、極超音速ミサイルの実験に成功しつつある。

⑤宇宙

　インドは10年以降、通信衛星GSATを19基、ナビゲーション用衛星IRNSSを8基、地球科学衛星CartoSatを6基、レーダー衛星RISATを4基、偵察衛星EMISATを1基、打ち上げに成功している。年平均3-4基打ち上げている。21年5月-22年4月までの打ち上げ数も3基である。19年にミサイルによる衛星迎撃実験にも成功した。

⑥通常軍備

陸軍：124万人。六つの陸軍管区司令部（北部、西部、南西部、中部、南部、東部）と訓練司令部を保有している。対パから対中配置へ移行中である。

海軍：7万人。沿岸警備隊1万人。インド海軍は現在、空母1、大型水上戦闘艦27、潜水艦16を含む約140隻程度を有し、戦闘用の西部・東部方面艦隊と訓練・教育目的の南部方面艦隊の三つの艦隊に配置している。艦艇数は増加中で、27年に200隻を超える可能性がある。対潜能力の向上を重点的に図っているが、潜水艦のレーダーが地上部隊も探知可能なため、対潜哨戒機1機を印中国境に展開させてもいる。

空軍：14万人。空軍は数的に減少傾向にある。（本来は戦闘機42-45飛行隊が必要とされているが、30飛行隊まで減少）。30年までに35飛行隊を目指す。地対空ミサイルの老朽化も深刻であるが、22年2月より、ロシアからS400地対空ミサイルの導入が始まっている。

（ハドソン研究所研究員　長尾賢）

パキスタン

イムラーン・カーン政権の崩壊

　21年のパキスタン内政は比較的動きが少なかったが、22年になって一変した。野党勢力による政権打倒の動きが高まり、4月10日に議会下院でイムラーン・カーン首相に対する不信任投票が行われた結果、僅差で可決されたのである（総議席342のうち賛成174票）。翌11日には、新首相を選出する選挙が下院で行われ、最大野党パキスタン・ムスリム連盟（ナワーズ派）（PML-N）のシャバー

ズ・シャリーフ党首と与党パキスタン正義党（PTI）のシャー・マヘムード・クレー
シー外相が立候補した。ところが、採決直前になって与党議員167人が議場から
突如退出したため、候補はシャリーフ1人のみとなった。これによりシャリーフが
満場一致で新首相に選出された。

　カーン前首相は国民的人気を背景に18年の総選挙でPTIを勝利に導き、同党
を中心とする連立政権を発足させた。カーンはパキスタンで絶大な影響力を持
つ軍の支持を受けているとされ、政権基盤は盤石かに見えた。19年8月にカーン
首相（当時）が軍トップであるバジュワ陸軍参謀長の任期を3年間延長したこと
も、政軍の良好な関係を印象づけるものだった（この決定をめぐっては、最高裁
が差し止めを命じる司法判断を示すも、議会上院が法改正を行ったことで延長
が合法化された）。だが、21年10月に三軍統合情報局（ISI）長官人事をめぐり
軍側と対立した頃から、両者の関係にほころびが目立つようになった。報道によ
ると、軍側は現職のハミード中将の後任にカラチ軍団長を務めるアンジュム中将
を充てる人事を内部で固めていたが、カーン首相がアフガニスタン政策で信頼
を置くハミード中将を留任させたい意向だったされる。最終的にカーン首相はハ
ミード中将のISI長官就任を承認したものの、決定までに3週間を要したこともあ
り、双方にしこりを残すこととなった。

　さらに、経済状態の悪化がカーン政権に重くのしかかることとなった。新型コロ
ナウイルスのパンデミックが経済にもたらした悪影響に加え、エネルギーや穀
物価格の上昇によるインフレ、パキスタン・ルピーの下落が国民生活に深刻な打
撃をもたらした。21年10月には、野党の呼びかけで、物価高に抗議する大規模
デモも全国主要都市で行われた。また、ロシアがウクライナ侵攻を始めた当日に
カーン首相がモスクワでプーチン大統領と会談したことも、マイナスイメージをも
たらした。

　こうしたなか、野党は政権批判を強め、22年3月8日に議会に不信任案を提出
した。これに対し政権側は、議会運営を担当するスリ下院副議長に不信任案の
審議を認めない判断をさせるとともに、カーン首相自身も下院を解散する意向を
表明することで野党の動きを封じようとした。さらにカーン首相は、「外国の策
謀」があるとして、米国が背後にいると非難した（米国側は否定）。しかし野党側

もこれに屈せず、最高裁に政権側の対応について見解を示すよう求めたところ、不信任案審議却下と下院解散のいずれも違憲との司法判断が下された。これにより不信任案が採決にかけられ、冒頭に記したとおり、可決される結果となったのである。

シャバーズ・シャリーフ新政権の陣容

　新首相となったシャバーズ・シャリーフは、長年PML-Nを率い、3度にわたり首相を務めたナワーズ・シャリーフ氏の実弟である。パキスタン最大州のパンジャーブで3度にわたり州首相を務め、18年の総選挙では下院議員に転じた。兄が17年に「パナマ文書」に端を発する不正蓄財疑惑で最高裁から失職を宣告され、翌18年には公職に就くことを禁止されるとともに汚職事件裁判所から懲役10年の実刑判決を受けたことで政治生命が絶たれた（22年4月現在、病気療養を理由に保釈されロンドン滞在中）のを受けて、同氏が同年3月にPML-N党首の座を継いでいた。

　シャリーフ新政権は、PML-Nと野党第二党のパキスタン人民党（PPP）、宗教政党の連合体である「統一行動評議会（MMA）」などからなる連立政権となった。内閣の構成を党派別に見ると、閣僚35人のうち、PML-Nが14人、PPPが10人、MMAが4人、諸派7人となっている。財務相にはPML-N所属で元IMFエコノミストのミフター・イスマイール下院議員が充てられた。与党第二党となったPPPからは、ベーナズィール・ブットー元首相を母に、アースィフ・アリー・ザルダーリー元大統領を父に持つビラーワル・ブットー党首が外相に就任したことが注目された。

　政権発足にはこぎ着けたものの、シャリーフ首相にとって課題は山積している。昂進するインフレやルピー安をはじめとする経済問題に妙薬があるわけではない。歴代文民政権は軍との関係に苦慮してきた経緯があり、シャリーフ新政権とて例外ではない。政権に参加した各党は「打倒カーン政権」では一致したものの、PML-NとPPPは長年にわたり対立を繰り返してきた政党同士であるように、呉越同舟の感じは否めない。対立が深刻化すれば政権瓦解の危機に直結するだけに、シャリーフ首相は慎重な政権運営が求められることになる。

タリバンのアフガン制圧と米軍撤退

　21年8月15日、アフガニスタンで首都カブールが陥落し、タリバンが一部地域を除いて全土を制圧した。カルザイ政権およびガニ政権がインド寄りとされていたのに対し、タリバンはパキスタン、とりわけ軍と近い関係にあるとされてきた。さらに、8月末には米軍がアフガニスタンから完全に撤退したことで、地域における米国のプレゼンスが大幅に低下した。こうした一連の変化によって、パキスタンにとっては、アフガニスタンとの二国間関係においても地域のパワーバランスにおいても、有利な状況が到来したといえる。

　情勢の急変を受けて、パキスタンでは8月16日にカーン首相の主宰により国家安全保障会議（NSC）が開催され、アフガニスタンへの内政不干渉を確認するとともに、「包摂的な政治解決」が必要との見方を示した。政府承認については、96年にタリバンが初めて政権を樹立した時と異なり、パキスタンは承認を行っていない（22年4月時点。サウジアラビアとアラブ首長国連邦も同様）。ただし、中国やロシア等と同じく、パキスタンはカブールに大使館を維持している。また、9月にハミードISI長官、10月にクレーシー外相、22年1月にモイード・ユースフ国家安全保障担当補佐官が、それぞれカブールを訪問した。タリバン政権側からも、11月にムッタキー外相がイスラマバードを訪問しており、両国間では事実上の外交的往来が活発に行われている。インドが11月にロシアやイラン、中央アジア諸国とアフガニスタン情勢について協議する国際会議をデリーで開催したが、パキスタンは招待を受けながらも参加しなかった。これも、タリバンと独自の太いパイプがあることから来る自信の現れと解されよう。

　ただ、タリバン政権の復活によって、パキスタンにとって新たな問題や懸念も生じていることにも留意すべきである。タリバンの全土制圧以降、大量のアフガニスタン国民が出国してパキスタンに流入している。21年12月中旬にパキスタンのファワド・フセイン情報相が米VOAの取材に答えたところでは、その数は30万人を超えるという。また、タリバンは中国との関係を深めており、かつてのようにパキスタン軍の意向だけに忠実でいてくれるかどうかも定かではない。

ロシアのウクライナ侵攻に対するパキスタンの姿勢

　インドとロシアが密接な関係にあるため、パキスタンとロシアは疎遠な関係が続いていたが、2010年代以降、徐々にではあるが安全保障やエネルギー分野で協力が行われるようになっていた。15年には、パキスタン陸軍参謀長による初のロシア訪問も行われた。さらに、22年2月23、24日にカーン首相がパキスタンの行政トップとしては初めてロシアを訪問した。24日にはプーチン大統領との会談も行われたが、この日はロシアがウクライナ侵攻を開始した当日だった。その後の国連総会の緊急特別会合で、パキスタンはロシア非難決議に対して「棄権」している。一連の対露接近からは、米国離れが進むなかで、中国に加えてユーラシアのもう一つの大国との関係を強化することで、自国の安定を図ろうとするパキスタンのねらいが浮かび上がってくる。

CPECをめぐる中国との関係

　「中国・パキスタン経済回廊（CPEC）」を通じたパキスタンの中国への依存が続いている。CPECは総投資額600億ドルといわれ、パキスタンの発展の鍵を握るとともに中・パキスタン関係の中核に位置づけられる巨大開発プロジェクトだが、21年にはこれをめぐる懸念も表面化した。21年7月、CPECを所管するCPEC庁のアースィム・バジュワ長官が解任され、エネルギー分野のビジネス経験が豊富なハーリド・マンスールが実質的な後任（職名は「CPEC担当首相特別補佐官」）に充てられる人事が発表された。バジュワは陸軍出身で、退官後、19年11月に新設されたCPEC庁のトップに任命された。在任期間が2年に満たないなかでの異動の背景には、CPECの各プロジェクトが期待通りに進まないことに不満を強める中国の意向があったとの見方がインドメディアから指摘された。また、7月14日には、パキスタン北西部のハイバル・パフトゥンハー州コヒスタンで、水力発電用ダム建設に従事する中国人エンジニアを乗せたバスが爆発し、中国人9人を含む13人が死亡した。パキスタン当局は車両の整備不良が原因としていたが、中国側はテロだとして徹底した捜査を要求しており、CPECの信頼が揺らぐことに神経を尖らせていることが窺える。

停滞するパ印関係

　対インド関係では、19年2月にインド側カシミールで発生した治安部隊を標的とした襲撃のような目立ったテロ事件こそなかったものの、関係が改善することもなかった。22年4月22日、インドのモディ首相がツイッターでシャリーフの首相就任を祝うツイートを投稿し、これにシャリーフ首相も謝意を表明した。だが、モディ首相が「テロから自由な地域において平和と安定を望んでいる」と付け加えたのに対し、シャリーフ首相も「ジャンムー・カシミールを含む未解決の紛争を平和的に決着させることが必須だ」としているように、互いに釘を刺している。

（岐阜女子大学南アジア研究センター特別客員准教授　笠井亮平）

軍事情勢

①全般軍事情勢

　パキスタンはインドに対抗するために、背後にあるアフガニスタンに親パ政権を立ち上げることに尽力してきた。その観点から、21年8月のアフガニスタンにおけるタリバン政権の誕生は、パキスタンの安全保障にとって悪くない情勢である。一方で、パキスタンの経済状況の悪化は、ロシアのウクライナ侵攻に起因するエネルギーと穀物価格の上昇によって拍車がかかり、カーン政権の崩壊に繋がるなど、深刻な状況になっている。結果、パキスタンにとって頼みの綱となる中国への依存度を高めている。

　パキスタンは、経済状況が悪い中でも国防費を伸ばし、中国から武器を購入した。特に新しいJ-10戦闘機の導入は、パキスタンがインド対策に力を入れる中で重要なステップとみられる。過去、パキスタンは、米国からF-16戦闘機を導入し、これがパキスタン空軍の主力であった。しかし、米国がパキスタンへの支援をやめる中、パキスタンは中国製戦闘機の導入に依存しつつあり、その過程で中パ共同開発とされるJF-17戦闘機の数を増やすようになった。しかし、19年、インド空軍が、パキスタン国内にあるテロ支援拠点に対して越境空爆（いわゆるバラコット空爆）をかけ、パキスタン空軍の能力不足が露呈した。22年3月の中国製J-10戦闘機の導入は、そのような危機感の反映といえる。

　興味深い点は、このJ-10も、JF-17も、ロシア製エンジンを使っていることであ

－209－

る。パキスタンにおける戦闘機の導入は、パキスタンが米国から離れて中国依存になっていることだけでなく、中国とロシアの接近をも示唆するものとなっている。

②総兵力

総兵力は65万人、準軍隊29万人。

③国防費

21年6月公表（7月施行）の国防費は1兆3,700億パキスタンルピー（88億米ドル）で、前年より6.2％の伸び。陸軍が国防費全体の48％、海軍11％、空軍21％、残りは装備品の生産部門などである。退役軍人の年金は含まれていない。

④核戦力

インドを10上回る160の核弾頭を保有。中国製、北朝鮮製のミサイルを元にした射程70-2,000キロメートルの各種弾道ミサイル、戦闘機が核弾頭を運搬する。射程の短いミサイルは、限定核攻撃を想定した戦術核。指揮は国家戦略総司令部で行う。保有する中国製のLY-80地対空ミサイルには、弾道ミサイル防衛能力がある。

⑤通常軍備

陸軍：56万人。九つの軍団、一つの地域コマンド、二つの特殊作戦群など。ロシア製Mi-35攻撃ヘリが配備されつつある。

海軍：2万3,800人（海兵隊3,200人、沿岸警備隊2,000人を含む）。潜水艦9隻（4隻は小型）、大型水上戦闘艦8隻を含む海軍を保有しており、内、フリゲート艦4隻は中国製である。さらに、中国から江凱級フリゲート艦4隻、元級潜水艦8隻を購入、建造中となっている。

空軍：7万人。戦闘機は16飛行隊。中国製のJ-10戦闘機、中パ共同開発のJF-17戦闘機の数が増加中である。

（長尾賢）

アフガニスタン

カブール陥落とタリバン政権の復活

21年8月15日、タリバンがアフガニスタンの首都カブールに入り、アフガニスタン

全土をほぼ制圧した。ガニ大統領や副大統領、その側近たちがアラブ首長国連邦（UAE）に逃亡し、米国が中心となって成立させた体制はもろくも崩壊した。タリバンの本格的攻勢が伝えられてからわずか2週間、ガニ大統領が強力な抵抗を誓った翌日のことだった。

アフガニスタンの混乱は、難民の流出、麻薬の拡散、テロの拠点化などの問題を孕んでいる。アフガニスタンを拠点とする過激派組織「ISホラサーン州（ISKP）」にはウズベキスタンやタジキスタンなど中央アジア出身者が多く、タリバンがISKPの活動を封じられるかは、中央アジア諸国やロシアの重大な関心事になっている。

米国のバイデン大統領は、8月17日、アフガン政策について「米国のアフガン政策の目的はアルカイダの解体とウサマ・ビンラディンを殺害することだった。アフガニスタン国家の再建や復興は米国の役割ではない」と述べた。また、「我々のアフガニスタンにおける使命は、ネイションビルディング（国家建設）ではなく、統一した、中央集権的な民主主義の創設など構想したことはなかった」とも語った。

しかし、バイデン大統領は03年に上院外交委員会で、米国がアフガニスタンのネイションビルディングを達成できなければ、アフガニスタンは混迷に陥り、血に飢えた軍閥、麻薬密売人、テロリストで溢れることになると述べている。バイデン大統領の姿勢の変遷にあるように、米国は元々、アフガニスタンで民主主義の育成を考えたが、支援したアフガン政府の腐敗もあって結局その目標を達成することができなかった。

米国が支えた政権の崩壊をもたらした腐敗

米国は2兆2,600億ドルをアフガニスタンに注ぎ込んだが、そのうちの1兆ドルは戦費で、アフガニスタンの人々の生活支援を有効に行えなかった。アフガニスタンは世界で最も貧しい国の一つのままである。米国はアフガニスタンへの資金供与に対して厳格な監査も行わなかった。ガニ大統領は腐敗の根絶を公約としながらも、彼をはじめとするアフガニスタンの政府高官たちにも腐敗に真摯に取り組む姿勢は見られず、私服を肥やした。政府の顕著な腐敗がアフガニスタンの

人々を政府から遠ざける要因となった。

　駐英大使を務めたアフマド・ワリー・マスード（1964年生まれ）は、対ソ戦争の英雄とされるアフマド・シャー・マスードの弟だが、タジク人の「マスード財団」の理事長となった。09年10月に彼の弟のアフマド・ズィヤー・マスードは5,200万ドル（約55億円）のキャッシュをもって、UAEに入り、兄（ワリー）のためにドバイの高級コンドミニアムを購入した。その種の話はアフガニスタン政府では絶えなかったが、政府高官たちはすでにその当時から米軍撤退後の国外逃亡を考えていたと見られている。腐敗こそアフガニスタンにとってタリバン以上の脅威だと当時からいわれていた。ガニ大統領をはじめ政府高官たちがタリバンの攻勢を前にして真っ先に逃亡したのもあらかじめ想定していたシナリオだった。

　学校や裁判所が建設されるのに、米国が資金援助をしても実際に運営されることなく、建設資金を政府高官たちが着服するということもしばしばあった。米国政府関係者たちが監査に出かけようとしても治安上の理由から不可能だったという問題もあった。

　米国が支援したアフガニスタン政府は、国家予算の6割以上を国際社会からの支援に依存していたが、その少なからぬ部分が着服されていた。

米軍の誤爆

　21年8月29日に米軍がISに対して行ったとされる無人機攻撃が誤爆だったことを米中央軍のマッケンジー司令官が9月17日に認めた。この攻撃では子供7人を含む民間人10人が犠牲になった。

　8月26日のISKPによるカブール空港での自爆テロでは、米兵13人を含む170人以上が死亡した。バイデン大統領は、「我々は許さない。我々は忘れない。お前たちを追い込んで、代償を払わせる」と述べたが、米軍が標的にした中には、ISKPとはまったく関係のない、米国の援助団体の現地職員として働くアフガニスタン人男性も含まれていた。

　調査報道局（BIJ）の統計では、オバマ政権時代に行われた無人機攻撃での犠牲者の4分の1は民間人だった。他国の主権を無視して行われる無人機攻撃には合法性が問われている。無人機による標的殺害については米国国内で裁判が

行われることはなく、殺害しようとするアルカイダやISの関係者たちの罪状も明らかにされることはない。法的手続きが明確ではない無人機攻撃による標的殺害にも人権侵害ではないかという声が内外から上がり現地の人々の反感を買っている。

バイデン国連演説とアフガニスタンの女性たちの人権

米国のバイデン大統領が21年9月21日、国連総会で演説をした。アフガン問題について、「われわれは20年に及んだアフガン戦争を終わらせた。そしてわれわれは、この絶え間ない戦争を終わらせることで、絶え間ない外交の新たな時代を切り開こうとしている。開発援助の力を使って、世界中の人々の生活向上の新たな取り組みに投資するとともに、民主主義を生まれ変わらせ、守っていくのだ」と決意を語った。アフガニスタンの女性の人権問題では、「基本的人権の尊重に関してわれわれはタリバンに期待をかけている」と述べ、「われわれはみな女性を擁護しなければならない。女性と少女が才能をフルに生かして経済的、政治的、かつ、社会的に貢献する権利だ」と語った。

「ウォールストリートジャーナル」は翌9月22日付の社説でバイデン政権はアフガニスタンをタリバンに引き渡し、国連演説での「女性を擁護する決意」とは矛盾した行動をとったと非難している。

迫害されるアフガニスタンのシーア派

21年8月末に米軍が撤退し、タリバンが政権を再掌握してからISKPなどによるシーア派に対する暴力が頻発するようになり、またタリバンは女性の権利を極端に制限するようになったが、女性の権利の制限の背景にはタリバンの出身民族であるパシュトゥン人社会の部族的伝統や価値観がある。

10月8日、北東部クンドゥズ州のサイイド・アーバード・モスクでISKPの自爆テロがあり、72人が死亡し、また10月15日には南部都市カンダハルのビービー・ファーティマ・モスクで同様に自爆テロが発生し、63人が亡くなるなどシーア派への暴力が顕著になった。

ISKPは、シーア派を異端としてバグダッドからホラサーン州（元々はイラン東

北部を指す言葉）までのシーア派の殲滅を唱えている。ISKPはイスラムの多数派を構成するスンニ派の組織だが、シーア派はイスラム共同体の最高指導者（シーア派では「イマーム」と呼んでいる）は預言者ムハンマドの血筋を引くものでなければならないと考える。つまり、シーア派は王朝的な考えをし、それ以外がスンニ派ということになる。シーア派には歴代イマームの墓廟を聖地とするなど、スンニ派から見れば異端とされる偶像崇拝とも思われる宗教慣行がある。

　8月に政権を掌握したタリバンの指導者たちの多くは、アフガニスタンやパキスタンの地方の保守的な神学校の出身者たちで、地方のパシュトゥーン地域の秩序復活を考えている。第1次タリバン政権を承認したのは、パキスタン、サウジアラビア、UAEのわずか3カ国だった。政権を再奪取したタリバンが国際的感覚に乏しく、パシュトゥーン社会の価値観に拘泥し、女性の権利を制限し続けると、タリバン政権が承認されるにはかなり厳しく、険しい見通しがある。また、経済的にもアフガニスタン国民の満たされた生活を実現できないようだと、ISKPによるシーア派やタリバン政権への暴力がアフガニスタンを席巻するようになるだろう。

苦境に陥るアフガン経済

　バイデン政権は、意に沿わないタリバンがアフガニスタンで政権を掌握したことで、アフガニスタンの在米資産を凍結した。その後、バイデン大統領は、22年2月11日、凍結していた資産のうち4,000億円をアフガンスタンの人道支援に充て、残りの4,000億円は9.11同時多発テロの犠牲者の家族がタリバンに対して訴訟を起こしていることから、その補償に備えて残して置くことを明らかにした。

　タリバンが21年8月に政権を奪取後、米国の政策のために、アフガン人たちは銀行も利用できない状態になっている。米国はタリバンを「テロ組織」に認定しているため、外国からタリバンの統制下に置かれるアフガニスタン中央銀行に送金を行えば米国の制裁を受けるという懸念があり、銀行の活動も事実上凍結、停止状態にある。

深刻になる人道危機と女子教育の制限

　アフガニスタン難民は22年4月現在で260万人いると見られ、シリア難民に次ぐ

多さだ。ちなみに21年8月の米軍撤退後、米国には84,600人のアフガニスタン人たちが避難した。米国では人道渡航許可証の申請に575ドルかかるが、78,000人の申請のうち、認められたのは170人しかいない。

　アフガニスタンでは人道危機が深刻になっている。国連は22年に97％のアフガニスタンの人々が貧困状態に陥ると見積もり、幼い女児を結婚させたり、あるいは臓器を売ったりする大人たちも現れている。また、ユニセフは5歳以下の子どものうちおよそ100万人がアフガニスタンの食料危機、水・衛生システムの欠如のために22年中に亡くなると予測している。

　国連によれば、95％のアフガニスタン人が満足に食べることができない。22年3月31日付の「国連ニュース」によれば、22年半ばまでに97％のアフガニスタン人が貧困ラインより下の生活を余儀なくされると見られ、米国のアフガニスタン資産の凍結などの措置によってアフガニスタン経済が機能麻痺に陥り、現金も欠乏するようになった。

　タリバンは22年3月24日、高校での女子教育の再開を停止することを発表した。シャリーア（イスラム法）とアフガニスタンの伝統に則った服装が決まるまでの措置としているが、女子の教育機会を実質的に奪うこの措置にはイスラム諸国からも非難の声が上がっている。タリバンが外交事務所を置くカタール外務省も、タリバンの措置がカタールの大きな懸念と失望になっているという声明を発表した。この声明ではムスリムの国では女子も教育も含めてあらゆる権利を享受すべきであり、決定の見直しを求めると述べられている。

　アフガニスタンで現在発生している問題は、タリバン政府と国際社会のコミュニケーションの欠如からも発生しているように思える。米国には、自らが創った政府を打倒したタリバンと対話をする姿勢が見られず、アフガニスタンの現状に関心をもつ国は米国以外にもきわめて少ない。3月31日、トルコ政府はアフガニスタンに対して、500万ドルの援助を与えることを明らかにした。日本政府も21年10月に6,500万ドル（約71億円）の緊急無償資金協力を決定したが、国際社会は、難民の受け入れも含めてアフガニスタンへの関心を途切れないようにすることが肝要のように思える。

　　（現代イスラム研究センター理事長／平和・安全保障研究所研究委員　宮田律）

南アジア小国を襲う経済・政治危機

　長引く新型コロナウイルス感染に伴う経済停滞、さらにはロシアのウクライナ侵攻によるエネルギー価格の高騰は、インドやパキスタンだけでなく、それよりも経済力の脆弱な南アジア小国に深刻な影響を及ぼしている。

　コロナ禍とともに深まっていたネパールの政治的混乱は21年に入っても収まらず、5月、オリ首相はついに辞任に追い込まれた。中国は「親中派」と目されてきたネパール共産党政権の維持のために内部抗争の仲介に躍起となったものの、結局、旧マオイスト勢力を翻意させることはできず左派は分裂した。その後7月にネパール会議派を率いるデウバが旧マオイスト勢力などの支持も得て新首相に選ばれた。デウバ新政権は22年2月末、前政権下で先送りされてきた米国のミレニアム・チャレンジ・コーポレーション（MCC）の受け入れについて議会承認を取り付けるなど、経済再建に向け、中国一辺倒ではない政策に乗り出そうとしている。しかし左派勢力を含む寄り合い所帯の政権が、大胆な政策を採用できるかは未知数である。

　スリランカではコロナ禍で観光業が打撃を受け、海外からの送金も滞り、外貨が不足するなか、燃料のみならずさまざまな生活物資が高騰した。経済の悪化で対外債務の返済が困難となったラージャパクサ政権は、22年4月中旬、緊急措置として債務不履行（デフォルト）を宣言した。そして国際通貨基金（IMF）に支援を要請するとともに、インドと中国にはさらなる金融支援を求めた。街頭では市民による抗議デモが激化し、22年4月、ゴタバヤ・ラージャパクサ大統領は、非常事態宣言を発令するとともに、大半の閣僚を交代させて批判をかわそうとしたが、情勢の悪化は続いた。5月にはかつて大統領を務めた兄のマヒンダ・ラージャパクサ首相まで更迭して、野党のウィクラマシンハ元首相を新首相に指名したものの、大統領自身の退陣や大統領制の廃止を求める声は止んでいない。

　このように経済危機のなか、南アジアの小国では政局の不透明化が一層進んでいる。どのように危機脱却のための支援の枠組みが作られ、履行されていくかは、この地域をめぐる中国とインドの影響力争いの帰趨を大きく左右するものと思われる。

（伊藤融）

第8章　中央アジア

概　観

　中央アジアの南に位置するアフガニスタンから2021年8月末に米軍が撤退したが、その撤退過程や撤退後にアフガニスタンではテロが頻発するようになっている。そのテロを実行しているのは「ISホラサーン州（ISKP）」という主に南アジアを活動範囲とする「イスラム国（IS）」の一支部だ。このISKPには中央アジア出身者が多いが、彼らはシリア内戦などに参加して軍事技術を身につけ、ISが国際的テロネットワークを築くことにある意味で一翼を担っている。中央アジア諸国政府による政治的抑圧から国外に逃れ、また経済的にはロシアなどに出稼ぎ労働を行っていたものの、コロナ禍で職を失い、またロシア国内で人種差別を受けるなど経済的困苦や社会的疎外感などから過激派の活動に身を投ずる中央アジア出身者たちがいる。

　権威主義体制が多い中央アジア諸国では反政府デモが起こることはごくまれであったが、22年1月になって豊かな資源エネルギーがあり、中央アジア諸国の中では経済的規模第1位のカザフスタンで大規模な反政府デモが発生した。デモは直接的には燃料価格の高騰に抗議するものであったが、貧富の差の拡大や政治の縁故主義などに対する広範な不満も背景にしていた。

　カザフスタンのトカエフ大統領は、同国の事実上の最高指導者であるナザルバエフ前大統領を国家安全保障会議議長から解任して自らが後任の議長に就任し、マミン首相の内閣が総辞職することを明らかにするなどして事態の収拾を図った。カザフスタンの独立後最大のこの反政府デモで200人以上の市民が犠牲となり、治安部隊10人以上が死亡した。

　ロシアのウクライナ侵攻については、カリモフ政権時代から域内で独自の政策を追求してきたウズベキスタンがウクライナの領土保全、主権尊重を明確に訴えた。それ以外の中央アジア諸国はロシアとの政治・経済的結びつきが強く、明確な態度をとらないか、沈黙している。タジキスタンやキルギスなどロシアへの出稼ぎ労働者が多い国が欧米の対露制裁によって大きな経済的打撃を受けることは間違いない。また、1月に反政府デモが起きたカザフスタンでは最大都市アルマトゥイで3,000人規模の反戦デモが発生した。政府が反戦デモを許した背景には、国民の政府への不満の一種のガス抜きを図ったという意図もあるに違いない。

　日本の林外相は22年5月に中央アジアのカザフスタンとウズベキスタンを訪問し、ロシアによるウクライナ侵攻を非難し、中国とロシアを念頭に、これらの中央アジア諸国が自由で開かれた国際秩序のパートナーであることを確認した。

カブール空港自爆テロ発生と中央アジア出身者

　2021年8月26日、アフガニスタンのカブール空港近くで自爆テロが発生し、170人以上が犠牲になったが、このテロを実行し、犯行声明を出した「ISホラサーン州（ISKP）」には中央アジア出身者が多いと見られている。

　イスラム国（IS）の活動家やメンバーは、シリアやイラクなどで活動していたが、米軍などのIS掃討作戦によってこれらの国で活動しにくくなると、政治的安定に乏しく、戦闘やテロが継続するアフガニスタンにその活動の重心を置くようになった。そのアフガニスタンでの活動を担うのがISの地方支部ともいえるISKPだ。

　シリア内戦はISが中央アジアも含む国際的テロネットワークを築く絶好の機会だった。たとえば、タジキスタンの警察特殊部隊司令官であったグルムロド・ハリモフはその戦闘に関する知識や経験でISの戦争相に上りつめた。また、中央アジア出身者たちによる16年6月のイスタンブールのアタチュルク国際空港襲撃により45人が犠牲となり、17年元旦には、イスタンブールのナイトクラブ「レイナ」襲撃で、39人が犠牲になった。17年4月3日にロシアのサンクトペテルブルクの地下鉄で自爆テロを起こしたのもキルギス出身者だった。同月7日にはストックホルムでウズベキスタン人がトラックで歩行者たちに突入し、4人が死亡した。中央アジア出身者たちはISの活動の先鋭的な性格を担っている。

　ISKPは、タリバンが軍事的決着ではなく、米国と和平交渉することで、米国に屈服したと考えるようになった。タリバンの幹部も21年8月に米軍が撤収作業を行うカブール国際空港でタリバンの戦闘員たちがISKPのテロの目標になっているという声明を出したが、案の定冒頭のように、カブール国際空港付近でテロが発生した。ISKPはウズベク人やタジク人など中央アジア出身者やアフガン人、インド人、パキスタン人、スリランカ人など南アジア出身者たちによっても構成され、19年4月21日に259人の犠牲者を出したスリランカテロで国際的注目を浴びた。

　中央アジアと南アジアのイスラム過激派には、出稼ぎ労働で海外に出かけ、送金で家族を支えていた者たちが多い。新型コロナウイルスの感染拡大は、これらの出稼ぎ労働を鈍らせて多くの失業者たちを生み、失業者たちがISKPの運動に吸収されていった。同様に、ロシアのウクライナ侵攻による世界的な経済減速もまたISKPによるテロを生む背景になるに違いない。

カザフスタンで大規模デモの発生

　中央アジアの大国カザフスタンが動揺するようになり、22年1月に大規模な反政府デモが発生した。トカエフ大統領は、デモ参加者に対する警告なしの射殺も指示した。この1月のデモでは、200人以上の死者が出たと見られている。デモの直接の契機は燃料価格の高騰にあるとされ、カザフスタンなど中央アジア諸国が21年に大干ばつに見舞われたことも背景として見逃せない。気候変動によるものと見られる干ばつによって水不足が深刻になり、21年には穀物の生産が前年比で24%も減少した。

　カザフスタンでは20年から21年にかけての少雨とまた21年6月に始まる熱波で、牧草など粗飼料が欠乏し、21年8月の時点で数千頭の家畜が死亡した。国連はカザフスタン国土の75%が、気候変動による生態系の不安定化リスクにさらされていると報告した。（「ワシントン・ポスト」、21年8月9日）。干ばつは特にマンギスタウ州で深刻で、反政府デモが最も激しかったのはその州都であるジャナオゼン市だった。

　カザフスタンで生産される穀物はイラン、アフガニスタン、黒海地域にも輸出されており、カザフスタンなど中央アジア諸国の干ばつは、その穀物を輸入する周辺地域にも少なからぬ影響を及ぼすようになっている。カザフスタンの食物価格は21年10月には前年比で11.40%上昇した。

　カザフスタンの人口は1,800万人ほどで、ウズベキスタンの3,000万人に次いで中央アジアでは2番目だが、経済規模では中央アジア第1位であり、原油やウラン輸出で潤ってきた。石油の埋蔵量は300億バレルで、ロシアを除く旧ソ連諸国の中ではトップだ。政府発表によると平均月収は570ドルだが、実際はもっと少ないと見られている。他方で、ナザルバエフ元大統領のファミリーは英国だけでも、3億3,000万ポンド（日本円にして約476億円）の資産をもっていると英国の王立国際問題研究所（チャタムハウス）は報告している。

　ナザルバエフ・ファミリーなどの支配階層の奢侈、国民の間の経済的不平等、食料や燃料価格の高騰などのインフレ、さらに22年1月の暴動鎮圧に見られるような抑圧的な政治は、既述の通りカザフスタンの若者をISKPのような組織に送ってきた。その数は数百人とも見積もられており、カザフスタンでは16年6月に

北西部のアクトベ市でテロが発生し、17人が犠牲になったこともある。

　カザフスタンは世界最大の内陸国で、ロシア、中国、キルギス、ウズベキスタン、トルクメニスタンに接し、地政学的にも重要な国だ。1月の反政府デモの鎮圧のためにロシア主導の軍事同盟である集団安全保障条約機構（CSTO）の部隊が派遣された。カザフスタンが、ロシアや中国も参加し近年は安全保障協力が顕著になっている上海協力機構（SCO）への傾斜を強めていく可能性もあるが、カザフスタンの動揺は、ロシアの介入の可能性も含めて今後の国際政治の動静にも影響を与えかねない。

ウクライナの領土保全を唱えるウズベキスタン

　ウズベキスタンのカミロフ外相は22年3月17日に上院で演説を行い、ロシアによるウクライナへの軍事侵攻と暴力の停止を求めた。カミロフ外相はウズベキスタンがウクライナの独立、主権、領土保全を認め、プーチン大統領が独立を認めた「ルハンスク人民共和国」、「ドネツク共和国」を承認しないことを明らかにした。ウズベキスタンはウクライナ・欧米と、ロシアの間であくまでバランスのとれた外交を行うという姿勢に終始し、あらゆる議論は国際法の基準に従うものでなければならないという考えを示している。

　カミロフ外相は、ロシアにまず軍事行動と侵略の停止を求め、ウズベキスタンはロシア、ウクライナの双方とも、互恵的な協力関係を結んでいくと述べている。また、ウズベキスタンはウクライナに対する人道支援を行い医薬品、医療器具などを提供し、人道支援を継続していくことも表明した。ウズベキスタンはロシア主導のユーラシア経済連合（EAEU）にもCSTOにも加盟していない。旧ソ連諸国とはいえ、そういう意味でウズベキスタンは、カリモフ大統領の独裁政権時代から中立的立場を追求できるステップを踏んできた。ロシアのプーチン大統領は2月25日にウズベキスタンのミルズィヤエフ大統領と電話会談を行い、ウズベキスタンの理解を得たという印象を語ったものの、ウズベキスタンの姿勢がロシアに一方的に肩入れするものとは決していえない。

　16年にウズベキスタンでミルズィヤエフ大統領が就任すると、ウズベキスタンとロシアは良好な関係を築いてきた。21年にロシアはウズベキスタンとの経済関係

では中国を抜いて第1位となり、またミルズィヤエフ大統領はプーチン大統領の側近ともいえるロシアのオリガルヒのウスマノフと親しい関係にある。ウズベク人系のウスマノフは、自らの将来を考えて、ウクライナ侵攻で制裁を受けたロシアでのビジネスよりもウズベキスタンでのオリガルヒとなることを目指すようになったとも伝えられている。ウズベキスタンはカリモフ政権時代から域内で独立した政策を追求してきたが、独自の経済・政治システムを構築しようとしていることがロシアによるウクライナ侵攻でも明白となった。独裁者のカリモフ大統領のロシアと米国のバランスをとる政策にロシアが介入し、圧力をかけて変更させるようなこともなく、ウズベキスタンがCSTOから脱退してもそれでロシアとウズベキスタンの関係が悪化することもなかった。

ロシアを明白に非難しない、ウズベキスタン以外の中央アジア諸国

　ウズベキスタン以外の中央アジア諸国はロシアのウクライナ侵攻を非難もしないし、また支持もしないという姿勢に終始している。旧ソ連時代からロシアに経済的に依存する他の中央アジア諸国はロシアのウクライナ侵攻について口をつぐんでいる。

　カザフスタンはウクライナ問題では外交を訴え、国連のロシア非難決議では棄権に回った。カザフスタンにはロシアを積極的に支持する姿勢は見られない。資源のあるカザフスタンにはその経済的自信からロシアのウクライナ侵攻を支持しなくても関係悪化にはつながらないという判断があるのだろう。現在ロシアには250万人以上の中央アジア出身の労働者たちが働いている。彼らの送金は中央アジア諸国の中でも特にキルギスとタジキスタンの経済にとって不可欠の意味をもっている。欧米諸国のロシアへの制裁は、中央アジア諸国に重大な影響を及ぼすに違いない。出稼ぎ労働者の本国への送金はキルギスのGDPの31.3％、タジキスタンのそれの26.7％を占める。世界銀行の見積もりでは、ウクライナ侵攻による対露制裁によってキルギスの出稼ぎは33％、タジキスタンは22％減少すると見られている。

　カザクバエフ・キルギス外相は3月下旬、イスラム協力機構（OIC）の外相会議でウクライナ問題の平和的解決、国連憲章の規範領土保全の原則に従うことを訴えた。ロシアへの経済依存が強いキルギスは、制裁によるロシアの経済的低迷の影

響を受けることだろう。22年3月14日、キルギスは、ビシケクのロシア大使館周辺でのデモを禁じ、ロシアを刺激しない姿勢を鮮明にし、ウクライナ問題では中立的立場をとっている。同様に、トルクメニスタンとタジキスタンも中立を保ち、ロシアのウクライナ侵攻について公式の発言を控えている。独裁国家のトルクメニスタン政府はロシアのウクライナ侵攻を含めて外交問題について国民に語ることはなく、国民の間にも国際問題を語る傾向が見られない。ロシアへの出稼ぎ労働者が多いタジキスタンには、ロシアを支持する人々が多く、またウクライナでロシア軍と共に戦う人たちも少なからずいる。3月23日付の「ラジオ自由ヨーロッパ」はウクライナでの戦闘で死亡した2人のタジク人がタジキスタンで埋葬されたことを伝えた。

民主主義への転換が表明されるカザフスタン

　22年1月の国内暴動の鎮圧にはロシアの軍事力や警察力に頼ったカザフスタンも、ウクライナのドネック・ルガンスク両州の自治についてカザフスタンは語るべき立場にないとトレウベルディ外相は2月22日に述べた。

　このように、カザフスタンはロシアのウクライナ侵攻については中立的立場をとっているが、国民の間では見解が分かれているようだ。カザフスタンにはカザフ人（67.98％）、ロシア人（19.32％）、ウズベク人（3.21％）、ウクライナ系（1.47％）、ウイグル系（1.47％）、タタール系（1.10％）、ドイツ系（0.97％）など多様な民族の人々が住んでいるが（統計は日本外務省より）、少なからぬロシア人社会に対する配慮がないかのように、22年3月6日には最大都市のアルマトゥイで反戦デモが繰り広げられた。カザフスタンではウクライナ戦争を報ずるロシアの政府系メディアに接する人々の間でロシアのウクライナ侵攻に共感や支持がある。しかし、特に若い世代では、ロシアの侵攻当初から反戦ムードが強く、反戦デモが行われるのは、権威主義体制のカザフスタンでは異例のことだった。1月の反政府デモを経て、政府が国民の表現の自由を力で封じることができなかったことは確かだといえよう。アルマトゥイではウクライナ国旗とともに、「平和」などのスローガンが書かれたプラカードが多数見られた。

　ロシアのウクライナ侵攻をめぐっても多様な意見が表明される中で、カザフスタンのトカエフ大統領は3月16日、上下両院の合同会議で、「新しいカザフスタ

ン：新生と改革の道」と題する年次教書演説を行った。そこではナザルバエフ前大統領時代の個人崇拝と縁故主義が社会・経済・政治の腐敗をもたらしたことが指摘され、その改革のために議会の権限を強化していくという決意が述べられていた。

　また、大統領の権限が制限され、大統領の親族が公職に就くことが禁止された。さらに、大統領による上院議員の特別任命枠が削減され、大統領が決めていた州知事の任命・罷免も地方議会や住民の意向に基づいて行われることとされた。複数政党制の実現のために新党設立の要件も大幅に緩和され、政府の民主化への取り組みが強調された。

中央アジア諸国と親密な連携を図る日本

　22年4月15日、林外相は中央アジア5カ国の政府高官たちとオンラインで会談を行い、ロシアのウクライナ侵攻について密接に連携していくことを確認した。林外相はロシアのウクライナ侵攻が国際法違反であると厳しく批判し、国際社会は協力してウクライナ侵攻に当たっていかなければならないと述べた。中央アジア側で参加したのは、ウズベキスタンのウムルザコフ副首相、キルギスのカザクバエフ外相、タジキスタンのムフリッディン外相、カザフスタンのトゥルスノフ副外相、トルクメニスタンのハジエフ副外相だった。

　日本には中国の「一帯一路」構想に対抗して、中央アジア諸国との関係強化を図る目的がある。当初、6月の終わりまでに中央アジア5カ国の高官たちを日本に招いて会談を行う計画だったが、スケジュールの都合で、林外相が4月末にカザフスタンとウズベキスタンを訪問した。

　3月31日、穀物の重要な輸入先であるロシアとウクライナが紛争中であることを受けて、ウズベキスタンのミルズィヤエフ大統領は日本も含めて東アジアを新たな食物輸入先として考えなければならないと発言した。日本がどれほど中央アジア諸国の食料事情に貢献できるかは不明だが、中央アジア諸国には輸入先の多角化を早急に検討しなければならない事情や背景がある。

（宮田律）

第9章　南西太平洋

概　観

　英米豪3カ国の首脳は安全保障パートナーシップ「AUKUS」の創設を発表した。3カ国はこのパートナーシップを通じて、安全保障および防衛関連の科学技術、産業基盤、サプライチェーンのより深い統合を目指していく。その最初の試みがオーストラリアの原子力潜水艦（原潜）導入計画で、3カ国はその実現に向けて協力を進めていくことになる。すでに原潜の機密情報に関する協定も締結されており、豪原潜の配備に向けた道筋を2023年前半までに明らかにすることになっている。

　オーストラリアでは22年5月21日に連邦議会選挙が行われた。その結果、野党労働党が大幅に議席を伸ばし、約9年ぶりとなる政権獲得を確実にした。与党保守連合は経済運営の実績を訴えて選挙戦に臨んだが、最低賃金の引き上げや福祉の充実などを訴えた労働党に有権者の支持が集まった。なおアルバニージー新首相は、外交・安全保障では保守連合の政策を継続する意向を示しており、対中アプローチでも大きな変化は生まれないと考えられている。

　日豪関係においては、日豪安全保障協力が大きく進展している。自衛隊と豪軍が相手国を訪問した際の法的地位などを定めた日豪「円滑化協定（RAA）」が署名された。自衛隊と豪軍との間での共同訓練やオペレーションの高度化、活発化に期待が高まる。また自衛隊は「武器等防護」を豪軍に初めて実施しており、両国の防衛協力関係の深化が着々と進んでいる。07年の「日豪安全保障共同宣言」に代わる、新たな共同宣言が発出される見込みとなっている。

　ロシアのウクライナ侵攻に対して、オーストラリアとニュージーランドは他の西側諸国と足並みを揃える形でロシアに対する経済制裁措置を講じている。ニュージーランドはロシア制裁法を成立させ、オーストラリアはウクライナに対する軍事支援や人道支援も積極的に行っている。

　日ニュージーランド関係でも、防衛協力・交流の深化を目的とした取り組みが進んでいる。ニュージーランドのアーダーン首相が来日し、岸田首相との首脳会談で情報保護協定締結に向けた交渉を開始することで合意した。また自衛隊とニュージーランド軍の共同訓練の実施に向けて、両国が調整を進めることも確認しており、両国の防衛協力の進展が期待される。

　南太平洋に関しては、同地域をめぐる日米豪と中国の攻防が続いている。日米両国は政府首脳の訪問や大使館の開設などを通じて、南太平洋諸国との関係強化を図っている。また、中国とソロモン諸島の安全保障協定締結をめぐっては米豪ならびに日本がソロモン諸島に対して再考を促しているが、同国政府の決意は固い模様だ。

オーストラリア

労働党が政権奪取、東京での日米豪印会合に出席

　2022年5月21日に連邦議会選挙が実施された結果、野党労働党が勝利し、9年ぶりの政権交代となった。労働党党首アルバニージーが第31代首相に就任したほか、外相にウォン、国防相にマールスが就任した。ウォンはマレーシア系オーストラリア人で、オーストラリア初のアジア系の外相誕生となった。

　野党労働党は選挙戦にあたり、医療システム拡充、高齢者介護の充実、雇用創出、子育て支援、保育料や電気料金の引き下げなどを公約に掲げ、国民の生活不安の払拭に努めた。一方、外交・安全保障政策ではモリソン政権の政策を継続する姿勢を早々と表明し、日米豪印やAUKUSの枠組みを重視していく考えを示していた。対中政策では保守連合が争点化を試み、中国に融和的な労働党のイメージを作り上げようとしたが、アルバニージーは「変わるべきは中国」との姿勢を貫き、国益に基づき断固とした態度をとっていくと訴えてきた。

　対する保守連合（自由党と国民党）はブッシュファイア、新型コロナウイルス、対中関係の悪化、ロシアのウクライナ侵攻など数々の難局を乗り越えてきた実績をアピールした。また対中政策でも中国による圧力に屈することなく、断固たる姿勢で国益を擁護した姿勢は国民から評価された。AUKUSや日豪RAAなど、同盟国やパートナー国との安全保障関係の強化も進めてきた。

　しかし、新型コロナウイルス対策では感染拡大の抑制に成功したものの、ワクチン接種や検査キットの確保などでつまずき、国民から批判を浴びた。さらに新型コロナウイルス対策、さらにはウクライナ情勢によってインフレが進み、国民生活が経済的に圧迫される状況で、政府の経済運営に対する不満が高まっていた。その他、温暖化対策、政界における性暴力や女性差別、政治腐敗などへの取り組みの甘さが目立ち、伝統的な支持層の離反が顕著に現れた。

　アルバニージー新首相の最初の仕事が東京での日米豪印首脳会合への出席であった。オンラインでの出席も検討されていたが、対面での出席にこだわったといわれている。連邦総督の前で宣誓を行い首相に正式に就任したのは、東京

に向かう豪空軍機に搭乗する直前のことであった。全閣僚の顔ぶれも未定の状態で東京に向かったことは、アルバニージー政権が日米豪印の枠組みを重視していたことの表れとみることができよう。

アルバニージー首相は5月24日に行われた日米豪印首脳会合で、新政権の外交政策に変更がないことを強調して、日米豪印パートナー国の不安払拭に努めた。労働党はラッド政権期、対中配慮から当時の安倍政権が推進していた日米豪印4カ国枠組みから撤退した経緯がある。また会合では気候変動問題への言及も多く、モリソン政権との違い、バイデン米政権との親和性をアピールした。また日米豪印の枠組みを利用して、南太平洋ならびに東南アジア地域への関与強化の必要性も訴えていた。

オーストラリア軍、アフガニスタンから撤退

モリソン首相は21年4月15日、アフガニスタンに駐留する豪軍部隊を9月までに撤退させると発表した。これは米軍撤退を受けたものである。6月中旬までに豪軍約80名が、およそ400名の現地スタッフとその家族とともにアフガニスタンから完全撤退した。ダットン国防相も7月に、豪軍部隊の撤収を確認している。なおオーストラリアは01年の同時多発テロの発生以来、20年間で3万9,000人以上をアフガニスタンに派兵した。派兵にかかった費用は数十億ドル（約数千億円）とされ、41人の兵士が死亡している。13年の戦闘要員撤退後は、規模は大幅に縮小していた。アフガニスタン駐留豪軍をめぐっては、豪軍特殊部隊がアフガニスタンで民間人ら39人を殺害したとする内部調査の報告書が20年11月に発表されている。

多国間共同訓練「タリスマンセイバー21」を実施

多国間共同訓練「タリスマンセイバー21」がオーストラリアで21年7月中旬からスタートした。陸上部隊による水陸両用作戦には、英米の海兵隊、豪陸軍とともに陸上自衛隊の離島防衛専門部隊「水陸機動団」が参加した。英国はインド太平洋地域におけるプレゼンスの向上を図っており初めて同訓練に参加した。フランスとドイツもオブザーバーとして加わった。さらに海上自衛隊も護衛艦「まきなみ」等を派遣し、オーストラリア東方沖で米国、オーストラリア、韓国、カナダ、日

本の5カ国で射撃や対潜水艦戦、海上訓練を行った。

AUKUS発表、豪原子力潜水艦導入へ

　ANZUS条約締結70周年を迎える21年9月に、バイデン米大統領、ジョンソン英首相、モリソン豪首相の3カ国首脳は、AUKUSと呼ばれるパートナーシップを発表した。このパートナーシップは、安全保障および防衛関連の科学技術、産業基盤、サプライチェーンのより深い統合を促進することを目的とした枠組みである。3カ国間の技術協力の当面の目標となるのが、オーストラリアの原潜の共同開発である。3カ国は約18カ月かけ、共同開発の「最適な道筋」を探っていくとしている。

　21年11月には3カ国が「海軍原子力推進情報交換協定(ENNPIA)」に署名、3カ国での国内手続きを経て、22年2月に発効した。この協定は3カ国間の海軍原子力推進に関する情報の開示と使用に関する法的拘束力のある枠組みであり、これがなければオーストラリアが原潜の能力を獲得する最適な道筋を確定することは不可能である。ダットン豪国防相は協定署名に際して、「わが国は核兵器を求めてはいない。この協定は海軍の原子力推進に関する情報共有のみを認めている」と述べ、オーストラリアによる原潜導入が核兵器不拡散体制における国際的義務に違反するものではない点を強調した。

　さらにモリソン首相は22年3月、総工費100億豪ドル（約8,800億円）を投入し、オーストラリア東部3都市ニューカッスル、ブリスベン、ポートケンブラを候補地として、原潜の基地を新たに建設する計画を明らかにした。23年末まで調査を行い、最終的な建設地を決定する。オーストラリアの通常動力型潜水艦は西部のスターリング海軍基地に拠点を置いているが、同基地も引き続き運用する方針だ。この新しい基地は英米豪の原潜に対応できるメンテナンス施設や乗組員のサポート施設が併設され「戦略的な補給拠点」として機能するとされている。

　豪政府は30年代後半の配備を目指しているが、原子力発電の商業利用が禁じられ、小規模な研究炉しか持たないオーストラリアにとっては、原潜の維持・管理のための人材が圧倒的に不足している。そのために政府は人材育成に躍起となっている。豪国防省は22年から原子力工学などの分野に奨学金制度を設け、

学生一人当たり年間約2万豪ドル相当の奨学金を提供する計画である。今後5年間で300人以上を対象に奨学金を供与する予定で、国防省職員や公務員が原子力関連の修士課程で学ぶことを支援する取り組みも開始した。

　豪政府が原潜導入を決定したことにより、16年にフランスと共同して開発することが決まっていた通常動力型潜水艦建造プロジェクトは破棄されることになった。これに対して仏政府は反発し、駐米、駐豪大使を召還する事態となった。マクロン仏大統領は21年11月、契約破棄をめぐってモリソン首相が嘘をついたと批判、対してマクロン大統領が実は契約破棄を事前に知っていたことを示すモリソン首相宛てのSMSが暴露されるなど、豪仏関係はぎくしゃくした状態が続いている。仏外務省が22年2月に発表した「インド太平洋戦略」の改定版では、オーストラリアをインド太平洋戦略上の「パートナー国」から、「その他の二国間パートナー国」に格下げされていたことが話題となった。フランスが今後も引き続きインド太平洋地域に積極的に関わっていくことに変わりはないが、その関与の軸足がオーストラリアから、日本、インド、インドネシアなどへと移っていく可能性が指摘されている。

　AUKUS発表に最も強く反発したのが中国である。中国外務省の趙立堅報道官は9月16日、AUKUSは「地域の平和を大きく損ない、軍備競争を加熱させる」と述べ、冷戦思考に縛られた時代遅れの、無責任な行為であると批判した。また中国はロシアとともに国際原子力機関（IAEA）理事会の場で、オーストラリアの原潜導入計画に対して核物質の軍事転用に繋がる深刻な懸念を表明し、同計画を凍結するよう求めたと伝えられている。

　モリソン首相は21年10月27日、ASEAN首脳とのオンライン首脳会議に出席した。モリソン首相はAUKUSが地域の安定と安全に貢献するもので、核不拡散へのオーストラリアの立場は変わっていないと訴えた。AUKUSに対する東南アジア諸国の反応は分かれており、各国の対中姿勢が反映した結果となっている。マレーシアとインドネシアはAUKUSがアジアの軍拡競争を誘発し、地域の安定を損なうことに懸念を表明した。フィリピンのドゥテルテ大統領はマレーシアとインドネシアの懸念を共有したと伝えられたが、他方で国防相や外務相などの主要閣僚は、AUKUSを全面的に支持する立場を表明しており、政権内で不一致が見られる。シンガポールとベトナムはAUKUSを支持している。シンガポールは

慎重ながらも、域内の勢力均衡の維持と回復にAUKUSが果たす役割に期待している。タイは米国の同盟国であると同時に、中国とも緊密な関係を維持しており、AUKUSに対して明確な態度を表明するに至っていない。

豪軍事力の強化計画を続々と発表

　オーストラリアはここ近年、国際情勢の急速な不安定化を受けて、軍事力の強化を着々と進めている。モリソン首相は22年3月7日、ローウィ国際問題研究所の講演で「専制国家の孤（arc of autocrats）」の出現により、リベラルな国際秩序が深刻な挑戦を受けていると警告を発した。同首相は「専制国家の孤」が「原理・原則、説明責任、透明性」のない世界を作ろうとしているとし、「オーストラリアは、この80年間で最も困難で危険な安全保障環境に直面している」との認識を示した。そして「専制国家の孤」が国際秩序への共通の脅威であるとし、それに対する抑止力のさらなる強化が必要であると訴えた。同首相は名指しこそ避けたが、これは中国とロシアを念頭に入れた発言であった。中露両国は2月初旬、北京で首脳会談を行い、声明で「両国の友好関係に限りはなく、協力関係の分野で『禁じられた』ものはない」として結束強化をアピールしていた。そして2月末にはロシアがウクライナに軍事侵攻し、中国はロシアの立場を擁護する言動を繰り返していた。

　モリソン政権は国防力強化のための計画を次々と発表していったが、そこには連邦議会選挙を念頭に、国防・安全保障に強い政府を国民にアピールし、野党労働党に対抗するという狙いもあった。

　まずモリソン首相は原潜基地の新規建設計画の発表を皮切りに、22年3月10日には豪軍の増員計画を発表した。総額380億豪ドル（約3兆3,400億円）を投じて40年までに軍の人員を現状から30％以上増やし8万人規模にする計画である。増員によって豪軍はベトナム戦争以降最大規模になる。モリソン首相は声明で、「将来の脅威に立ち向かうために必要な人材とスキルを育てるには時間がかかる。重要なスキルを学び、経験を積むことができるよう、今すぐ始めなければならない」と増員計画の趣旨を説明した。オーストラリアは今後、原潜、新型フリゲート艦、長距離ミサイルシステムなどの装備を導入する計画であり、人員増員

はこれらのシステムの運用のために必要な措置とされた。

　またモリソン政権は長距離ミサイルや誘導兵器を国内で製造する計画を進めている。モリソン首相は3月末、新たなミサイルと誘導兵器の製造能力を獲得するために10億豪ドル（約880億円）を投資することを発表した。豪国防省が今後、米軍と緊密に協議しながら、ミサイルをオーストラリア国内で製造する外国の軍需産業を選定することになっている。候補としては、ロッキード・マーチン、レイセオン・テクノロジーズ、BAEシステムズ、コングスベルグ・ディフェンス＆エアロスペースなどが挙がっている。

　国内製造を進める理由にはインド太平洋地域における軍事的緊張の高まりもさることながら、海外から武器を調達することによって生じるリスクを回避する狙いがある。中国による対豪貿易制限などの経済的強制措置、さらには新型コロナウイルスワクチンの供給不足など、政府が物資の調達に翻弄された経験を踏まえたものである。モリソン首相は「オーストラリア国内に独自の能力を構築することは、オーストラリア国民の安全を守るために不可欠であり、同時に軍事サプライチェーン全体で数千人規模の雇用を生み出す」と述べている。オーストラリアの現在の誘導兵器システムは、米国、イスラエル、欧州のメーカーから調達している。

　加えてモリソン政権は4月5日、AUKUSの一環として「極超音速兵器」とそれに対応する防御能力、さらには「電子戦」に対応する能力の開発で英米豪3カ国が協力すると発表した。中国やロシアが先行しているとされる「極超音速兵器」の開発競争で巻き返しを図り、インド太平洋地域での抑止力向上を目指すものだ。なお米豪2カ国間における「極超音速兵器」の開発のための共同プログラムはすでに始まっており、今後はそこに英国を加えて3カ国の枠組みで開発を進めることになる。「極超音速兵器」に対する防御能力に関心を持つ米国は、英豪両国が保有する衛星観測網などからの情報によって「極超音速兵器」を早期に探知したいと考えており、今回の協力では3カ国の情報共有の拡大も謳われている。

　さらにモリソン政権は4月21日、豪海空軍の四つの基地（クイーンズランド州のアンバリー、西オーストラリア州のピアース、ニューサウスウェールズ州のリッチモンド、同州のノウラ近郊のアルバトロス）に総額4億2,800万豪ドル（約376億円）を投じ、改修工事を行うことを発表した。戦闘機と対潜ヘリコプターの迅速な配

備を可能にするため、消化剤による汚染の除去、滑走路の再整備、飛行場照明の交換などを行う予定だ。改修作業は年内に始まり、24年後半に終了する予定である。これに関連してシドニーのガーデンアイランドの軍管区を再開発し豪海軍整備メンテナンスセンターを建設する計画も浮上している。

安全保障協力関係が進む日豪関係

　日豪両国は多国間と二国間枠組みの双方を通じて協力関係を強化している。まず日豪両国は日米豪印4カ国枠組みを通じて、自由で開かれたインド太平洋の実現に向けた取り組みを進めている。この日米豪印は新型コロナウイルス感染症、気候変動、テロ対策、サイバーセキュリティ、災害救援、質の高いインフラ整備、開放的で安全なサプライチェーン構築への関与など地域的、グローバルな問題をめぐっての幅広い協力を謳っている。22年5月の日米豪印首脳会合に併せて、首相に就任したばかりのアルバニージー首相と岸田首相との日豪首脳会談が行われた。日豪の二国間レベルで政府関係者、関係閣僚間の会談、協議が頻繁に行われており、両国関係の発展に寄与している。

　さらに自衛隊と豪軍との現場での協力関係も深まっている。防衛省は21年11月、安全保障関連法に基づく自衛隊による他国軍艦艇・航空機の「武器等防護」を豪軍に初めて実施したと発表した。従来は米軍だけに防護を実施してきたが、11月上旬に四国の南方で行われていた日豪共同訓練「日豪トライデント」で豪軍の要請を受け、海上自衛隊の護衛艦「いなづま」が豪海軍のフリゲート艦「ワラマンガ」に対し実施した。6月にテレビ会議方式で行われた日豪2プラス2（外務・防衛閣僚会合）で、自衛隊による「武器等防護」の実施に向けた両国間の準備が完了したと報告されており、オーストラリア側の要請があれば実施可能な状態になっていた。豪国防省は「豪軍に対する防護は、特別な戦略的パートナーであるオーストラリアとの相互運用性の強化と協力関係の緊密化に寄与する」と述べ、自衛隊による防護実施を高く評価した。

　ダットン豪国防相は21年11月、ナショナルプレスクラブで対中政策に関する演説を行った。同国防相はその中で、中国が台湾を侵攻した場合、オーストラリアが米国と協力して台湾を防衛しないことは「考えられない」と述べた。さらに「台

湾が奪われれば、次は尖閣諸島だ」と語り、中国が尖閣諸島を支配下に入れて東アジア地域秩序を再構築しようとするだろうとの見方を示した。

　岸田首相とモリソン首相は22年1月6日、日豪首脳テレビ会談を行い、「日本国の自衛隊と豪国防軍との間における相互のアクセスおよび協力の円滑化に関する日本国とオーストラリアとの間の協定」（日豪RAA）に署名した。日豪RAAとは、「日豪の一方の国の部隊が他方の国を訪問して協力活動を行う際の手続きおよび同部隊の地位等を定める」ものである。外国部隊が訪問先国で活動するにあたっては、膨大な量の行政手続きが不可欠となる。そうしたものをあらかじめ定めておくことによって、共同訓練や災害対応などの分野で両国部隊の活動を円滑化することがこの協定の目的である。日本にとっては、類似の協定として日米地位協定があるが、双方の部隊が相手国で活動を行うための協定はオーストラリアが初めてとなる。また両首脳は共同声明で、07年の「日豪安全保障共同宣言」に代わる、今後の日豪協力の「羅針盤」となる新たな共同宣言を作成する方針を示した。ロシアのウクライナ侵攻などでリベラルな国際秩序が大きく動揺するなかで、両国が国際公共財としての日豪安保協力を通じてどのようなインド太平洋の将来像を描くのか注目される。

　豪メディアは日豪RAA署名をおおむね歓迎している。豪経済紙「オーストラリアンフィナンシャルレビュー」は、日豪両国はこれまで、米国との共通の同盟関係によって結ばれた「義理の同盟国」であったが、インド太平洋の平和と安全のための「真の戦略的同盟」に発展していったと日豪関係の発展を高く評価している。

ロシアのウクライナ軍事侵攻を受け、西側諸国と足並みを揃える

　オーストラリアは対ロシア経済制裁で西側諸国と足並みを揃えている。モリソン政権は22年2月23日、ロシアがウクライナ東部の親ロシア派が掌握している地域を独立国家と承認したことを受け、ロシアの安全保障会議のメンバーやロシア国内の銀行に対して制裁措置を発動すると発表した。さらに軍事侵攻が始まると、制裁措置の対象を拡大し、その後も順次制裁対象の拡大と制裁強化を講じていった。4月末にはロシアとベラルーシからの全輸入品への追加関税、石油およびその他のエネルギー製品の輸入禁止も開始した。

　またオーストラリアは3月以降、ウクライナに対して武器供与を含む軍事支援を行っている。これにはミサイルや銃、弾薬などが含まれている。さらにモリソン首相は4月上旬に、オーストラリア製の装甲兵員輸送車「ブッシュマスター」20台をウクライナに供与する方針を発表した。これにはゼレンスキーウクライナ大統領が3月末に豪連邦議会で行った演説で、ブッシュマスターの供与を特に要望していたという経緯がある。オーストラリアは3月末現在、1億1,600万ドルに及ぶ軍事支援を行っている。

　さらにオーストラリアは人道支援活動も行っている。この人道支援は主に、戦争を逃れるために行き場を失っている人たちに食料や滞在する場所を提供することが目的である。加えてオーストラリアはロシアの侵攻を逃れてきたウクライナ人に対する短期ビザ発給、オーストラリア在住のウクライナ人全員を対象に6カ月間のビザの延長措置の適用なども行っている。

ニュージーランド

ニュージーランドでロシア制裁法が可決

　ニュージーランド議会は22年3月上旬、ロシアのウクライナ軍事侵攻を受けて、ロシア制裁法を成立させた。同法により、国連安保理決議がなくても独自に制裁を課すことができるようになった。ニュージーランド議会は全会一致で同法案を可決した。

　ニュージーランド政府はロシアの軍事侵攻が始まった2月24日、対露経済制裁の発動を発表し、ロシア政府の関係者や個人に対して、ニュージーランドへの渡航を禁止し、またロシア軍や治安部隊との経済取引を禁止していた。同政府は3月7日に100人超の渡航禁止リストを発表、それにはプーチン大統領や「オリガルヒ」数十名も含まれていた。また4月上旬には、4月25日からロシアからの輸入品すべてに35％の追加関税を課し、既存の輸出禁止措置の対象をロシアの軍需産業と密接に関連する工業製品にも拡大すると発表した。

　今回成立したロシア制裁法では、軍事侵攻に関わっている、もしくはそれに関連している個人や企業、サービス、資産が制裁対象となる。制裁対象となった場

合には、ニュージーランド国内の資産が凍結される。さらに他国からの制裁逃れを目的としたニュージーランドへの資産移動やニュージーランドの金融システムの使用を禁止することができる。さらにロシアの船舶や航空機がニュージーランドの領海・領空に入るのを禁ずること、またベラルーシなどロシアを支持している国についても制裁を課すことなども可能になる。

多国間主義的アプローチを重視するアーダーン政権は、国連安保理で決議されていない制裁を発動することに消極的であった。しかしロシアの軍事侵攻を受けて国際社会が対露非難を強めるなかで、同政権はその態度を一変させた。ニュージーランド議会に議席を持つすべての政党が対露制裁の必要性を認めたことは、政権の判断が正しかったことを示しているといえよう。さらに将来的にはアメリカの「マグニツキー法」やオーストラリアの「2011年自律的制裁法」改正など、より広範な制裁の法的枠組みを求める声が強まっている。

日・ニュージーランド、防衛協力・交流の強化へ

ニュージーランドのアーダーン首相は22年4月に日本を訪問し、岸田首相との首脳会談を行った。両国は安全保障・防衛分野での協力強化を目指し、二国間軍事演習に向けた調整を進めると同時に、機密情報の交換を可能にする情報保護協定締結に向けた交渉を正式に開始することを確認した。

ニュージーランドの防衛協力強化への積極的姿勢には、アーダーン政権がインド太平洋における安全保障環境の悪化を受けて、日米豪との連携を強化する姿勢を強めているという背景がある。21年12月に発表された『2021年防衛評価』でも中国が軍事力を背景に国際システムを再構築しようとしているとの認識を示し、従来の危機管理型の受動的対応ではなく「明確な目標を設定し、より慎重かつ積極的な戦略」が必要であると論じていた。日本としてもこうしたニュージーランド側の積極的姿勢に答えていく必要があろう。

実際に両国間の防衛協力・交流はここ近年、着実に深化している。ニュージーランドは21年11月、国連軍地位協定に基づき、18年以降5度目となる航空機による北朝鮮籍船舶の「瀬取り」の警戒監視活動を行った。その際にニュージーランド空軍の哨戒機の搭乗員が海自鹿屋航空基地を訪問し、哨戒機を運用する海自隊

員と交流を行っている。また岸防衛相とニュージーランドのヘナレ国防相は22年4月19日にテレビ会談を行い、防衛協力・交流を活発に進展させていくことで一致し、両国間の初の共同訓練の実施に向けて調整していくことで合意していた。

　なお日本は英語圏諸国5カ国の政治的連携・協力の枠組み「ファイブ・アイズ」のうち、米国、英国、オーストラリアと情報保護協定を締結している。ニュージーランドと同協定を結べば、情報共有に限らず「ファイブ・アイズ」とのさまざまな面での協力の可能性が広がることが予想される。

南太平洋

ソロモン諸島で暴動

　ソロモン諸島共和国の首都ホニアラで21年11月、ソガバレ首相退陣を求めるデモの参加者が暴徒化し、中華街をターゲットにした略奪や放火が多発した。報道によれば、ソロモン諸島では中国寄りの外交方針を掲げるソガバレ政権への不満が募っており、今回の暴動でも中国系住民の多い地域の商店などが集中的に襲撃にあったといわれている。

　ソロモン諸島は19年に台湾と断交するまで、30年以上にわたり台湾との友好関係を維持してきた。したがって国内には依然として台湾との関係を望む声が強く、特にソロモン諸島で最大の人口を抱えるマライタ島の政治勢力は、いまだに台湾と独自の関係を維持しているとされる。

　オーストラリア、フィジー、パプアニューギニアの3カ国は、ソロモン諸島政府の要請を受けて、計250人以上の軍や警察の治安維持部隊を派遣した。これにより事態は急速に沈静化に向かった。オーストラリアは17年、ソロモン諸島と安全保障条約を結んでおり、今回の派遣要請は同条約に基づくものである。

　ソロモン諸島政府は事態が落ち着いたと見られた12月、暴動の再発を防ぐためとして、中国から暴動鎮圧用装備と警察関係者6名を受け入れると発表した。それに先立ち、中国の王毅国務委員兼外相はソロモン諸島のマネレ外相と電話会談を行い、11月の暴動を強く非難するとともに現ソガバレ政権を支持する姿勢を明らかにしていた。中国外務省もその後の声明で「ソロモン諸島政府が国内

の安定を守る努力を断固支持し、両国関係や中国国民の正当な利益を守る」との王毅外相の発言を公表していた。国内の治安維持を目的に中国から装備ならびに人員を受け入れるのは南太平洋ではソロモン諸島が初めてとされ、ソロモン諸島と中国の関係強化を警戒する声が上がっていた。

トンガ沖で海底火山噴火、津波被害が発生

　トンガ王国の首都から北約60キロメートルに位置する海底火山で22年1月、大規模噴火が発生した。トンガ政府の発表によれば、噴火と津波によって国民の約84%にあたる約9万人に被害が及んだ。世界銀行の試算では被害額は推計9,040万ドル（約115億円）で、トンガの国内総生産（GDP）の約18.5%に相当する。さらにトンガと海外を結ぶ唯一の海底ケーブルが損傷したことで国際電話やインターネットが寸断され、現地の様子が伝わらず国際救援活動の妨げとなった。

　トンガへの国際救援活動については、中国が単独でトンガ支援を進める一方で、オーストラリアやニュージーランドは日米などの国と協力体制を構築し多国間型の支援を行った。中国政府は災害救援として2,000万元（約3億6,000万円）相当の物資を提供すると表明した。中国海軍船艦や空軍輸送機を使って、飲料水や食料、テント、トンランシーバーなどの緊急支援物資をいち早くトンガに提供した。さらに中国赤十字会は10万米ドル（約1,280万円）の緊急援助を提供することを表明している。

　オーストラリアはニュージーランド軍とともに噴火発生2日後にはトンガ政府の同意のもと艦艇と偵察機を派遣し、現地の被害状況の調査を行った。また豪政府はニュージーランド、フランス、フィジー、日本、米国、英国と連携してトンガ支援にあたることを表明しており、国際救援活動の拠点としてアンブリー空軍基地（クイーンズランド州ブリスベン）を提供した。各国が用意する支援物資を載せた輸送機が同空軍基地を拠点にトンガに向かった。

　豪政府は人道支援として300万ドルを拠出することを表明した。1月20日に豪空軍C-17型機により最初の支援物資の輸送が行われ、豪空軍は計110トンを超える緊急支援物資および機材をトンガに届けた。さらに豪海軍船艦による輸送も1月末に始まり、計150トンを超える物資と機材を輸送した。日本も1月22日から、航空

自衛隊輸送機C-130によって、飲料水、高圧洗浄機、缶詰、マスクなどの人道支援物資をトンガに提供した。また海上自衛隊船艦「おおすみ」も2月10日、JICAを通じて調達した飲料水や高圧洗浄機などの緊急支援物資を輸送したほか、首都のあるトンガタプ本島に造水した飲用水を供与、さらに陸上自衛隊ヘリコプターCH-47によってエウア島、ハアパイ諸島、ヴァヴァウ諸島に飲用水を輸送した。

ニューカレドニアで独立に関する国民投票実施

　仏領ニューカレドニアで21年12月12日、独立の是非を問う3度目の住民投票が行われた。その結果、独立反対票が約96%を占めて賛成票を圧倒し、仏領として残留することが最終的に決まった。ただし独立賛成派の大半が住民投票をボイコットしており、独立をめぐっての紛争の火種は残る。

　独立を問う住民投票はこれまで3回にわたり行われてきた。これは独立を問う住民投票を定めた「ヌメア協定」（1998年）が合計3回までの実施を認めているからだ。18年に第1回、20年に第2回の投票が行われたが、いずれも独立反対が過半数を超えていた。ただし独立反対票がわずかながら減少しており、3回目は賛成票が独立反対を上回る可能性が指摘されていた。

　3回目の住民投票の実施日をめぐり、フランス本国政府と独立派の対立が深刻化し、独立派による住民投票ボイコットへと繋がった。仏政府は投票の早期実施を決めたが、独立派は新型コロナウイルス感染症の懸念もあり投票延期を求めた。仏政府は住民投票を強行したため、独立派を束ねる先住民カナク人組織は投票のボイコットを住民に呼びかけていた。投票率は過去最低の約44%だった。

　仏政府はニューカレドニアの独立する権利を尊重するとの立場をとるが、フランスへの残留、独立の阻止を強く望んでいた。独立となれば、フランスはインド太平洋関与の要衝を失うだけでなく、南太平洋での中国のさらなる影響力拡大をもたらす危険があったからだ。ニューカレドニアはフランスが自らをインド太平洋パワーと呼ぶ根拠となるものであり、仏軍が駐留し、艦艇や航空機も展開して仏領土とフランス国民の保護や排他的経済水域の監視を行っている。中国はニッケル鉱石が豊富なニューカレドニアに大きな関心を抱いているとされ、独立すれば中国が進出する絶好の機会となりえた。仏政府が3回目の住民投票の早期実施を強

行した背景にも、独立派に支持を拡大する時間を与えないとの思惑があったとされている。

　マクロン仏大統領は投票結果を歓迎するとともに、投票によって分断されたニューカレドニアにおける団結の必要性を訴えるが、独立派は住民投票の結果を受け入れず、予定されている仏政府とニューカレドニア代表の体制協議にも参加しない意向を示している。住民投票の結果をめぐり、今後も混乱が起きる可能性がある。

情報インフラをめぐる攻防

　南太平洋では中国が海底ケーブルや携帯電話事業などの情報インフラへの進出を通じて影響力を拡大しようとしており、オーストラリア、米国、日本は警戒を強めている。中国企業による南太平洋地域での海底ケーブル敷設事業への進出に対しても、米国、オーストラリア、日本は中国を排除すべく連携した行動をとった。

　日米豪の3カ国は21年12月、キリバス、ナウル、ミクロネシア連邦を結ぶ光海底ケーブル敷設事業に資金援助することを発表した。この事業は当初、世界銀行主導で進められ、最低価格を提示していた中国系企業「華海通信技術（HMN Tech）」の受注が見込まれていたが、21年1月に同社の入札が取り消される事態となっていた。米国が世界銀行に対して安全保障上のリスクを警告したことが要因とされている。中国企業を排除する形で、日米豪3カ国の通信事業者でつくるコンソーシアムが所有者となり、世界銀行とアジア開発銀行（ADB）が資金を支援する計画となった。

　南太平洋地域の携帯通信事業についても、中国企業による買収を阻止すべく、豪政府が積極的に動いた。豪政府は21年10月、国内通信最大手のテルストラ社と組んで、域内通信大手「デジセル・パシフィック」を買収することを発表した。豪メディアによると買収総額は16億ドル（約2,050億円）とされ、その大部分を豪政府が負担するが、テルストラが経営を担う。「デジセル・パシフィック」社の南太平洋地域での利用者は約250万人で、パプアニューギニアでの携帯通信市場シェアは9割、サモア、トンガ、バヌアツでも約6割を占めているといわれている。同社の買収については中国の国有通信大手「中国移動（チャイナモバイル）」が

関心を持っていると報じられていた。ペイン豪外相、テハン豪貿易・観光・投資相、セセリヤ豪国際開発・太平洋相は声明を発表し、「南太平洋の経済成長と発展に不可欠な、同地域における安全で信頼性の高いインフラの整備を支援するという、政府の『パシフィック・ステップ・アップ』の一環としての関与を反映している」と強調した。

日米、南太平洋への関与強化へ

　バイデン米政権は南太平洋諸国を「外交政策の優先事項」として位置付け、同諸国との関係強化を図っている。中国による影響力拡大の動きを警戒し、それに対抗する措置をとっている。米国の南太平洋関与の最初のアピールとなったのが、ソロモン諸島での米国大使館の再開である。米国は93年にソロモン諸島大使館を領事館に格下げしていた。

　またブリンケン米国務長官は22年2月、フィジーを訪問し、南太平洋諸国首脳とのオンライン会議を行った。米国務長官によるフィジー訪問は37年ぶりで、しかもウクライナ情勢が緊迫化しているなかで行われたことからも、米国がこの訪問をいかに重視していたかを示すシグナルとなった。

　気候変動問題に真剣に取り組み、温暖化による被害を軽減するために支援することは、南太平洋諸国の信頼を勝ち取るために不可欠である。ブリンケン長官はカイユムフィジー首相代理との共同記者会見で、「我々はインド太平洋に長期的な展望を描いている」と述べた上で、「気候変動、新型コロナワクチン、違法漁業など、この地域にとって重要な問題に対する米国のさらなる支援を約束」したことを明らかにした。またブリンケン長官は、太平洋諸国首脳とのオンライン会談後のコメントでも、気候変動を「安全保障上の脅威」と表現した。南太平洋地域では地球温暖化により海水面が急激に上昇し、破壊的な暴風雨を経験しており、域内諸国は気候変動に対するより大きな支援を求めている。

　日本も米国の動きと歩調を揃える動きを見せている。日本政府は22年度にキリバスに大使館を新設、さらに仏領ニューカレドニアには領事事務所を設置することを発表した。キリバスはソロモン諸島と同様に19年に台湾と断交し、中国と国交を結んだ国である。中国はインフラ整備支援を口実に、最終的には軍事的拠

点の確保を狙っているとの報道もある。日本としては米豪と連携しながら、中国の動きを注視する必要がある。

　また林外相は22年5月上旬、フィジーとパラオを訪問した。ソロモン諸島と中国の安全保障協定締結のニュースが伝えられるなかで、日本側には、経済や温暖化対策などの分野での支援の姿勢を示しつつ、中国による同地域での影響力拡大に歯止めをかけたい思惑がある。日本の外相による両国の訪問は、19年の河野外相以来となり、3年足らずのインターバルでの訪問は日本が同地域諸国を重視していることのメッセージとなる。特にフィジーは南太平洋地域外交の中心であり、南太平洋の18カ国・地域で構成する「太平洋諸島フォーラム（PIF）」の事務局がある。

　フィジーではバイニマラマ首相兼外相、パラオではウィップス大統領とそれぞれ会談を行った。外務省の発表によれば、林外相はロシアのウクライナ軍事侵攻は、国際秩序の基盤を揺るがすものであり、基本的価値を共有する国々が団結することが重要であると述べた上で、双方は「自由で開かれたインド太平洋」の実現のために緊密に連携、協力していくことの重要性を確認、さらに中国とソロモン諸島の安全保障取協定についても議論し、両国間の継続的で緊密な連携、さらに米国、オーストラリア州、ニュージーランド等の関係国とも連携していくことを確認している。

キリバスで中国が軍事基地確保の動きか

　ソロモン諸島とキリバスは19年、ともに台湾と断交し中国と国交を結んだ。この二つの国では中国の政治的、経済的活動が活発化しており、オーストラリアや米国、さらには日本が神経を尖らせている。

　キリバス中部のフェニックス諸島にある環礁カントン島では、中国が約2キロメートルの滑走路の修復計画を進めていることが21年5月に報じられた。同島はアジアと米大陸の中間に位置しており、第二次世界大戦時には米爆撃機が駐機する軍事施設として使用されていた。戦後の一時期、民間機が給油する施設を提供していたが68年に閉鎖され、その後滑走路は放置されたままになっていた。ただしキリバスは79年の独立時に、米国と友好条約を締結しており、その中

でフェニックス諸島について「第三国の軍事利用は両国の協議の対象」とされ、「（フェニックス諸島の）カントン島、エンダベリー島、オロナ島に米国が建造した施設の第三国による軍事利用は、米国の同意が必要」と規定されている。

またキリバス政府は21年11月、「フェニックス諸島保護地域」と呼ばれる保護区について、商業的漁業を解禁する方針を決めた。決定の背景には影響力拡大を狙う中国がいるのではないかとの声が上がっている。同島が戦略的に重要な地点に位置づけられているため、キリバス政府内の開発慎重論を中国が介入して押し切ったのではないかとの観測が浮上している。同保護区は世界遺産に登録されている海洋保護区で、マグロやカツオの漁場だったが、資源保護のために15年から禁漁区域に指定されていた。

ソロモン諸島・中国が安全保障協定締結

ソロモン諸島共和国と中国は22年4月、安全保障協定を締結した。オーストラリアや米国は南太平洋における中国の軍事プレゼンスの拡大に繋がるとして、懸念を強めている。西側各国政府関係者はソロモン諸島政府に翻意を促すが、ソガバレ政権の決意は固い。

安保協定の詳細は公表されていないが、3月末にSNSを通じてリークされた草案によると、中国の軍隊や装備が将来的にソロモン諸島に展開することに繋がる内容となっている。草案では第1に、ソロモン諸島政府は治安維持や災害救援などのために、中国に対して「警察、武装警察、軍人、その他の法執行部隊ならびに軍隊」の派遣を要請することができる。第2に中国は、ソロモン諸島における中国人スタッフと主要プロジェクトの安全を守るために、中国船舶による寄港や後方支援、同諸島内での中国軍の使用を認められるとされていた。一部メディアや専門家はこうした内容が事実だとすれば、中国の海軍基地建設に繋がる可能性もあると警告を発している。

オーストラリアにとってソロモン諸島は戦略的に重要な位置にある。同諸島はオーストラリア北西部の都市ケアンズから北東約2,000キロメートルにあり、オーストラリアと米国、日本を結ぶ海上交通路に隣接している。中国が同諸島に軍事拠点を設けることになれば、オーストラリアにとっては第二次世界大戦後初めて、

戦略的敵対勢力が攻撃圏内に入ることを意味する。またアメリカにとっても、伊豆諸島からグアム、パプアニューギニアに至る「第二列島線」を越えたところに中国が軍事的拠点を確保しうることを意味するのであり、南太平洋におけるアメリカの優位を脅かすだけでなく、安全保障上の深刻な脅威となりうるものだ。

オーストラリアでは選挙戦の最中の出来事であり、野党労働党はソロモン諸島と中国の安全保障協定署名を「オーストラリアの太平洋政策における最大の失敗」と政府を批判した。モリソン政権が進めてきた南太平洋地域への関与強化政策「ステップ・アップ」に「深刻な疑念」が生まれたとし、労働党は太平洋地域における援助の強化、公共放送ABCによる情報発信力の強化などのソフトパワー戦略、気候変動対策への支援などからなる7項目の計画を発表した。

モリソン政権は4月以降、政府関係者や閣僚をソロモン諸島へ派遣し、オーストラリア側の懸念を伝えて安保協定締結の再考を促してきた。4月初旬にはオーストラリア秘密情報局（ASIS）と国家情報局（ONI）のトップが、中旬にはセセリヤ太平洋相がソロモン諸島の首都ホニアラを訪問している。選挙期間中に大臣が外国を訪問することはきわめて異例である。さらにペイン豪外相は5月6日、オーストラリアブリズベンでマネレソロモン諸島外相と会談した。ペイン外相は会談後の声明で、中国とソロモン諸島の安全保障協定について、「透明性の欠如」を含め、オーストラリアが深い懸念を抱いていることを表明し、ソロモン諸島側は中国の軍事基地の設立は認めないことを約束したことを発表している。

米国や日本もオーストラリアと懸念を共有し、連携して対応を協議しつつ、ソロモン諸島政府への接触を試みている。日米豪ニュージーランドの4カ国の高官が22年4月18日、ホノルルで協議を行い、ソロモン諸島と中国の安保協定が「自由で開かれたインド太平洋に対する深刻なリスクとなる」との認識で一致した。さらに米国は米国家安全保障会議（NSC）インド太平洋調整官のキャンベル率いる政府代表団を派遣し、ソガバレ首相に対して米国側の懸念と警告を伝えたとされている。キャンベルはバイデン政権の太平洋関与強化の方針を伝える一方で、中国がソロモン諸島に軍事施設などを建設した場合、米国は相応の対抗措置をとるとの考えを示したという。

日本の林外相は4月下旬にペイン豪外相と電話協議を行い、同協定が地域全

体の安全保障に影響を及ぼすとの認識で一致した。また4月末には上杉外務政務官をソロモン諸島に派遣し、ソガバレ首相との会談を行っている。また林外相は5月のフィジー、パラオ訪問で、同安全保障協定は「地域の安全保障に大きな影響を及ぼしうる問題」との考えを伝えて、両国の理解を求めた。

　こうした西側諸国の懸念に対して、ソガバレ政権は方針を変更する様子を見せていない。ソガバレ首相はソロモン諸島議会で演説し、中国との安全保障協定は国内の治安維持を目的としたものであり、「地域の安定を損なうものではない」と述べて、他国や国家間の同盟に向けられたものではないことを強調していた。さらに同首相は5月初旬の議会で、西側諸国の対応を「無礼であり、侮辱的だ」と批判した。また「我々は銃を持って歩き回る子供のように扱われている。しかも侵略の脅迫を受けている」と述べ、名指しこそ避けたが、オーストラリアに対する激しい批判を口にしていた。

　ソロモン諸島の国内政治への影響も心配される。ソロモン諸島では対中国、台湾政策は国内政治上の争点となっており、21年11月に発生したソロモン諸島暴動の背景にも、親中路線を採用するソガバレ政権への不満があったと伝えられる。安全保障協定の締結により中国との関係がますます深まることで、国内の対立が一層深刻化する危険もある。

　ソガバレ政権は19年、台湾と国交断絶し、中国との国交を樹立した。これに対して台湾との関係が深かったマライタ島の住民が不満を募らせ、中国が進めたインフラ契約に関わる汚職疑惑が明るみに出たことをきっかけに、首都ホニアラでの暴動へと発展したとされる。マライタ島は新型コロナウイルス対策で台湾から医療支援を受けていたこともあって親台派と称されるが、ソロモン諸島の首都ホニアラがあるガダルカナル島とマライタ島の住民は、それ以前から対立を繰り返しており、1998-2003年には部族紛争が繰り広げられていた。したがって台湾問題は両者の対立の一側面に過ぎない。マライタ人たちは、安保協定によって中国軍が派遣されるようになれば、中央政府によるより暴力的な弾圧行為がますます横行するのではないかと危機感を強めている。

（獨協大学名誉教授／平和・安全保障研究所研究委員　竹田いさみ）

（永野隆行）

略語表
年　表
（2021年4月〜2022年3月）

A2/AD	Anti-Access/Area Denial	接近阻止・領域拒否
AAD	Advanced Air Defense	先進型防空
ACSA	Acquisition and Cross-Servicing Agreement	物品役務相互提供協定
ADB	Asian Development Bank	アジア開発銀行
AHA	ASEAN Coordinating Centre for Humanitarian Assistance on disaster management	ASEAN 防災人道支援調整センター
AI	Artificial Intelligence	人工知能
AIIB	Asian Infrastructure Investment Bank	アジアインフラ投資銀行
AIT	American Institute in Taiwan	米国在台協会
ANZUS	Australia, New Zealand, United States Security Treaty	太平洋安全保障条約
AOIP	ASEAN Outlook on the Indo-Pacific	インド太平洋に関する ASEAN アウトルック
APEC	Asia-Pacific Economic Cooperation	アジア太平洋経済協力
AR	Augmented Reality	拡張現実
ARF	ASEAN Regional Forum	ASEAN 地域フォーラム
ASEAN	Association of Southeast Asian Nations	東南アジア諸国連合
ASEM	Asia-Europe Meeting	アジア欧州会合
ASIS	Australian Secret Intelligence Service	オーストラリア秘密情報局
ASPI	Australian Strategic Policy Institute	オーストラリア戦略政策研究所
AUKUS	Australia, United Kingdom, United States	米英豪安全保障枠組み
AUSMIN	Australia-United States Ministerial Consultations	米豪外務・防衛閣僚協議
AUV	Autonomous Underwater Vehicle	自律型無人潜水機
BIJ	Bureau for Investigative Journalism	調査報道局
BRICS	Brazil, Russia, India, China, South Africa	新興 5 カ国
CEO	Chief Exective Officer	最高経営責任者
CIA	Central Intelligence Agency	米国中央情報局
CM	Cruise Missile	巡航ミサイル
COC	Code of Conduct	南シナ海における行動規範
COP26	The 26th session of the Conference of the Parties to the United Nations Framework Convention on Climate Change	国連気候変動枠組条約第 26 回締約国会議
COVAX	COVID-19 Vaccines Global Access	コバックス
CPEC	China-Pakistan Economic Corridor	中国・パキスタン経済回廊
CPTPP	Comprehensive and Progressive Agreement for Trans-Pacific Partnership	環太平洋パートナーシップに関する包括的及び先進的な協定

CSG	Carrier Strike Group	空母打撃軍
CSIS	Center for Strategic and International Studies	米国戦略国際問題研究所
CSTO	Collective Security Treaty Organization	集団安全保障条約機構
CVID	Complete, Verifiable, Irreversible, Denuclearization	完全かつ検証可能で不可逆な非核化
EABO	Expeditionary Advanced Base Operations	遠征前進基地作戦
EAC	Enhanced Air Cooperation	強化された空軍間協力（USFPI の一環）
EAS	East Asia Summit	東アジア首脳会議
EDCA	Enhanced Defense Cooperation Agreement	防衛協力強化協定
EDI	European Deterrence Initiative	欧州抑止イニシアティブ
EEZ	Exclusive Economic Zone	排他的経済水域
ENNPIA	The Exchange of Naval Nuclear Propulsion Information Agreement	海軍原子力推進情報交換協定
EU	European Union	欧州連合
FOC	Full Operational Capability	完全運用能力
FOIP	Free and Open Indo-Pacific	自由で開かれたインド太平洋
FONOP	Freedom of Navigation Operation	「航行の自由」作戦
FPDA	Five Power Defence Arrangements	5 カ国防衛取極
FTA	Free Trade Agreement	自由貿易協定
GDP	Gross Domestic Product	国内総生産
GPR	Global Posture Review	世界規模での米軍の態勢見直し
GSOMIA	General Security of Military Information Agreement	軍事情報包括保護協定
IAEA	International Atomic Energy Agency	国際原子力機関
ICAO	International Civil Aviation Organization	国際民間航空機関
ICBM	Inter-Continental Ballistic Missile	大陸間弾道ミサイル
ICT	Information and Communication Technology	情報通信技術
IEA	International Energy Agency	国際エネルギー機関
IMF	International Monetary Fund	国際通貨基金
INSSG	Interim National Security Strategic Guidance	国家安全保障戦略の暫定指針
IoT	Internet of Things	モノのインターネット
IPEF	Indo-Pacific Economic Framework	インド太平洋経済枠組み
IRBM	Intermediate Range Ballistic Missile	中距離弾道ミサイル
IRNSS	Indian Regional Navigational Satellite System	インドの衛星測位システム
IS	Islamic State	イスラム国

ISI	Inter-Services Intelligence	パキスタン統合情報局
ISKP	Islamic State – Khorasan Province	IS ホラサーン州
IT	Information Technology	情報技術
JICA	Japan International Cooperation Agency	独立行政法人国際協力機構
JOGMEC	Japan Oil, Gas and Metals National Corporation	独立行政法人石油天然ガス・ 金属鉱物資源機構
KTSSM	Korea Tactical Surface-to-Surface Missile	韓国型戦術地対地ミサイル
LOW	Launch on Warning	警報即発射
LRHW	Long-Range Hypersonic Weapon	長距離極超音速兵器
L-SAM	Long-range Surface-to-Air Missile	長距離地対空誘導ミサイル
MCC	Millennium Challenge Corporation	ミレニアム・チャレンジ・ コーポレーション
MDR	Missile Defense Review	ミサイル防衛見直し
MLR	Marine Littoral Regiment	海兵沿岸連隊
MMA	Muttahida Majlis-e Amal	統一行動評議会
MRF-D	Marine Rotational Force - Darwin	米国海兵隊ダーウィン ローテーション部隊
M-SAM	Medium-Range Surface-to-Air Missile	中距離地対空誘導兵器
MTCR	Missile Technology Control Regime	ミサイル技術管理レジーム
NATO	North Atlantic Treaty Organization	北大西洋条約機構
NDS	National Defense Strategy	国家防衛戦略
NFU	Nuclear No-First-Use	核の先制不使用
NPT	Treaty on the Non-Proliferation of Nuclear Weapons	核兵器不拡散条約
NRP	Nuclear Posture Review	核態勢の見直し
NS2	Nord Stream 2	ノルドストリーム 2
NSC	National Security Council	国家安全保障会議
NSS	National Security Strategy	国家安全保障戦略
NUG	National Unity Government	挙国一致政府
OIC	Organisation of Islamic Cooperation	イスラム協力機構
ONI	Office of National Intelligence	国家情報局
OPEC	Organization of the Petroleum Exporting Countries	石油輸出国機構
PDI	Pacific Deterrence Initiative	太平洋抑止イニシアティブ
PIF	Pacific Islands Forum	太平洋諸島フォーラム
PKO	United Nations Peacekeeping Operations	国連平和維持活動

PML-N	Pakistan Muslim League - Nawaz	パキスタン・ムスリム連盟（ナワーズ派）
PPP	Pakistan Peoples Party	パキスタン人民党
PTI	Pakistan Tehreek-e-Insaaf	パキスタン正義党
RAA	Reciprocal Access Agreement	円滑化協定
RCEP	Regional Comprehensive Economic Partnership	東アジア地域包括的経済連携
RIMPAC	Rim of the Pacific Exercise	環太平洋合同演習
RISAT	Radar Imaging Satellite	全天候型レーダー地球観測衛星
SCM	Security Consultative Meeting	米韓安全保障協議会議
SLBM	Submarine-Launched Ballistic Missile	潜水艦発射型弾道ミサイル
SLCM-N	Sea Launched Cruise Missile-Nuclear	核搭載の海洋発射巡航ミサイル
SNS	Social Networking Service	ソーシャル・ネットワーキング・サービス
SPD	Sozialdemokratische Partei Deutschlands	社会民主党（独）
SPFS	System for Transfer of Financial Message	金融メッセージ転送システム
SPG	Strategic Planning Guidance	戦略企画指針
SIPRI	Stockholm International Peace Research Institute	ストックホルム国際平和研究所
SRBM	Short-range Ballistic Missile	短距離弾道ミサイル
SSBN	Ballistic Missile Submarine Nuclear-Powered	戦略ミサイル原子力潜水艦
SWIFT	Society for Worldwide Interbank Financial Telecommunication	国際銀行間通信協会
THAAD	Terminal High Altitude Area Defense missile	終末高高度防衛ミサイル
TPP	Trans-Pacific Partnership	環太平洋パートナーシップ協定
TTX	Table Top Exercise	机上演習
UAE	United Arab Emirates	アラブ首長国連邦
UAV	Unmanned Aerial Vehicle	無人航空機
UNESCO	United Nations Educational, Scientific and Cultural Organization	国連教育・科学・文化機関
UNHCR	The Office of the United Nations High Commissioner for Refugees	国連難民高等弁務官事務所
USAID	United States Agency for International Development	米国国際開発庁
USCG	United States Coast Guard	米国沿岸警備隊
USFPI	US Force Posture Initiatives	米国戦力態勢構想
VFA	Visiting Forces Agreement	訪問部隊地位協定
VR	Virtual Reality	仮想現実

| WHO | World Health Organization | 世界保健機関 |
| 新 START | New Strategic Arms Reduction Treaty | 新戦略兵器削減条約 |

年表（2021年4月〜2022年3月）

日本	各国・国際情勢

2021年4月

5日　日仏米豪印、海上共同訓練「ラ・ペルーズ」をベンガル湾で初開催（7日まで）。

13日　日独、初めての2プラス2開催（テレビ会議方式）。

16日　日米首脳会談、ホワイトハウスで開催。

26日　中国軍、宮古島周辺で空母「遼寧」から早期警戒ヘリコプターを発艦。

5月

7日　「V4（ポーランド、ハンガリー、スロバキア、チェコ）＋日本」外相会合、ワルシャワで開催。

11日　日米豪仏、東シナ海で海上共同演習「ARC21」を初めて実施（17日まで）。

27日　日EU定期首脳協議開催（テレビ会議形式）。

6月

11日　日米韓、国際共同訓練「レッドフラッグ・アラスカ」を実施（26日まで）。

12日　日独首脳会談、英コーンウォールで開催。

23日　ロシア軍、択捉・国後両島やサハリンなどで1万人規模の軍事演習を実施。

25日　多国間共同訓練「タリスマンセイバー21」、オーストラリアで開催（8月7日まで）

7月

1日　茂木外相、エストニア、ラトビア、リトアニア（バルト三国）を初歴訪（3日まで）。

11日　日印物品役務相互提供協定（ACSA）、発効。

24日　日仏首脳会談、東京で開催。

2021年4月

15日　米国、超党派の非公式代表団が訪台し蔡英文総統と会談。

24日　ASEAN首脳級会議（指導者会合）、ジャカルタで開催。

30日　米国、インドへのP-8哨戒機6機売却を決定。

5月

10日　ネパール、オリ政権が不信任により退陣。デウバ新首相が7月13日に就任。

21日　米韓首脳会談、ホワイトハウスで開催。

6月

2日　COVAXワクチン・サミット、オンライン形式で初開催。

10日　米英首脳、8項目からなる新大西洋憲章を発表。

11日　G7首脳会談、英コーンウォールで開催（13日まで）。

28日　中露、善隣友好協力条約を延長することを発表。

7月

1日　中国共産党、創立100周年祝賀大会を開催。

2日　プーチン大統領、「ロシア連邦国家安全保障戦略」を6年ぶりに改定。

11日　オーストラリア、アフガニスタン駐留豪軍の撤収完了。

日本	
19日	中国海警局公船による尖閣諸島周辺の接続水域での連続航行日数、最長の157日を記録。
26日	ロシアのミシュスチン首相が択捉島を訪問。
8月	
23日	日米豪印、グアムおよびフィリピン海にて「マラバール2021」を実施（9月10日まで）。
24日	G7首脳テレビ会議開催。
24日	海上保安庁巡視船、米国沿岸警備隊カッターとの合同訓練を東シナ海で実施（25日まで）。
9月	
4日	最新鋭空母「クイーン・エリザベス」を中心とする英空母打撃群、日本に初寄港。
8日	ソウル中央地裁、元徴用工の遺族が日本製鉄に損害賠償を求めた訴訟で請求を棄却。
11日	日・ベトナム防衛装備品・技術移転協定の署名、発効。
24日	日米豪印首脳会合、ワシントンで開催。
10月	
4日	岸田内閣発足。
5日	日米首脳電話会談、岸田政権発足直後に開催。

各国・国際情勢	
16日	APEC非公式首脳リトリート会合、テレビ会議形式で開催。
27日	韓朝、南北通信連絡ルートの再開に合意（10月4日から再稼働）。
8月	
15日	アフガニスタン、タリバンが首都カブールを掌握。
26日	カブール空港近くでISホラサーン州（ISKP）による自爆テロが発生、170人以上が犠牲。
31日	米軍、アフガニスタンから完全撤退。
9月	
9日	米中電話首脳会談開催。
15日	米英豪、AUKUS創設。
16日	EU、「インド太平洋戦略に関する共同コミュニケーション」を発表。
16日	BRICS首脳会議、オンラインで開催。
17日	ロシア、下院選挙を実施。定数450中、統一ロシアが第一党で324議席を獲得。
23日	豪印首脳会談、ホワイトハウスで開催。
24日	米印首脳会談、ホワイトハウスで開催。
28日	北朝鮮、極超音速ミサイルの発射実験を初めて実施。
10月	
4日	中国軍機による台湾防空識別圏への1日あたりの侵入回数、過去最高の54基を記録。

日本		各国・国際情勢	
11日	日米豪印、ベンガル湾にて「マラバール 2021」フェーズ 2 を実施（14日まで）。	14日	中露、ウラジオストク沖で合同軍事演習「海上連合 2021」を実施（17日まで）。
26日	アフガニスタンに対して 6,500 万ドル（約 71 億円）の緊急無償資金協力を決定。	26日	ASEAN首脳会議、オンラインで開催。ミャンマーは欠席。
27日	日・ASEAN首脳会議、ASEAN＋3（日中韓）首脳会議、東アジア首脳会議（EAS）を相次いで開催（テレビ会議方式）。	27日	バイデン米大統領、東アジア首脳会議（EAS）においてインド太平洋経済枠組み（IPEF）の推進を表明。
30日	G20 首脳会合、ローマで開催（31日まで）。	27日	蔡英文総統、米軍駐留を初めて認める（11月2日、海軍陸戦隊の米国軍とグアムで合同訓練の報あり）。
		31日	国連気候変動枠組条約第26回締約国会議（COP26）、グラスゴーで開催（11月13日まで）。
11月		**11月**	
5日	ドイツ海軍フリゲート艦「バイエルン」日本寄港。	10日	インド、「アフガニスタン問題に関する地域安全保障対話」を主催。
10日	日豪共同訓練、豪軍に対し初の武器等防護を実施（12日まで）。	12日	APEC 首脳会議、オンラインで開催。
16日	日米共同訓練、初の対潜水艦訓練を実施。	15日	米中首脳会談、オンラインで開催。
17日	日・フィリピン首脳電話会談開催。	22日	中・ASEAN 特別首脳会議、両者の関係を「包括的戦略パートナーシップ」へと格上げすることで合意。
19日	中露両軍の爆撃機計 4 機、日本海、東シナ海で共同飛行。	22日	AUKUS、「海軍原子力推進情報交換協定（ENNPIA）」に署名（22年2月8日、発効）。
22日	日・タイ、日・シンガポール首脳電話協会談開催。	26日	アジア欧州会議（ASEM）首脳会合、テレビ会議形式で開催。
24日	日・ベトナム首脳会談、東京で開催。		
12月		**12月**	
11日	G7 外相会合、リバプールで開催。オーストラリア、韓国、ASEAN 各国の外相等も参加（12日まで）。	6日	露印首脳会談、デリーで開催。
15日	日米豪、キリバス、ナウル、ミクロネシア連邦を結ぶ光海底ケーブル敷設事業への資金援助を発表。	7日	米露首脳ビデオ会談開催。翌8日、バイデン大統領、ウクライナへの米軍派遣を「検討していない」と言明。
28日	日・ブルネイ防衛相テレビ会談開催。	8日	米国、カンボジアを武器禁輸対象国に指定。

日本	各国・国際情勢
	8日　ドイツ、3党による連立政権が発足。社会民主党のショルツ新首相就任。
	9日　米国、民主主義サミットをオンラインで開催（10日まで）。
	12日　仏領ニューカレドニア、独立問う住民投票で仏領残留が決定。
	28日　ソロモン諸島、暴動再発備え、中国から暴動鎮圧用装備と警察関係者6名の受け入れを発表。
2022年1月	**2022年1月**
6日　日豪首脳テレビ会談開催。日豪円滑化協定（RAA）に署名。	1日　地域的な包括的経済連携（RCEP）協定、日本を含む10カ国について発効。
7日　日米両政府、在日米軍駐留経費の日本側負担に関する新たな特別協定に署名。	6日　ロシア、カザフスタンの反政府デモ鎮圧のため集団安全保障条約機構（CSTO）の部隊を派遣。
21日　日米首脳テレビ会談開催。「経済版2プラス2」を新設することで合意。	15日　米弾道ミサイル原潜、異例の公開形式でグアムに寄港。
	15日　トンガ、海底火山が大規模噴火。
	北朝鮮、計7回のミサイル実験を実施（5-30日）。
2月	**2月**
3日　新型コロナウイルス感染者、全国で初めて10万人を突破。	4日　北京オリンピック開催（20日まで）、米国などが外交的ボイコット。
16日　日英首脳電話会談開催。	4日　中露首脳会談、北京で開催。
25日　経済安全保障推進法案が閣議決定（22年5月11日、成立）。	12日　バイデン米政権、「インド太平洋戦略」発表。
26日　EU等と協調し対露経済制裁を実施。	12日　米国、在ソロモン米国大使館の開設を発表。
	21日　ロシア、ウクライナ東部の親露派支配地域を国家承認。
	22日　フランス、「インド太平洋戦略」の改定版を発表。
	24日　ロシア、ウクライナを侵攻。

日本	各国・国際情勢
	24日　ロシア・パキスタン首脳会談、モスクワで開催。
3月	**3月**
17日　各陸海空自衛隊保有のサイバー部隊を再編し、540人規模の「自衛隊サイバー防衛隊」を新設。	1日　国際エネルギー機関（IEA）、加盟国間で石油備蓄を協調放出することを決定。
19日　日印首脳会談、デリーで開催。	2日　ロシア非難決議、国連総会緊急特別会合で採決。
20日　日・カンボジア首脳会談、プノンペンで開催。	8日　パキスタン、野党が議会に不信任案を提出（4月10日に可決、カーン首相退陣。11日にシャリーフ新首相選出）。
21日　ロシア、日本を「非友好国」であるとして平和条約締結交渉を一方的に拒否。	9日　韓国大統領選、保守系最大野党「国民の力」の尹錫悦候補が当選。
28日　沖縄県内（那覇・知念）に電子戦部隊を初配置。	12日　トルクメニスタン大統領選、現大統領の長男セルダル・ベルディムハメドフが当選。
	18日　米中電話首脳会談開催。
	27日　中国、経済都市の上海市などでロックダウンを実施、ゼロコロナ政策を堅持。
	28日　米比合同軍事演習「バリカタン」、豪軍も加わり過去最大規模で実施（4月8日まで）。
	31日　中国・ソロモン諸島、安全保障協定締結で合意（4月19日締結）。

躍動する同志社大学

VISIN 2025

DOSHISHA UNIVERSITY

大いなる飛躍へ

同志社大学 ビジョン2025

獨協大学
DOKKYO UNIVERSITY

■ 外国語学部　■ 経 済 学 部
■ 国際教養学部　■ 法 　 学 　 部

第1部　展望と焦点

展望
　徳地秀士（平和・安全保障研究所理事長）
焦点1
　村山裕三（同志社大学名誉教授）
焦点2
　永野隆行（獨協大学教授／平和・安全保障研究所研究委員）
焦点3
　福田円（法政大学教授／平和・安全保障研究所研究委員）
焦点4
　長島純（中曽根平和研究所研究顧問／防衛大学校総合安全保障研究科非常勤講師）

第2部　アジアの安全保障環境

第1章　日本
　佐野秀太郎（日本大学国際関係学部教授／平和・安全保障研究所研究委員）

第2章　アメリカ
　村上政俊（皇學館大学准教授）

第3章　中国
　浅野亮（同志社大学教授／平和・安全保障研究所研究委員）、佐々木智弘（防衛大学校教授）、土屋貴裕（京都先端科学大学准教授）、小原凡司（笹川平和財団上席研究員）、三船恵美（駒澤大学教授／平和・安全保障研究所研究委員）、福田円

第4章　ロシア
　袴田茂樹（青山学院大学・新潟県立大学名誉教授／平和・安全保障研究所評議員）、名越健郎（拓殖大学特任教授）、河東哲夫（Japan-World Trends 代表）、常盤伸（東京新聞編集委員）、小泉悠（東京大学先端科学技術研究センター専任講師／平和・安全保障研究所研究委員）

第5章　朝鮮半島
　伊豆見元（東京国際大学特命教授／平和・安全保障研究所研究委員）、平田悟（防衛省）、瀬下政行（公安調査庁）

第6章　東南アジア
　木場紗綾（神戸市外国語大学准教授／平和・安全保障研究所研究委員）

第7章　南アジア
　伊藤融（防衛大学校教授／平和・安全保障研究所研究委員）、溜和敏（中京大学准教授）、笠井亮平（岐阜女子大学南アジア研究センター特別客員准教授）、長尾賢（ハドソン研究所研究員）、宮田律（現代イスラム研究センター理事長／平和・安全保障研究所研究委員）

第8章　中央アジア
　宮田律

第9章　南西太平洋
　竹田いさみ（獨協大学名誉教授／平和・安全保障研究所研究委員）、永野隆行

（掲載順、敬称略）

編集後記

　この44号は、インド太平洋地域の安全保障環境に関して、2021年4月から2022年3月までの1年間の動向の分析を中心としており、あわせて各章で扱えないけれども重要なテーマを＜焦点＞として扱ったものです。

　打倒コロナの兆しが見えつつあるものの未だ予断を許さない困難な状況の中で、ロシアのウクライナ侵攻という暴挙も生起し、ますます不透明になりつつあります。このような国際情勢の動向を緻密に分析して下さった各執筆者の皆様にお礼申し上げるとともに、本書が多くの読者の皆様のお役に立てることを切に願っております。

　また、引き続き当研究所の事業全般について皆様のご支援をよろしくお願いいたします。

2022年6月
一般財団法人　平和・安全保障研究所
理事長　徳地秀士

徳地秀士監修

ロシアのウクライナ侵攻と
揺れるアジアの秩序

年報［アジアの安全保障 2022-2023］

発　行　令和4年8月26日
編　集　一般財団法人　平和・安全保障研究所

　　　　〒103-0025 東京都中央区日本橋
　　　　茅場町2-14-5石川ビル5階
　　　　TEL 03-6661-7324（代表）
　　　　https://www.rips.or.jp/

担　当　秋元　悠
装　丁　キタスタジオ
発行所　朝雲新聞社

　　　　〒160-0002 東京都新宿区四谷坂町12-20
　　　　KKビル3F
　　　　TEL 03-3225-3841　FAX 03-3225-3831
　　　　振替 00190-4-17600
　　　　https://www.asagumo-news.com

印　刷　シナノ